ついにはじまった地球大変容で

地球と自分を聖地に変えるあなたへ

世界12賢人ウィズダム・キーパーが語る
マザーアース超深層メッセージ2

リトル・グランドマザー（キーシャ・クローサー）

Little Grandmother　Kiesha Crowther

喜多理恵子［訳］　Rieko Kita

ヒカルランド

日本の美しい兄弟姉妹のみなさまへ

この本を書きながら地・水・火・風の元素が力を合わせながら創造し、形成し、調和を取り、浸食し、育み、変化してゆく様子を思うときわたしの脳裏に浮かんだのが日本です。

5年前に日本に滞在したときの海の香りに満ちた、湿った暖かい空気はいまでも覚えていますし、溶岩にたたきつける波の音はいまでも聞こえるようです。心の目にはいまでも雲の上にそびえる雄大な富士山が見え、指先には桜のピンク色の柔らかい花びらに触れる感覚が残っています。

日本は1億2700万人の故郷、世界で10番目に人口の多い国です。

先住民族の人々との仕事を除いて、日本や日本人に対するような尊敬、名誉、親切さを感じたことは、地球のほかのどんな土地に行ってもありません。

自然の驚くばかりの美しさと自然元素のパワーについて本書を書き進めるとき、いつもわたしは日本のことを思わずにはいられませんでした。

お寿司、ラーメン、道端の自動販売機、それに漫画なども思い浮かびますが、わたしのハートの中に永遠に残るのは絶対的・圧倒的なマザーアースの存在感です。

まるで創造の魔法を称えるためにわたしは日本の地に呼ばれたようでした。

日本はパワフルに運動する大海、揺れ動く地殻プレート、火山の噴火によってできた日出づる国なのですから。

愛をこめて

リトル・グランドマザー／キーシャ・クローサー

称賛の言葉

「リトル・グランドマザー キーシャに会ったとき、彼女を通して祖先たちの声が聞こえた。その優しく愛に満ちたメッセージは、この世界に地球と天国を発現させることができると伝えた。そのためには強く優しく、賢明になることだ。このキーシャの本は、あなたの人生を新たな発見へ導くことだろう」

――アンデスのスピリチュアル・マスター　マルク・アリバロ

「リトル・グランドマザーとの出会いは姉妹の出会いのようでした。彼女はわたしたち家族の一員であり、ここコロンビアにいるわたしたちのハートと永遠につながり続けることでしょう。彼女のメッセージ、教え、彼女の在り方はわたしたちに大いなる幸せをもたらします。人々が聖なるマザーアースに耳を傾け、もう一度つながってゆきますように。わたしたちのマザーアースを修復し、守り、大切にしてゆく方法を教えるために、わたしたちはともに協働し、つながり続けることでしょう」

――コギ族のマモ（長老）　ロベルトとマリアンナ

「リトル・グランドマザーは、真の献身をもって祖先たちから与えられた『母なる地球（マザーアース）のメッセンジャーとなること』という任務を務めています。彼女は世界中を旅して回りながら、母なる地球を愛し、慈しむことの大切さをわたしたちに思い出させてくれています。リトル・グランドマザーのメッセージの核心は、母なる地球は生きていること、地球は恒久に変わり続けるすばらしい生命体であるということ。母なる地球はわたしたちの偉大な教師であり、一人ひとりの人間やすべての存在は彼女とかかわりあっていることを、リトル・グランドマザーは思い出させてくれるのです」

——サーミ（北欧の先住民族）のグランドマザー　シグネ・カトリヌ・マソ

謝辞

わたしの人生の大いなる愛、わたしのワイフ、ジョイス・クローサーと、二人の我が子ハンナ・クローサー、ジョーダン・クローサーにこの本を捧げます。三人の限りない忍耐と支えがあるからこそ、わたしはこの仕事に従事することができます。

古代のしきたりと伝統を守るために人生を捧げてくださっている世界中の先住民族の長老のみなさんへ、わたしたちは傷を癒すためにみなさんの伝統を切に理解する必要があります。みなさんに愛と敬意を贈ります。

グレート・マザーへ、尽きることなく与え続けてくださるすべてに、教えてくださるすべてのレッスンに、わたしたちすべての者に与えてくださる普遍の生命と愛に感謝を捧げます。わたしの人生を、心からの尊敬と献身とハートのすべてをもってあなたに捧げます。

地球と自分を聖地に変えるあなたへ　目次

日本の美しい兄弟姉妹のみなさまへ……1
称賛の言葉……3
謝辞……5
はじめに　いまいる場所を聖地にしてください……18
マザーアースの声を聴く　世界の先住民たちに会いに行く……22
◎インカのシャーマン
◎コギ族のマモ（長老）たち
◎オーストラリアのアボリジニたち
◎台湾の先住民　トゥルク族・アタヤル族
すべての先住民にある一貫した教え　地球と四方角、四大元素を称え地球とつながる……28
リトル・グランドマザー　キーシャから読者のみなさんへの祈り……31
本書について……31
ウィズダム・キーパー（叡智の伝承者）について……33
◎地球に存在する12使徒（ウィズダム・キーパー）は、来るべき地球の変化について知らされている特別な任務を与えられた人々

Part1　地球とあなたを聖地にする
四大元素、東西南北、あなた自身のレッスン

37

地の元素　The Element Earth　38

母なる地球は人類が知る最古の神であり、わたしたちそのものでもある……39
「愛する」は「知る」ことから　マザーアースという生命の源に真に気づく……40
エジプトで感じた世界と女性性の現状……43
女性を大切にすることは地球を大切にすること……49
地球に母を感じるレッスン……51
生命の輪　いのちの循環という奇跡……53
人類も相互依存で成り立っている……57
偉大なギフトに気づき奇跡の存在であることに目覚める……59
地の元素――ほかのすべての元素を含む元素……61
マザーアースと自分のすべてを愛する――愛のレッスン……62
学びと成長の旅路をゆくものとして自分を楽しむ……63
すべてを知っているあなたという存在――レッスンを与えているのは誰？……64

ここに来ることを選んだのは誰？……65
自分を見るレッスン……67
●やってみましょう――自分を見るワーク
間違いは存在しないことに気がつく……69
他人と比べないレッスン……70
他人のせいにしないレッスン……74
あなたのからだはマザーアース　あなたは地のエレメントである……77
わたしとは何か？　感じるレッスン……78
●やってみましょう――魂とスピリット（霊・精霊）を感じるワーク
①自分の中にある魂とスピリットを感じる
②大いなる源から地球へやってくる魂とスピリットを感じる
③一本の木に宿る魂とスピリットを感じる
④いま周囲にあるすべての魂とスピリットを感じる
自然に耳を傾けて力を借りる……85
自然とマザーアースが使う言語は「感覚」……86
自然を聴くレッスン　感覚をひらき、静けさに身を置く……89
●やってみましょう――森を歩くワーク
●やってみましょう――目覚めのワーク

アーシング　マザーアースのエネルギーにグラウンディングする……93
地球を呼吸する瞑想のレッスン……95
●やってみましょう――地球を呼吸する瞑想
あなたの神聖サークル、メディスン・ホイールを作る――地のエレメント、西、黒……101
◎メディスン・ホイールとは
◎祈りの前に――とても大切なこと　ハートと魂から祈る
◎地のエレメント／西／黒
◎準備
◎五感を使った祈り
◎感謝の祈り
◎地のエレメントへの祈り
◎最後に祈りの場を設定する

火の元素　The Element Fire　111

火の目的とは？……112
火のパワーを使った自然の偉大な浄化と回復……113
火のポジティブな側面――人間が火を熾《おこ》せるようになって享受したたくさんの恩恵……115
火のネガティブな側面――破壊の威力……117

火の元素　情熱――あなたとは誰なのかを決めるカギ……118
火の元素　愛――愛の道を歩く……120
アルベルト・アインシュタインの手紙に書かれた愛の真の意味……123
宇宙を存在させる愛の力……126
愛の意識の道を進む……127
愛か、憎しみか？　その選択がわたしたちの仕事……129
情熱を思い出すレッスン……132
情熱は〝燃やし続ける〟もの　そのために必要なもの……133
怖れを超えて、本来のシンプルな情熱を思い出す……136
あなたの答えは本当にそこにあるのか？　社会の洗脳と操作の先にある答えを見つける……139
先住民たちの予言「〝強者《つわもの》の中の最強者たち〟がこの惑星にやってくる」……146
あなたの内なる情熱の火を燃やすために……148
●やってみましょう――あなたの情熱リストを作るワーク
わたしはわたし　あなたではない誰かになるのをやめる……150
あなたの神聖サークル、メディスン・ホイールを作る――火のエレメント、東、赤……156
◎火のエレメント／東／赤
◎準備
◎地球を呼吸する瞑想

◎五感を使った祈り
◎感謝の祈り
◎火のエレメントへの祈り
◎完了の儀式

風の元素　The Element Wind　164

風の元素　形がない風の元素を理解するために……165
風は大気を調和させる偉大な存在……166
エジプトでベドウィン族とともに白砂漠・黒砂漠で風を感じる……169
世界中で称えられ畏《おそ》れられる風の力……171
風を通してマザーアースと対話する……173
風の元素　言葉と対話——話すこと……175
自分が1日に発する言葉と思いに気づくレッスン……176
創造　言葉のパワフルさに気づくレッスン……179
自分の声と言葉で話すレッスン……182
あなたの声を探すレッスン　情熱を燃やすのはあなたの「音」……184
●やってみましょう——あなたの声と音を見つける
あなたの神聖サークル、メディスン・ホイールを作る——風のエレメント、南、黄……188

◎風のエレメント／南／黄
◎準備
◎風のエレメントへの祈り
◎完了の儀式

水の元素　The Element Water　191

水——世界で最も重要な資源　いまある水がすべて……192
人が一人生きるために必要な水の量とは？……194
ペットボトル飲料水の悲惨な現状……196
先住民の予言「清浄な水は、いずれ金よりも貴重なものとなるだろう」……198
水の元素を理解する　エネルギー・物質・感情・からだ・霊性に働くクリスタルを知る……200
水の元素　クリスタルと水から学ぶ意図の設定と放出……203
自分のクリスタル、自分の水に、何を染み込ませていますか？……206
●やってみましょう——あなたの好きなところリスト、嫌いなところリストを作る
体内の水をポジティブなものに書き換えるレッスン……211
四大元素を統合し、マザーアースに流れる一滴の水のように愛に生きる……212
先住民、長老たちの声に耳を傾け、癒しの種として生きる……213
「強者の中の最強者」わたしたちがずっと待ち続けていたのは、わたしたち自身……216

わたしたちと地球を癒すためにクリスタルを使うとき知っておくべき四つの重要なこと……218
●クリスタルに語りかけるときに重要な四つのこと
クリスタルの性質――その驚くべき奥深さ……220
あなたのクリスタルをプログラミングする方法……223
①設定方法
●やってみましょう――クリスタルにプログラミングする
②クリスタルはネガティブを吸収するのか？
③浄化のタイミング
④浄化の方法
あなたの言葉と感情で意図を設定したクリスタルで地球に起こす癒し……229
⑤クリスタルはどの種類がいいのか
13個目のクリスタル・スカルについて……233
祈りは水の結晶質に影響を与え、世界はより良い場所になる……235
あなたの神聖サークル、メディスン・ホイールを作る――水のエレメント、北、白……237
◎水のエレメント／北／白
◎準備
◎水のエレメントへの祈り
◎完了の儀式

あなたの神聖サークル、メディスン・ホイールを使いましょう…… 239
◎あなたの聖なるサークルを使う前に
◎タバコやセージを使う理由
◎あなたの聖なるサークルを使う　北エリアに入る　北・白・水
◎東エリアに入る　東・赤・火
◎南エリアに入る　南・黄・風
◎西エリアに入る　西・黒・地
◎サークルの中心に入る　グレート・スピリット
◎聖なるマザーへの誓い
◎完了の儀式

Part2　世界の古代神聖クリスタル

253
リトル・グランドマザーの役割　神聖クリスタルを世界に配置する…… 255
五つめの神聖クリスタルはエジプトへ…… 256
◎エジプト大ピラミッドはエネルギー生成器
◎世界中のピラミッドを結ぶと浮かび上がる驚くべき事実

◎クリスタルを配置する準備・大ピラミッド内での儀式
◎クリスタルをマザーアースに返す儀式
六つめの神聖クリスタルはオランダへ……271
◎人生の一大危機と呼応する神聖クリスタル
◎聖地のないオランダ　神聖クリスタルを埋める場所が見つからない不思議
◎1500人以上の人と一緒に神聖クリスタルに祈りを捧げる
◎神聖クリスタルを捧げる場は思いもよらぬ場になった
七つめの神聖クリスタルはペルー・チチカカ湖へ……285
◎あこがれの地へ楽しき旅のはじまり
◎チンチェロ、オリャンタイタンボ、モライ、マチュピチュ——インカの聖地を儀式でつないでいく
◎ペルー古代文化発祥の地に伝わるすばらしき恵み
◎偉大なるマザーアースを信頼するイニシエーション
◎巨石の壁・太陽神殿・サクサイワマン
◎クリスタルと聖地をつなぐ儀式を「神々への門」で行う
◎最後の神聖クリスタルをマザーアースに返す儀式
放射能被害を癒すためヒーリング・クリスタルを日本の聖地へ返す儀式……312
◎与那国島の海底ピラミッドにヒーリング・クリスタルを捧げる

◎もうひとつのヒーリング・クリスタルを八ヶ岳周辺のある水源へ戻す
●やってみましょう——放射能をクリスタルで除去する

Part3　聖なるクリスタルが正しく配置されたいま、わたしたちにできること　321

聖なるクリスタルは配置されました。いま、仕事にとりかかるときがきています……323
地球上に古代からある聖地はレイライン上に配置されている
——わたしたちの聖地の位置を把握する……326
自分の聖地を使っていく……329
自分でクリスタルを使い、水への癒しと浄化を捧げよう……330
虹の民、強者の中の最強者として目覚めよう……332
古代の真実と世界の謎、そして自分の正体を学ぶ……334
子どもたちが最高波動の魂を持った天才として力を発揮できるようツールを渡そう……336
世界を変えるためにわたしたちができること……338
優先すべき五つのこと……341
1　自然を愛し敬意を表する
2　オーガニックの食物を摂り、工場畜産された食品は避ける

3　海産物を食べるのはやめる
4　プラスチックのボトルや袋を使わない
5　ポジティブになる
おわりに　マザーを愛する　自分を愛する　お互いに愛し合う……350
真っ暗闇の中に明るく燦然《さんぜん》と輝く光を見つける……350
世界中の先住民族はたった一つのことを伝えている……353
訳者あとがき……359
参考文献……361

カバーデザイン　三瓶可南子
カバー写真　©daj/amanaimages
イラスト　office ライイツウ
校正　鷗来堂
本文仮名書体　文麗仮名（キャップス）

はじめに　いまいる場所を聖地にしてください

人類のはじまりより、わたしたちの古代祖先たちは地球と調和を保ちながら生きる方法を知っていました。そして、人間であることの意味を真に理解していました。かつてのわたしたちは、地球や人間同士を結ぶ何よりも貴重な、大切なつながりを理解していたのです。

人は宗教を作り出しました。そして、その宗教観にふさわしい概念として神の目にかなう人間像、好ましい人間像が生まれました。

しかしそんな時代よりはるか昔には、ある中核的信念が存在していました。それは、この神聖なる地球がわたしたちすべての偉大なる母《グレート・マザー》であること。そして彼女がいなくては、わたしたちは人間として存在できないこと。これは絶対的に統一の理解でした。

前に進むために、わたしたちは古い伝統から学びを得なければなりません。現代のわたしたち一人ひとりが心に負った深い傷を癒すためには古代先祖のことを、彼らの知識や大切にしていたことを振り返る必要があります。

この古代の叡智は、いまも先住民族の文化に存在しています。先住民たちは自然、野生、元素、東西南北と調和を保つ方法を教えながら、実際にその生活を実践しています。

わたしたち自身が自分自身とこの愛する母なる地球（マザーアース）に与えてきた傷を癒すためには、何にも率先してふたたび彼女を愛し、尊重する術を学ばなければならない。わたしは心の底からそう信じています。

わたしたちの中でどれほどの人が満たされない生活を送り、氾濫するソーシャルメディアの情報――この商品、あるいは「もの」さえあれば、あなたは幸せになると売り込んでくる情報――に答えを求めているでしょう？

わたしたちはみな子どもの頃に理想像を植えつけられ、そのために人や自分自身を批判するようになりました。わたしたちは自分のあら探しをし、外見や服装、所有するお金の多さ、所有物の多さ、肩書で価値をはかることを社会から教わってきました。

わたしたちは道を失い、リアルなものや本当に大切なものとのつながりを失ったのです。多少の違いはあれど、わたしたちはみなそうです。学校のシステムに入った途端、わたしたちはあっという間に「どのような枠組みに収まることを期待されているか」を学びました。瞬《またた》く間に、わたしたちは分類化されたのです。

自分にたずねてみましょう。あなたは頭の悪い子でしたか？　それとも頭の良い子でしたか？　人気者でしたか？　それとも嫌われっ子でしたか？　変わった子でしたか？　それとも期待にそった無難な子でしたか？

わたしたちは人から教わった信念にもとづいて「これが自分なのだ」と思い込んで育ちました。

わたしたち一人ひとりには無二の才能があり、それぞれに異なっていて、みなが等しく価値ある人間だとは教わりませんでした。わたしたちは違っているからこそ美しいとは教わらず、社会が決めた枠に全員が収まらなければならないと教えられてきました。

アルベルト・アインシュタインは、こう言いました。「すべての人は天才だ。だが魚に木登りができるかどうかで判断するなら、その魚は一生、自分は馬鹿なのだと信じて過ごすだろう」

これは、わたしたちの教育システムが、どのようにわたしたちを壊しているかを示す、完璧なたとえです。

わたしたちはみな異なっており、同じになるよう強制されるべきではありません。

同じになるように――この一つの信念だけでも人間社会に大きな亀裂を生み、それがあまりにも深刻なためにわたしたちは自分の潜在力を忘れ、個人としての自己価値を忘れ、そして偉大なる精霊《グレート・スピリット》と母なる地球《マザー・アース》の美しい創造物である自らの偉大さを忘れてしまいました。

では、どうやってこれを正してゆけるでしょう?

どうすれば真のわたしたちを知っている心、地球とのつながりや人間同士のつながりを知っている心にまた戻れるのでしょう?

どうすればこの生活を続けながら、自尊心や生きる喜びを得られるのでしょう?

その答えは、思っているよりもはるかに簡単に見つかります。

実のところ、わたしたちは誤ったところに答えを求めるように教わってきたのです。何かの講習で学んだり、他人がうらやむような地位や肩書を得るための試験に合格したところで、これらの疑問の答えは見つかりません。

エゴを手放し、社会が重要と定めているものを手放し、体裁を手放し、あなた自身のハートと魂のつながりを自分で見出せば、その答えはやってきます。

あなたが探し求めている答えはまさか今まで思いもつかなかった場所、でもいついかなる時もずっとあなたを包み込んでいたある場所——マザーアースにあるのです！


マザーアースとわたしたちの古代叡智へと戻ってゆくための、とても強力な方法があります。それは先住民や母なる地球、自然、四大元素を尊重し、敬意を払う古代の術を学んだ人たちから学ぶことです。

マザーアースやわたしたち自身に敬意を表す最も奥深い一つのやり方。それはただ毎日、東西南北に向かい、各方角とそれぞれに該当する四大元素・色・意味に感謝する時間を持つことです。これはたいへんパワフルで、けっして欠かすことのできない実践です。

多くの先住民や部族民の人々は四大元素と四方角にうやうやしく祈りを捧げ、つながります。それらにつながらずして1日をはじめることはありません。それぞれの部族、氏族、先住民グループの祈りの捧げ方・しきたりはすこしずつ異なってはいますが、全体的な意味と理解は同じものです。

マザーアースの声を聴く　世界の先住民たちに会いに行く

わたしはこの9年間、世界中を旅し、ありとあらゆる先住民の人々やその文化から学び、話を聴いてきました。彼らのはかり知れぬ豊かな知識と理解に触れると、いつも謙虚な気持になります。

あまりにも多くの欧米人が「先住民の伝統は二流。変化を起こす方法としては非機能的だ」と考えていますが、実のところ、先住民たちは深遠な意義と献身を備えた癒しのプロセスにもう一度つながり、癒しをもたらすために最もパワフルなツールと実践を用いています。

◎インカのシャーマン

わたしはペルー出身のインカ・シャーマン、ドン・アレハンドロ師とともにデスパチョの儀式を行う機会がありましたが、それは頭の下がるような経験でした。

デスパチョの儀式はパチャママ、つまり「マザーアース」に贈りものと祈りを捧げる儀式で、これを行うことで自然元素と直接に対話します。

白い紙の上に花や種、薬草、綿花、とうもろこし、お菓子などの美しい贈りものを曼荼羅《まんだら》の形に並べ、最善の注意を払いながらいくつもの祈りをマザーアースへ込めました。すべての捧げものが配置されるとそれを美しい布でくるみ、ひもで結んで聖なる火に捧げました。

ドン・アレハンドロ師が祈りを唱えるあいだ、儀式に参加した人々は全員、火に背中を向けて立っていました。やがて捧げものの包みは燃え尽きて、マザーアースに受け取られました。

◎コギ族のマモ（長老）たち

わたしにとってもう一つ感動的だった体験は、コロンビアのジャングルの奥地シエラネバダ・デ・サンタマルタの偉大なる地球の守護者であり長老でもあるコギ族のマモたちとともに過ごした時間です。わたしはこのときに、マザーアースへ贈りものを捧げる重要性と必要性を教わりました。

わたしは、彼らの小さな「神聖な綿」を一枚、膝の上に置いて、うやうやしく座りました。

わたしたちのほとんどは祈りながらいろいろなものを欲しいと願いますが、ここでは、まったく逆でした。わたしがマザーアースに捧げたいものを想像することの大切さを教わったのです。

わたしたちは静かに座り、花々が受粉するための大量の花粉、土地を豊饒にするミネラル、草原中に行き渡るたくさんの種、エネルギー・グリッドのパワーが充実するための金（彼らは、金は母なる地球の記憶をたずさえていると信じています）やクリスタル、大海を泳ぐありとあらゆる健康な魚たち、わたしたちの地球の気温の均衡をとるために北極・南極周辺を囲む厚く安定した氷山をイメージし、捧げました。

一つの祈りごとにわたしたちは心臓あたりに手を置き、それから両腕を伸ばして手のひらを開き、まるで川から水があふれ出るように、その祈りをわたしたちの指先から母なる地球へと流しました。

コギ族のロベルトさんとマリアンナさんは、コギ族の生活について説明してくれました。

彼らは起きているあいだのほとんどの時間を深い瞑想に捧げ、聖なるマザーアースにつながり、限りなくマザーアースに贈りものを捧げながら過ごしています。

彼らは、こういった実践がどれほど大切なことかを強調していました。なぜならこの実践では意図を使ってイメージし、幸せですこやかな地球を創造するだけではなく、生きているマザーアースと感情をかよわせ、リアルにつながることができるからです。

マモたちは本当にすばらしい人々です！　彼らは夜に3時間だけ睡眠をとり、ごく少量の食糧をとりながら大いなるパチャママ（マザーアース）を理解することに生涯を捧げています。

かつて地球上に存在した人々の中で最も自然界に深遠に献身し、つながっているのは、これまでもこれからも、コギ族の人々だろうと思います。彼らの地球や植物、動物、そして太陽系に至る知識は、世界中の最高レベルの科学者たちを困惑させているのですから。

◎オーストラリアのアボリジニたち

オーストラリアのアボリジニの小さなグループとともに過ごしたときも、すばらしい学びがありました。

ある早朝、彼らとともに森の中をゆっくり歩いていると突然、アンティー・リラ（リラおばさん）という女性がわたしの腕をつかみ「あそこを見なさい」と促しました。そこは広く開いたところで、大きな丸い岩がいくつかむき出しになっていました。わたしはその岩を見渡したのですが、何を見ればいいのかわかりませんでした。

するとアボリジニの彼女が「聞こえた？　見えた？」と言いました。わたしはそちらを見つめ、できる限り耳を澄ましてから彼女のほうに振り返り、いぶかしいまなざしを向けました。

彼女は顔をゆがめてすこし笑い、顎を使ってわたしの前方を指し、もう一度「見て、聴きなさい」と促しました。

そこでもうすこし神経を研ぎ澄ませてみると、驚いたことに何かが聞こえたのです！　遠くのほうで「コン」という音。そしてもう一回「コン」。

これはアボリジニのコロボリー（音楽や踊りのある儀式）やほかの儀式で使われる独特の音で、ビルマ（打楽器）もしくはクラップスティック（拍子木）の音でした。わたしは自分の頭がこの音を作り出しているのかと思い、もう一度耳を澄ませました。

すると確かに音が鳴りました。そしてまたもう一度、鳴りました。

そこにある岩の中で何かが、もしくは誰かがクラップスティックを打っているのですが、しかし、わたしには誰も見えないのです。リラおばさんのほうを見ると、「聞こえたんだね？」と言いました。わたしは微笑み、うなずきました。すると彼女はこう言ったのです。

「あれは祖先たちが演奏しているんだよ！」

わたしはもう一度振り返り、誰かが演奏しているのを見ようとしましたが、誰も見えませんでした。

彼女はわたしの腕を振って軽やかに、からかうように笑い声をあげてこう言いました。

「違うよ、人はいないよ。岩たちがわたしたちのために演奏してくれているんだよ」

わたしたちがともに過ごしたわずかな時間の中で、彼女はいのちあるすべてのものに対する畏敬の念をわたしに教え込んでくれました。

すべてのもの（岩まで含めて）が神聖な大切なもので、ちゃんと生きていて、わたしたちと交流していること。それにどうすれば気づけるかを教えてくれました。

アボリジニの人々は、すばらしい形で土地とつながっています。彼らは自分たちが土地を所有しているのではなく、土地が自分たちを所有していると考え、すべてのものがひとつの魂とスピリットを分かち合っていると信じているのです。

◎台湾の先住民　トゥルク族・アタヤル族

台湾高地のジャングルで先住民のトゥルク族・アタヤル族の人々とともに過ごしたときは、彼らが自然と一つになって生きるその能力に心から尊敬の念を抱きました。

トゥルク族・アタヤル族の人々が住むジャングルに初めて着いてすぐに気づいたのですが、いろどり豊かな鳥たちが彼らの共有地域から出入りしたり、ジャングルの木々の上からは猿たちがわたしたちのような初めての訪問者をまったく恐れもせずに降りてくるのです。

この神秘的な地は生きていて、完全なる調和にありました。わたしたちがいる騒がしい都会とは正反対です。小さな木造の建物は森との調和を保ちながら建てられていて、周囲と溶け込んでいるようでした。

部族の若い人々が集まって、古代からの歌や踊りを見せてくれました。その中で腕や脚をくねくねと動かしたり連動させる動きは、地球上のすべてのいのちあるものが互いにつながりあっていることを表現していました。

踊りと歌が終わるとわたしたちは狭い道をゆっくりと進み、生い茂るジャングルの端に建てられた小屋に入りました。わたしたちが泊まる場所です。

わたしが寝ようと枕に頭を乗せるやいなや大きな割れるような音が鳴り、その後に地面を揺らすような轟音が鳴りました。山上の崖から、巨大な岩々が落ちたのです。わたしたちはじっとしたまま、巨大な岩々が大きな木々をバキバキと小枝のようになぎ倒しながらわたしたちのいる小さな谷に向かって落ちてくる音を聴いていました。そして大きなドシンという音が最後だったので、大きな岩が谷底を打ったのだなということがわかりました。ですが、小さな岩々は生い茂る植物の中をまだ転がり続け、わたしたちがいる小屋の裏でやっと止まりました。

翌朝、部族長からご挨拶を受けたときに、わたしたちは前夜の岩崩れについてたずねました。彼はただ微笑み「山そのものが神聖で生きているのです」と説明してくれました。

彼らはパニックに陥ることもなく、山にはリズムがあり、折に触れて然るべきときには動くものだと知っていました。

トゥルク族・アタヤル族と動物たち、森、水、彼らの大切な山は壮大な規模で共存しており、この共存は彼らとマザーアースとの「ワンネス」の証でした。「わたしたちがすべてを支配すべきであり、ものごとを自分の意思通りに従わせる〝権利がある〟」と考えているわたしたちとは正反対です。

トゥルク族・アタヤル族の人々は聖なる山々を支配しようとはしません。山頂に登ってこの山を「征服したぞ」などとは言いません。山々は神聖な生命体であり、ともに生活を分かち合っている存在として尊重し、敬っています。

すべての先住民にある一貫した教え　地球と四方角、四大元素を称え地球とつながる

このように、わたしは数えきれないほど多くの体験を通して世界中の先住民の人々から偉大な教えと実例を学んできましたが、最も驚いたのはすべての先住民文化に「同一の主題」があることです。

彼らは、死後どうなるかといった概念や特定宗教の教義に駆られてはいません。自分の過去生が何であったか、ほかの惑星にどんな生命体がいるだろうか、最新のファッションの流行は何だろうかといった思考に取りつかれて一生を過ごしたりはしません。社会に対する体裁を保つために一生を捧げることもありません。

そうではなく、偉大なる母なる地球（グレート・マザー）を大切にし、敬い、愛し、自然界から学びを得ながら生きています。

わたしたちがどこからやってきて死後はどこに行くのか、その偉大なる神秘について思慮する

ことは構いませんが、いまわたしたちが実際に生きているこの人生、そしてわたしたちの命をこれほど寛大に支えてくれている地球に対して盲目にならないでください。

わたしたちの先住民たちは、一つのシンプルな真実を説いています。わたしたちはみな、生命の偉大なるサイクルにつながっており、この壮麗な聖なる惑星はわたしたちみなにとっての母親だということです。種として存続したければ、わたしたちは自然界を保護し、自然界から学び、自然界を愛さなければなりません。

この美しい地球のどこに行き、どの部族やどんな先住民の長老たちから学ぶかにかかわらず、一貫した教えがあります。それは地球と四方角、四大元素を称えることです。

生命の共存と交流についての理解、そして神秘の生命のサイクルのどこに人間が収まるべきかを理解しておくためにも、この知識は必要不可欠です。

世界中の長老たちは、わたしたちが誰なのかを思い出しつながり合える方法、わたしたちの生において神聖なるものを取り戻してゆく方法を思い出してゆくことがいかに大切かを教えはじめています。

こういった長老たちの多くは、部族において初めて外部者に教えを伝えはじめた人たちで、コギ族は外部者のことを「弟たち、妹たち」と呼んでいます。

彼らは自分たちが住むジャングルや森から出てきて、もしくは山頂から降りてきて、もう一度自然界を敬う方法と地球に癒しを取り戻す方法をわたしたちに教えています。

わたしたちの祖先たちがかつて行っていたように、わたしたちも自分たちの聖地に戻り、儀式を行い、祈りを捧げることを彼らは切に願っています。

マザーアースの癒しのためだけではなく、わたしたちのハートが生命の聖なるリズムにふたたびつながれるように祈ってほしいと彼らは懇願しています。

もしわたしたちすべてのものが依存しているこの自然界の健康バランスをまだ取り戻せるならば、わたしたちがいま行動を起こすことが何にもまして重要で状況は一刻を争っていることを彼らはわかっているのです。

世界を率いる先住民の長老たちがわたしたちに聖地に戻るようにと、世界に向けて懇願をするなど、そうあることではないでしょう。彼らがそうするとき、わたしたちは耳を傾けなければなりません。

大勢の人がこうたずねました。

「わたしの近くに聖地が見つからない場合は、どうすればいいでしょう?」

答えはシンプルです。

「作ればいいのです!」

あなたが誰でどこに住んでいるか、歳がいくつで、どんな経歴があるかは関係ありません。みなさんは全員、マザーアースにアクセスできるのです。

リトル・グランドマザー　キーシャから読者のみなさんへの祈り

本書がみなさんを聖なるものとつなぎ、輝かしき神秘の母なる地球とつなぎ、そして美しく目的の定まったあなた自身とつなぎ、その深くしっかりとつながっている感覚に火を灯しますように。

みなさんは自分で思っているよりもはるかに大きな存在、神の火花《かがやき》であり、この地球の子どもであり、ここで生きている全生命の兄弟姉妹です。あなたは母なる地球から切り離された存在ではありません。あなたの中で眠っている英知がふたたび目覚め、実際にマザーの一部であることを思い出していただけますように。

わたしたちの惑星を創造し、動き、形成し、変化させる元素はあなたの中でも生きています！

あなたには目的があります。

あなたには情熱があり、あなたが住みたい世界を想像する能力があるのです。

本書について

パート1「地球とあなたを聖地にする　四大元素、東西南北、あなた自身のレッスン」では、四大元素それぞれがどのように地球の健康と目的のために本質的な役割を果たしているかを深く理解できます。それぞれが相互依存し、各元素が人間の何を象徴しているか、そのしくみを学びます。

わたしたちが何者であるか、内にどのような才能を備え、この聖なる惑星やマザーアースを維持している元素とどうつながっているか。これらの知識があれば、わたしたちは自然界と対話する方法をもっとわかるようになります。

その最もパワフルな方法が、自分の手で聖地やメディスン・ホイールを作ることです。

また各元素について学び、各章の最後にはその元素があなた個人の聖地やメディスン・ホイールでどのように象徴されるかも学びます。あなた自身の聖地の作り方も学びますので、あなたはそこで祈りを捧げ、ハート・ボディ・マインド・スピリットで母なる地球とつながることができます。

パート2「世界の古代神聖クリスタル」ではクリスタルの重要性と、わたしが世界中で行った儀式についてお伝えします。

わたしはリトル・グランドマザーになったときに複数の神聖クリスタルを託されました。儀式と祈りを地球のエネルギー・グリッドにつなぐためのクリスタルです。これらを特定の高波動の場所に配置しました。

このパートではこれらのクリスタルがどこに配置され、人類とわたしたちの愛する母なる地球の癒しを促すためにどのような目的を果たしているか詳しくお話しします。

パート3「聖なるクリスタルが正しく配置されたいま、わたしたちにできること」では、わたしたちがもっとすこやかで維持可能な惑星を創ってゆくためにわたしたちそれぞれに何ができるかを詳しく、綿密な調査情報とともにお伝えします。

わたしたちの生活で小さな変化を起こすことが、この世界の健康と癒しに大きな影響力を持つことになります。

世界の問題はあまりにも大きすぎて誰にも変えられないと多くの人が思っていますが、実は日常生活での単純で小さな変化がすべてに莫大な影響を与えるのです！

ウィズダム・キーパー（叡智の伝承者）について

ウィズダム・キーパー（叡智の伝承者）とは何かについて、前著『迫り来る地球大変容で《レインボー・トライブ／虹の民》に生まれ変わるあなたへ』（ヒカルランド）から抜粋します。

『今、水晶は人類の進化と地球の未来にきわめて重要な役割を果たそうとしています。ここ数年、はるかアトランティス時代にプログラミングされた強力な水晶が、母なる地球と人類の次元上昇のために再び目を覚まし始めています。

リトル・グランドマザーになってから、私は七つの特別な水晶を託されました。どれもアトランティス時代に使われていたものだと聞かされています。封印されていた力を解き、地中に戻すために、今、こうした水晶が世界各地のウィズダム・キーパー（叡智の伝承者）たちに託されています。大変動を控えたこの時期に、強力なレイラインの交差地点に水晶を埋め、地球のエネルギー・グリッドを強化しようというのです。

一連の水晶は、もともとスタービーイングがアトランティスの神官たちに与え、使いかたを教えていったものだとされます。一つ一つが異なる宇宙エネルギーと目的を有していますが、アトランティス滅亡の際、悪用を避けるため、水晶の力は封印されました。そして大陸が沈む直前、純粋な心を持った神官たちの手で運び出されて以来、地球の次元上昇と人類の大々的な変容を間近に控えた現代まで、ずっと保管されてきたのです。

ウィズダム・キーパーたちに託された水晶は、母なる地球のエネルギーだけではなく、高周波の宇宙エネルギーを携えています。その封印を解き、母なる地球の動脈に入れると、地球全体に高周波のエネルギーが伝わり、世界各地のパワースポットをつなぐことができます。

天空から地上に降り注ぐ高次元のエネルギーは水晶の中で活性化され、母なる地球のエネルギー・グリッドを強化します。ウィズダム・キーパー（叡智の伝承者）たちは、この3年間、世界各地にこの特別な水晶を埋めてきました。興味深いことに、科学者たちは、地球と人体のエネルギー・フィールドが過去3年のあいだに、かつてないほどの速さで振動するようになったと報告しています。（229－230ページ）

◎地球に存在する12使徒（ウィズダム・キーパー）は、来るべき地球の変化について知らされている特別な任務を与えられた人々

私には生身の人間の先生たちもいます。これまでに、スピリチュアルな知恵を携えた長老やウィズダム・キーパーからも、たくさんの指導を受け、情報を授けられてきました。シャーマンのイニシエーションを指導してくれた長老とマザー・スピリット（著者の指導霊《ガイド》）は、私は今地球上に存在する12人のウィズダム・キーパーの一人なのだと言います。ウィズダム・キーパーたちは全員、来るべき地球の変化について知らされている人たちであり、それぞれが特別な役割を担っています。

他のウィズダム・キーパーが誰なのかとよく尋ねられるのですが、私に言えるのは、自分の立場をよく心得えた生身の人間であるということだけです。先住民族もいれば、そうでない人もいます。何人かとは直接顔を合わせ、あとの人とは電話で話してきました。ただし、彼らが普段、何と名乗り、どこに住んでいるのかまで分かるわけではありません。話すときには互いにスピリット・ネームで呼び合うからです。信じられないかもしれませんが、私たちの会合には秘書もリーダーも企画者もいません。どこでどんなふうに会うかは、心の中の導きによって知らされるのです。直接集まるのか、電話で話すのか、それともピクチャー・スクリーンを使うのか。

私から他のウィズダム・キーパーの正体を明かすことはできません。それは本人が決めることだからです。彼らの中には、何らかの監視下にあって自分のスピリチュアルな能力を知られたくない人もいれば、仕事の性質上、名乗れない人もいます。そもそもこの件は口にするのも難しいことです。合理主義一辺倒の人々は、証拠や論理性、履歴書や名簿といったものがなければ信じようとしないでしょう。こうして私が話しているのは、空間や時間や次元にとらわれないことなのです。それでも紛れもない事実であることに変わりはありません。

私が言いたいのは、この地球には高度にスピリチュアルな人が複数存在し、波動を高く保ち、霊性にかかわる重要な任務を果たそうとしている、ということです。しかもその一団はスピリチュアルな使命によってつながっていて、ある種の情報を託されたり、共有したりする責任を負っています。もちろん、一般的な意味で「叡智の伝承者《ウィズダム・キーパー》」と呼べそうな人は世界に大勢いるでしょう。けれども、本書でいう「ウィズダム・キーパー」とは、この特殊な時期に精霊から同じような情報を受け取り、共通の宇宙的な目的を持ち、それぞれの役割と任務を果たしている一団（そこには私も含まれます）を意味します。ウィズダム・キーパーという呼び名を使うのは、私たちが精霊から直接、そう名づけられたからです。（267－269ページ）』

Part 1

地球とあなたを聖地にする
四大元素、
東西南北、
あなた自身のレッスン

地の元素　The Element Earth

母なる地球は人類が知る最古の神であり、わたしたちそのものでもある

わたしたちは母なる地球（マザーアース）そのものです。わたしたちが人間である限り、マザーから切り離されたことは一度もありませんし、今後もけっして切り離されはしません。いま、これを思い出さねばなりません。

マザーを愛せるようになれば、わたしたちは自分や人を愛せるようになります。わたしたちを人間として存在させてくれているのはマザーであることを本当に理解できれば、わたしたちは互いを尊重し合い、互いを、そしてわたしたちがホームと呼んでいるこの美しい地球を守り、愛し合うようになります。

わたしたちの古代の祖先たちはこの真実を覚えていました。彼らの莫大な叡智はいまも先住民の人々によって神聖に維持され、教えられています。彼らは、彼らの身体はグレート・マザーなくして存在し得ないことを知っています。

マザーは世界中の先住民たちによって、数々の儀式、祈り、踊りを通して現在も称えられています。地球は生命の源ですから、ほかのすべての生きものを越えて最も尊重されています。

わたしたちの祖先たちや先住民たちのように、わたしたちはみな同じマザーの子どもであることを、生活する中でどれだけ頻繁に思い出すでしょう？

わたしたちとマザーアースを結ぶ命綱に、もう一度つながりなおす時がきています。そのため

には彼女が誰であるかを理解し、わたしたちは真に彼女の子どもたちであることを理解せねばなりません。彼女との関係をよみがえらせる方法を学ぶ必要があります。もう一度彼女のことをわかるようになれば、わたしたちは彼女を称え、敬い、守ることでしょう。

彼女はあらゆる名前で呼ばれています。母なる地球、マザーアース、パチャママ、キシャル、トラソルテオトル、ガイア、コアトリクエ、ウマウアカ。地球上どんなところへ旅行に行っても、かならず「母なる地球」をあらわす神聖な名前があるはずです。

マザーアースは聖なる女性性であり、大いなるものから小さなものまですべての生きものの母親として知られています。彼女は人類が知る最古の神です。わたしたちの祖先たちは彼女のことをよく知っていて、〝聖なるマザー〟と調和を保ちながら生きる方法を知っていました。彼女とのつながり方、彼女とリアルに本当にお付き合いする方法を知っていました。

「愛する」は「知る」ことから　マザーアースという生命の源に真に気づく

かつて人類はマザーアースが何者であり、生命のサークルにおいてわたしたちがどこに位置するかについて、大いなる知識を持っていました。四大元素とその貴重な教えを理解していたのです。

時を経るうちにわたしたちは、みなでこぞって昔の方法や先住民族・叡智の守護者たちの最も本質である聖なる教えを無視し、あるいは完全に忘れ去ってしまいました。わたしたちのハートさえ忘れてしまったのです。

そして神聖なものと引き換えに、世俗的なものや概念、お金、人からの賞賛、特権意識や意味のない社会的地位などを求めました。意識的にそう決めたのではなく、そのように教わった。それだけのために、わたしたちのほとんどがそのような状態にいます。

人類は長い年月をかけてマザーアースと自己を結ぶ臍《へそ》の緒を切り離してきました。悲しいことに、いまわたしたちは宗教と社会が彼女を置き去りにした時代に生きています。その結果、大衆は虚偽の判断すらつかなくなっています。

幼少の頃から成長するあいだにわたしたちの多くはマザーアースとのあの無垢なつながりを失ってしまいましたが、立ち止まってそれに気づくことすらありません。子どもの頃、わたしたちは木々や虫や動物たちに話しかけ、喜びを感じると歌い、踊っていました。いまのわたしたちは空っぽになったハートを抱えてこの地球でただ彷徨うばかりで、どうすれば自分が満たされるかもわかりません。

わたしたちのほとんどが社会や文化や宗教が正しいと示す考え方をし、それにならって行動するようにと育てられましたが、いまとなってはわたしたちが与えてきた損傷に意識を向け、大きな変化を起こしてゆく責任を問われています。この責任のために、長老たちはわたしたちの世代を「強者の中でも最強の者たち」と呼んでいます。社会が肥やし続けるカオスのさなかで正しさのために立ち上がり、自らを表明するには、大きな勇気を要します。

わたしたちはファッション、からだのイメージ、肩書、宗教を通して社会に対する体裁を整えることを最優先させ、つながり合い調和のとれた幸せな生活は二の次に考えています。わたしたちはみなでこぞって財産や手に入れられる地位で自尊心を格付けしていますが、それこそが人類とわたしたちの地球に最大の損傷を与え続ける行為なのです。わたしたちは地球を傷つけ、彼女を危うい転機に立たせています。彼女はもう、わたしたちの自己中心的な生き方に耐えてはいられません。

わたしは、生涯を通して自分にこう問いかけてきました。

「どうしてわたしたちはこんなことができるのだろう?」

なぜ人類はかえりみもせず、わたしたちに生命を与えてくれる地球にこんな途方もない損傷を盲目的に与えるのでしょう?

答えはシンプルです。わたしたちは、愛していないものは、かえりみないものなのです。その存在にすら気づいていないのですから、愛することができないのです。

マザーアースは生きて呼吸している生命体であり、わたしたち一人ひとりの生命の源です。このことに気づいている人は、いったい何人いるでしょう?

わたしたちはこの地球を占有している、大いなる消費者です。わたしたちは周囲にあるものはすべて、ギリギリの極限まで消費します。社会は、所有するものが多ければ多いほどあなたの価値は上がると教えます。わたしたちの心の中にある幸せというスペースを、衝動的な金銭消費――新しい靴やアクセサリーをまた一つ買うことで埋めるように教えます。

簡単に言えば、「もの」がわたしたちを幸せにしてくれると信じるように育てられてきたのです。わたしたちはいつも「〜さえあれば、わたしは満足できるのに」と考えています。しかしつまるところ、消費によってわたしたちが満たされることはありません！

さらに真実を言えば、わたしたちは自分のことを知らない限り、真の幸福がどこから来るかわからない限り、自分を愛することはできないのです。自分を愛していないのに、どうして何かを、ほかの人を愛せるでしょう？　愛していないものをなぜ、どうやって大切にし、保護し、称えることができるでしょう？

エジプトで感じた世界と女性性の現状

世界中を旅するうちに、わたしはもう一つ、つらい気づきを得ました。知らないふりなど決してできない、黙って見過ごすことなどできない気づきです。それはこの地球に存在する宗教や文化による女性性の軽視です。これは控えめに言っても憂慮すべきことです。

わたしたちの美しいマザーアースに深刻な汚染を及ぼし、マザーを虐待し、軽視している地域では、女性性もまったく同じ扱いを受けています。道路にはゴミがあふれ、下水管のレベルまで川の水が汚れているような場所に行くと、かならずその地域の女性たちもひどい扱いを受けていることに気づかされます。このような地域はたくさんありますが、わたしが個人的に目にした例の一つが、エジプトです。

子どもの頃、わたしはテレビの野生生物シリーズ「野生の王国」とデイビッド・アッテンボローの「Zoo Quest」にどうしようもないほど取りつかれ、この番組をかならず観ていました。はるか彼方の国で彼と一緒に丈高の草地にかくれたり、丸木舟に乗ってナイル川に浮かんでいるところをよく想像したものです。これらの番組を観たりナショナル・ジオグラフィック誌を読む(毎月、お小遣いを貯めて買っていました)のが、何よりも大好きなことでした。

特にエジプトには夢中でした。荘厳なナイル川、大ピラミッド、ナツメヤシの木、美しい砂丘。ところが悲しいことに、カイロに到着して間もなく、わたしの幼稚なエジプト観はあっという間に色あせてしまいました。

わたしは初めての国に到着すると、まず外に出て木を見つけるか、人のいる場所から離れたところにある地面の区画に行って祈りを捧げ、わたしのエネルギーをその地域のエネルギーとつなぎます。

ところがカイロ空港の外に出て、大きなショックに打たれました。即座に祈りを捧げられる場所を探しましたが木は一本も無く、地面にゴミの落ちていない場所すら見つかりませんでした。

わたしは渋々屈んで、祈りを捧げるためにゴミや煙草の吸がらを片づけはじめたのですが、状況はさらに悪化しました。わたしが祈りをはじめたとたん、男性たちが口笛を吹いてはやし、あざける声が聞こえたのです。彼らはわたしの方に向かって歩いてきたのですが、一人の男性はガリバヤ(エジプト人男性が着る長いシャツ)の中に手を入れて自分の性器に触ってすらいました。

わたしはすぐにお祈りをやめて立ち上がり、30メートル弱ほど離れた空港の入口を探しました。

入口に向かう道は男性たちが壁のように立ちはだかり、とてもそちらに向かっては行けません。

救いを求めて周りを見まわすと、救世主がいました。それは小柄で短髪に白い髭をたくわえた、おだやかそうなおじいさんで、壁にもたれて座っていました。彼は片手に杖を持ち、もう片方の手をわたしに向かってのばし「こちらに来なさい」と呼んでくれました。すぐに、彼は純粋で優しい人だとわかりました。彼の目は愛と優しさにあふれています。

わたしが彼の手を取ると、彼は、男たちがわたしに向かってキスの音を放ちながら笑い続けるのにはまったく関心を向けず、ゆっくりと空港の入口までわたしを連れて行ってくれました。

そしてわたしたちの優しくて親愛なる旅行ガイドのモハメドと彼の弟アブドゥルがわたしたち少人数のグループを集合させ「けっして外に一人で行かないこと。いかなるときも、みなでともに行動しなければいけないこと」を知らせてくれました。そのとき、わたしはもうまったくの別世界にいることを思い知りました！

わたしたちはバスに乗り、カイロを通過したのですが、さらにショッキングな状況があらわになりました。地面はどこまでも大量のゴミと汚物にまみれ、その量の多さにからだの芯からショックを受けて言葉を失いました。その光景をわたしの頭が理解できなかったようです。

子どもの頃に本やテレビで観たものとは大違いです。夢どころか、悪夢と化していました。

ホテルに到着するまで道路の脇や歩道はどこまでも大量のゴミでおおわれていて、結局、地面は見えませんでした。荷馬車につながれている馬は極度にやせ細り、立ってもいられない状態。犬や猫は、やせおとろえていました。大ナイル川や支流の両脇に土壌はなく、何マイルもに渡ってゴミの山が延々と続いていました。川の支流のある地点で、脇にトラクターがいました。トラクターは川底を掘り、バケツに何杯もの黒いヘドロをすくい上げていました。流されてきたゴミが川ぶちに沿って溜まり、そこから出たヘドロです。胸がしめつけられるような光景で、カーテンを閉めずにはいられませんでした。

わたしがバスの中で座って身の回りの現実に身震いしていると、誰かが叫びました。

「ピラミッドよ！」

急いでカーテンを開けて空を見上げると、ピラミッドの頂点が見えます！　ピラミッドはそれは巨大で度肝を抜かれ、頭でその大きさを把握することなど到底できませんでした。わたしたちは目の前にあるものにひたすら畏敬の念を感じ、何も言えないまま、ただ窓の外を眺めていたのでした。

それほどまでにわたしたちは全員ピラミッドに興奮していたこともあり、たえず鳴らされるクラクション、急ブレーキによる急停止が頻繁に繰り返される道中で、ルクソール・ホテルに到着したことすら気づきませんでした。それは素敵なホテルだったのです！

しかしバスから広大な芝生に降り立つやいなや、わたしたちは匂いに打たれました。まるで壁に投げつけられたような感覚。排気ガスと大気汚染の苛酷《かこく》で強烈な匂いにわたしたちは圧倒され、目が焼けて涙すら出てきました。まるで都市バスの真後ろに立って排気ガスを胸一杯に吸い込んでいるかのようでした。後になって、カイロの空気を1日呼吸するのは煙草2箱を吸うに等しいと聞きました。

ジョイスとわたしで部屋に入った頃には二人とも心も頭も一杯になり、泣き崩れてしまいました。もう限界を越えていました。水も地面も大量のゴミだらけ、窒息しそうな大気汚染、女性や動物に対する愛や配慮の完全なる欠如に胸がはりさけていました。

それに、わたしたちは市内を横断して長距離を移動してきたのに、女性をまったく見かけませんでした。一人も見ないのです！　女性に対する尊重は完全に失われていました。かつては世界中で最も称えられていた誇り高きエジプトも、いまとなっては汚物の地。女性とマザーアースを蔑《さげす》む地となっていました。

わたしはすでに疲れ果てていましたが、旅はまだはじまってすらいませんでした。そのときは、これがまだほんの序の口に過ぎないとは思いもしませんでした。

この旅のあいだに起きたことは、実に対照的でした。すばらしい体験、人生を一変させるような時間と、嫌悪や不信に落ち込む時間が交互にやってくるのです。

一方、寺院やピラミッドはとても気に入りました。お祈りをし、儀式を行ったことは、わたしの生涯のハイライトとなる体験でした。アビドスのオシリスの寺院では石に描かれたフラワーオブライフの古代シンボルを見ました。今日に至っても、これらのシンボルがどうやってあれほどに完璧に描かれたのかは知られていません。アビドスのセティ寺院では空飛ぶ円盤やヘリコプター、軍隊戦車のヒエログラフを見ました。ピラミッドや寺院を管理する老人たちにも会い、許可を得てあらゆる秘密の聖域に行くこともできました。

わたしたちは重要なワークをすべてやり遂げ、幸運に恵まれてエジプトであらゆるものを見物もしましたが、今でもあの女性軽視と蔑みには、胸がしめつけられます。

全旅程の中で、わたしは小さな女の子を三人だけ見かけました。一人はお金を乞うために片腕を切断されていました。もう一人の女の子（3歳にも満たない子）は綺麗なピンク色のドレスを着せられてわたしたちに踊りを見せなさいと命じられ、その子が踊っているあいだに父親はお金をくれとせがんでいました。三人目の女の子は土産物屋の外で店主に追いかけられていました。その店主は釘を打ち込んだ木の板を持って追いかけていました。

ホテルの従業員男性が無断でわたしたちの部屋に入ってきたことも二度ありました。無断で入り、ベッドの足元に立ってわたしたちを眺めていたのです。また別の男性はジョイスが着替えている最中に扉を押し開けて彼女を覗いたので、わたしは力ずくで彼を扉の向こうへ押しやり、廊下に追い出さなければなりませんでした。

一番怖かったのはナイル川のクルーズのときです。わたしは毎晩の習慣として夜、ベッドに入る前にお祈りをするために外へ出ます。その日も外に出て、船の端でその日1日のことを感謝していると、男性がわたしの腕をつかみました。そしてわたしをひっぱり、階段の下へ連れて行こうとしたのです。幸運なことにわたしはその手を振りほどき、デッキの反対側にいるラトビア人夫婦のほうへ走ってゆくことができました。この事件のことを通報したところ、西洋からエジプトに来る女性の中にはエキゾチックなエジプト人男性とのセックスを求めて来る女性もいる、だから事件はわたしたちのせいだと言われました。

女性の尊重がこれほどまで欠落している国に行ったのは、これが初めてです。バスが交通渋滞で止まっているあいだでさえ、外にいる男性たちはバスの外からわたしたちを覗きながら自分の性器に触っていました。寺院から止むを得ず出て行ったこともあります。

またあるときは、武装した見知らぬ男性たちがわたしたちのバスの後につき、寺院まで追いかけてきたこともありました。また別のときには、わたしたちのグループに参加していた男性がエジプト人からこんなふうに言われました。「この地球上に人類は6000年も存在してはいない。もしこれについてこれ以上議論すると、パスポートを取り上げて破棄するぞ。そしてお前はこの寺院で死ぬのだ」と。また、戦車やヘリコプター、空飛ぶ円盤のヒエログラフは「浸食による間違い」だとも言われました。

旅は非常に耐え難いものでした。最高の瞬間もありましたが、最悪な瞬間もありました。ですがエジプトの人々が全員悪いという印象を与えたくはありません。そうではありません。わたしたちのガイドだったモハメドと弟のアブドゥル、そして彼らのお母さんは、わたしが人生を通して出会った中でも最高に親切で愛情いっぱいの人たちでした。

すべて「最上級の最高」と「最悪級の最悪」の連続でした。

女性を大切にすることは地球を大切にすること

ただ、実際の現象を通して間違いなく大きな学びを得ました。それは、女性を尊重しない文化はマザーアースのことも尊重しないこと。その逆もまたしかりです。

これほどまでに地球がひどく扱われているのは見たことがなく、女性がこれほどの残酷性をもって扱われているのもこれが初めてでした。この二つは密接に関連しています。世界のどこであろうと、地球が軽視された扱いを受けているところでは女性も同じように扱われているのです。これはわたしが保証しましょう。

人々がポテトチップスの袋やテイクアウト用の容器から直接ものを食べ、話を続けながらそのゴミをそのまま路上に捨ててゆく様子をわたしは見ました。これは地球を完全に、否定しようもなく無視しているということです。わたしにとっては驚きの光景でした。自然界をこれほどまでに蔑んでいるのを見たことがなかったのです。

何より悲しいのは、彼らだけではないということ。環境をここまで軽んじている都市、国はほかにもあります。車の窓からゴミを投げ捨てる人をあなたはこれまでに何人見たことでしょう? そんなことがどうしてできるのか、わたしにはただわかりません。自然はゴミ箱ではないのに!

わたしの考えでは、この種の行動には二通りの説明がつきます。一つは自分の行為、およびその行動が世界にどんな影響を与えるか(子どもは親の行動をそのまま真似します)について完全に無知である。二つめは自分のことしか考えず、動物、植物、土壌や水に対する優しさ・尊重・大切にしようとする気持が完全に欠如し、自分のゴミが疑う余地もなく影響を与えることがわかっていない。ゴミをゴミ箱に捨てることが面倒過ぎてできないのですから。

わたしたちがマザーアースを敬い保護しなくなったのは、彼女が生命を持った、愛にあふれる、わたしたちの生命の源であることを忘れてしまったからです。地球はわたしたちの母親なのです！

美しい食事をいただくためにテーブルに着いたとき、食べる前にひと息おいて、そのお肉、野菜、果物、穀物はマザーアースがわたしたちの命を維持するために提供してくれたことについて彼女に感謝を伝えていますか？　水を飲むとき、その水はわたしたちのからだにエネルギーと生命を与えるためのマザーアースからの贈りものであることをすこしでも考えるでしょうか？

水は人間が作り出したものではありません。酸素も食物も、人間が作り出したものではないのです！　これまで食べてきたすべての食物、あなたが飲んできたすべての水、あなたの肺を満たしているすべての吸気（編註：吸気と霊感は英語でともにインスピレーション）、すべてはマザーアースからの純粋なる、無私のギフトです。

これらのものなくして生きてゆける人間はいませんが、生命維持に不可欠なものを与えてくれるものを守ろうと努力している人は実に稀《まれ》です。大多数の人は、このような概念は頭をよぎりもしないからです。彼らはその供給源が無限にあるかのように地球を扱っています。地球を保護し維持させようとは考えてもいません。

地球に母を感じるレッスン

あなたを生んでくれた女性、お母さんのことをすこし考えてみてください。お母さんがあなたのためにしてくれたすべてのこと。あなたに命を与えてくれたこと。あなたが生まれた日から今日に至るまで、ずっとあなたを守り助けてくれたこと。思い返しながら、あなたはどれほどお母さんを愛しているか感じてみてください。

そんなお母さんを一度でも蔑もうとしたことなどありますか？　お母さんに向かってゴミを捨てますか？　お母さんが与えてくれている以上にお母さんからもっと奪おうと思いますか？　お母さんを虐待しようと思いますか、あるいは誰かがお母さんを虐待していてもあなたは許しますか？

答えは決まっています、断固として「NO」です。そんな残忍なことを自分の母親に行うなど、けっして考えもしないでしょう。これほどまでわたしたちを愛してくれた女性に対して誰かがこんなにひどいことを行うなど、わたしたちは絶対に許しません。

ならばどうして、わたしたちは許せるのでしょう？　わたしたちにすべてを与えてくれている偉大なるマザーを蔑み、虐待し、汚している人々を。

誰でも、マザーアースを称え、敬うことを忘れてしまうことはあります。自分のことを霊的なつながりを持った存在だと思っているわたしたちでさえ、忘れるのです。

わたしたちの大半は日常の作業や片づけるべき用事、仕事、身の回りの雑事につねに没頭しているため、1日を過ごしているうちにただ忘れてしまいます。日常の生活や作業に集中しないようにと言っているのではありません。ですが、そのような日々の作業をしているあいだも、わたしたちはすばらしい生命に取り囲まれているのだということにもっと意識を開いていなければなりません。

自然界にいるすべての生きとし生けるものには生命の輪における役割があり、その目的を果たし、依存し、与えています。日常の喧騒に没頭していることにどうすれば気づき、すこし立ち止まり、日々マザーが惜しみなく与えてくれているものに気づけるようになるでしょうか。この気づきを身に付ける必要があります。

マザーを愛し、彼女が与えてくれるものに感謝できるようになれば、彼女を保護できるようになるのです。

生命の輪　いのちの循環という奇跡

大いなる生命の輪は、実に信じられないほどみごとな複雑さを備えていて、すばらしいとしか言いようがありません。すべての植物・動物たちは真に相互依存しながら存在しています。大樹から菌類に至るまで、まぎれもなく持ちつ持たれつで生きているのです。

わたしたちの地球上には何百万もの種がいますが、大いなる重要性と目的をもたない種は一つとしてありません。すべての種が、それぞれに生態系で欠くことのできない役割を果たしています。

人間はあらゆる形でこの大いなる生命の連鎖のことを忘れ、生命が全体として成り立つためにそれぞれの役割に依存し合っていることを忘れています。

たとえばブラジルナッツの木は、窮地に陥っています。いまこの木の伐採は3ヶ国で違法とされています。そのためもとは森林だった広大な荒地で、完全にほかの木が絶やされたところにブラジルナッツの木だけが孤立して残されている状態です。

この状態をして政府は「我々はブラジルナッツの木を救ったぞ」と自画自賛しています。自分たちが何を行ったのか、まったく見当がついていないか、見て見ぬふりをしているのです。

わたしたちの多様性豊かな生態系には数えきれないほどの複雑な関係性が存在しています。木を1本だけ残してほかをすべて切り倒して「種を救ったぞ」と考えるなど、もってのほかです。それではただの無知です。

ブラジルナッツの生態系を見てみましょう。

ブラジルナッツが林床に落ちた後、その莢《さや》を破れる動物はたった一種しかいません。それはアグーチという、猫くらいの大きさのとても特別な動物です。ブラジルナッツの莢は分厚くてとても硬いのですが、アグーチはそれを破る特殊な能力を持っていて、それでこの栄養豊かな木の実を食べます。アグーチは木の実を見つけたら20個の木の実に対して1個だけを食べ、残りの実は地面に埋めます。埋められた種はそこで発芽し、新たなブラジルナッツの木になります。

この奇跡のストーリーにはまだ続きがあります。ブラジルナッツの木は莢が成長する前に受粉せねばなりません。これはまた別の相互依存関係、ブラジルナッツの木、ランの花、雄のシタバ

アグーチ

ブラジルナッツの木

チによってのみ可能なのです。

雄のシタバチは木々の上部、林冠（森林の中で太陽光線を直接うける高木の葉が茂る部分）に育つランの花に引き寄せられます。雄バチはランの香りに寄ってゆくのですが、これは雌バチが雄バチの中でも最もランの香りがする雄を選んで交尾するとわかっているからです。

雄シタバチは唯一、ランに受粉できる種です。一方、雌シタバチはまったく別の種に受粉します。ブラジルナッツの木です！　年に一度、ブラジルナッツの木は白い大きな花を一つ咲かせて雌バチを引き寄せます。その花粉を得るためにこの花を開くことができる虫は数少なく、雌シタバチはその一種なのです。なんとすばらしい相互依存でしょう。

ブラジルナッツの木はアグーチがいなければ、地面で木の実を開き、種をあちこちに蒔いてもらえません。アグーチが、その食糧として木の実を得るためには林冠の上部、ブラジルナッツの木の花を開き、受粉してくれる雌シタバチがいなければなりません。雌バチは雄バチを必要とし、雄バチはそのためにランの花を必要としているのです！

手つかずのままの森林なくしてアグーチは存在し得ず、ブラジルナッツの木の生命を維持させるシタバチも、ランの花も、存在できません。

これはほんの一例に過ぎません。

健全で多様性豊かな地球にするために、わたしたちはそれぞれの種が持つ大いなる重要性と目的に気づかねばなりません。

絶滅の危機にある種を救おうにも、その種が生きられる生態系を救えなければその種を救うことはできません。わたしたちがパーム油業界によってジャングルが伐採され、焼かれるのを止めることができないなら、オランウータンを救おうとすることに何の意味があるのでしょう。マウンテンゴリラの住む森を最後の一本まで伐採しておきながら、どうやってマウンテンゴリラを救おうというのでしょう。すべての種、植物、動物は生存と繁栄のために互いに依存し合っています。これらの動物を救うためには、生態系全体を保護してゆかねばなりません。

人類も相互依存で成り立っている

同じことが人類にも言えます。わたしたちもまた、みなで互いに依存し合っているのですから。誰かより劣っている、程度の低い存在である人など一人としていません。わたしたちは健全で完全な人類となるためにみな、相互依存しながら多様で複雑な関係性を保っています。人間というものは偉大なものに価値を見出す傾向がありますが、すこし立ち止まり、最も微小なギフトでさえ偉大であることを受け入れようではありませんか？

すべてのつながり、すべての関係。わたしたちがこの世界でお互いに渡し、受け取っているすべての学びと贈りもの。これがわたしたちを生かしています。

森の中で一番大きな樹は、森にいるほかの種やその役割について、どれが偉大でどれが劣っているなどと評価、分類化はしません。生存と繁殖のためにすべてと協働する、そのためにすべてと交流し合い、頼り合っています。

自然は無私です。純粋そのもので、完全・絶対的に寛容な提供者です。ヒエラルキーも従属的な種もありません。自然はすべての種を支え、協働します。実際に、死は存在しません。すばらしい生命の輪がある、ただそれだけです。


映画「アバター」（2009年公開、ジェームズ・キャメロン監督によるアメリカとイギリスの合作映画）を覚えていますか？　あのような場所に住めたらどんなに素敵だろうと何人の人が言っていたことでしょう。すべての木々や動物はつながり合い、彼らは人々とも話ができ、植物は蛍光色に輝いていました。巨大な青いからだを持つという部分を除きますが、実はわたしたちは同じくらい素敵な惑星に住んでいるのです。

わたしたちの木々、わたしたちの土壌、わたしたちの植物、わたしたちの野生生物はすべてマザーアースの豊かなエネルギーの流れでつながっているのです！　この地球にいるすべてのものは、この巨大な「生命の輪」につながっています。

土の中の微細菌の信じられないほどすばらしいネットワークとその流れ、動物の排泄物から植物や草地に行き渡る窒素、光合成の驚異のプロセスと木々や海が生成する、生命のもとである酸素、発光して輝く生きものはサメ、ウナギ、エビ、そのほか、藻、珊瑚、魚、菌類、昆虫など数えきれないほどいます。わたしたちは単に海から陸に上がってきた偶然の生命体ではありません。

わたしたちはあの魔法のような世界に住んでいるのですが、そちらに目を向けるのをやめてしまったのです。なんらかによってこの惑星が与えられ、それとともに彼女の資源を自由に使い、消費してもよいという奇跡的チャンスが与えられたのに、です。

偉大なギフトに気づき奇跡の存在であることに目覚める

わたしたちは目覚めなければいけません！　わたしたちは意識を持ったすばらしい奇跡的な存在です。偉大なるすべての神の火花《かがやき》なのです。わたしたちは宇宙の生命体としてここ地球で、この神聖な女神マザーアースとともに存在する機会を得ています。

このわたしたちの無限の旅の中で、偉大なる自己存在《グレートアイアム》としてしばしのあいだ、彼女の子どもとなる経験を手にしています。わたしたちは彼女から分離しているのではなく、彼女とその偉大なる生命リズムの一部なのです。

わたしたち人間は、すばらしいギフトを与えられました。言論、ものを持つ手、あらゆる経験をするために移動する足、意識、自由意志、選択の自由。これらはみなギフトです。

ですが、わたしたちは創造された種の中で一番偉大な種ではありません。なんでも欲しいものを奪い、破壊する自由はありません。種としてのわたしたちが環境とは無関係なこと、バランスを崩すようなことを行えば、それがこの惑星に与える影響は誰の目にも明らかです。わたしたちは自らを大いなる生命の輪から剝《は》ぎ取ったのです。

確かにわたしたちは偉大なギフトをいただいていますが、偉大なギフトには偉大な責任が伴うのです！　人間としてわたしたちには自由意志と選択の自由のみならず、何よりも偉大なギフト「行動」が与えられています。

わたしたちがここにいられるすこしのあいだ、どのような行動を選ぶかはわたしたち一人ひとりにかかっています。わたしたち人間は意識的に行動する能力を持った種であり、このギフトと責任によって、わたしたちは信じがたいほどの損傷を与えることも、癒しを与えることもできます。

マザーアースに住んでいる創造物の中で唯一人間だけがゴミを作り出し、無責任で、必要以上に摂取し、虐待し、蔑みます。地球上でエゴから行動している種は、わたしたちだけなのです。わたしたちは、それが選択であることを忘れています。これらの偉大なギフトを良いほうに使うか悪いほうに使うかは、選択次第です。人類として、わたしたちにはマザーアースと彼女の生きものたち、大きなものから小さなものまですべてを世話する保護者となる責任があるのです。

わたしたちが一なるグレート・マザーの子どもたちであることを真に理解できたとき、ありとあらゆることがわたしたちにとって明確になってゆきます。そうすれば意識と行動を変えてゆくことができ、すこやかな生命の輪の一員となれます。

ブラジルナッツの木がアグーチを必要とし、ランの花がシタバチを必要としているように、わたしたちは互いを必要としています。わたしたちは、言葉と行動を通して互いに影響を与え合いながら互いの生を形作っています。違いがあるからこそ、個々の才能があるからこそ、自分や他人の価値を認めるようになります。そうして愛することができるようになれば、わたしたちは生命の輪の健全なメンバーとなるでしょう。

美しきマザーアースは偉大なる多様性と互いにつながり合った関係性、生態系、元素を持ったとても特別な場所です。彼女はわたしたちすべての母親であり、何よりも偉大な教師です。「地」の元素はわたしのお気に入りというだけではなく、ほかのすべての元素を包含しています。ですからほかの元素を理解するためにはまず、地から学ぶ必要があります。

地の元素――ほかのすべての元素を含む元素

地の元素《エレメント》は、四大元素の中でもわたしたちが理解すべき第一の元素、最も重要な元素です。なぜなら、地の元素はほかのすべての元素を供給する、すべてを包含している元素だからです。元素は自分たちの外に由来するものだと考えそうになりますが、そうではありません。わたしたちは古い真実、古代の叡智は忘れてしまったかもしれませんが、失われたわけではありません。わたしたちの中にある知識の炎をもう一度呼び覚まし、わたしたちは誰なのかを知り、人間である意味を知った状態で生きる時が来ています。

地の元素というと思い浮かぶのは土、木々、植物。そして地球そのものです。

地の元素は、わたしたち人間のからだを象徴しています。地の要素はわたしたちの一部でもあるという考えは途絶えてしまったのでしょうか？

マザーアースと自分のすべてを愛する——愛のレッスン

地の元素は、わたしたち一人ひとりのからだに象徴されています。わたしたちはマザーアースから分離してはいないことを理解し、充分に把握しなければなりません。わたしたちは彼女の子どもであり、わたしたちがこの美しいからだを持って人間として存在できるのは、彼女がわたしたちのからだに毎日、彼女のエネルギーを供給し、生命を与えながらわたしたちを維持してくれているからです。

ですから、マザーを敬い愛するためにわたしたちは何よりもまず彼女が生きているということを理解し、その上でわたしたちは自分を愛し、尊重せねばなりません。

わたしたちの大半はマザーアースを称え、愛し、彼女を愛、美、慈しみ、彼女の嵐まで含めてすべての側面を持った完璧な存在としてとらえることは簡単にできます。

また、わたしたちは同じだけ自分のことを真に愛しているでしょうか？　わたしたちはどんな自分自身も含めてすべてを本当に愛しているでしょうか？　あなたは、あなたのすべてをもって完璧だと本当に感じていますか？　あなたがこれまで生きてきた上で経験してきたことすべての結果をもって、あなたの良いと思う部分も悪いと思う部分も含めてあなた自身のすべてを愛せますか？

ありのままの自分を愛していない、もしくは愛せない人は大勢います。良きも悪きもすべて経験してきた結果、いまのわたしたちとして存在するのですが、それを認識する余裕もありません。代わりに、自分がおかしてきたあらゆる間違いやあんなことしなければよかったという後悔、自分が罪深い、悪い、価値がないと思うありとあらゆる理由ばかり考えています。真実はとてもシンプルです——間違いなどなく、あるのは学びと成長のチャンスのみ、なのです。

学びと成長の旅路をゆくものとして自分を楽しむ

すこし立ち止まって考えてみてください。1日の中で、朝起きて鏡を見てから夜眠りにつくまでのあいだにあなたは何度、自分のことを否定的に感じたり言ったりしていますか？　あなたのエネルギー、思考、感情のうち、否定と肯定の割合はどうでしょう？

たいていわたしたちは自分をありのままに受け入れて学びを得ることはなく、うまくできなかったことや自分をどう変えたいかということに過剰なほどのエネルギーを費やしています。目標に焦点を当てて霊的・教育的に成長し、より良い人生を生きることと、自分が知らない、持っていないために自分を責めることはまったくの別問題です。

わたしたちは仕事、地位、外見、自分の物の心配ばかりしていてそれで頭が一杯になり、「本当のわたしたち」という、すばらしい存在として自分の価値を見出すことを忘れています。

宗教は、わたしたちは罪深い存在であり、間違いをおかしたり、その宗教にふさわしくないことを行うと罰を受けるのだと教えてきました。ですが、もしあなたがおかした「間違い」のために自分を責めるのをやめ、学びと成長の旅路をゆくものとして自分を愛したら、あなたの人生はどれだけ変わることか。想像できますか?

わたしたちは人間として存在するためにここにいるのであって、完璧になるため、もしくはつねに悟った状態に至るためにここにいるのではありません。学んで成長し、転んでは立ち上がり、失望もし、恋に落ち、時には失敗もするためにわたしたちはここにいるのです。

すべては成長と向上について学ぶためなのです。わたしたちは人間でいられることを楽しむべきです。この旅を楽しみ、自分という人間を楽しむのです。

どんな形、どんなサイズのからだであろうと、自分のからだを愛すべきです。本来の神聖な存在として自分を愛せるようにならなければいけません。

すべてを知っているあなたという存在——レッスンを与えているのは誰?

人生が楽ではない、それはまぎれもない事実です。経験を通して学んでゆかねばなりません。学校に合わせて歳を重ねると、学びの難易度は上がります。もし何年も幼稚園にとどまっていたら、どれだけ学べるでしょう? あまり多くは学べません。わたしたちは次に進んでゆきます。一年一年が苦難で、テストはどんどん難しくなります。わたしたちはテストに落ちるときもあれば、合格するときもあります。

人生の苦難がなくなることは、まずありません。学ぶべきレッスンは、次々とやってきます。

これまで生きてきて、いったい何人の人が思わず「なぜ同じことばかり起き続けるんだろう？」と言ったことでしょう。それは、あなたの偉大なる自己存在《グレートアイアム》があなたに学ぶべきレッスン、成長するチャンスを与えているからです。

一回で学びを得なかったら、あなたが学び取るまでそのレッスンは何度でも何度でも繰り返しやってきます。人生のすべての出来事、毎日の一瞬一瞬は、あるものがあなたに与えているのです。そのあるものとは、あなたを最も愛していて、誰よりも、何よりもあなたのことを一番よく知っています。そのあるものとは、「あなた」です！

偉大なるすべてのあなたの永遠の火花《かがやき》、あなたのハイヤーセルフ、あなたの魂とスピリット、あなたの偉大なる自己存在《グレートアイアム》、偉大なるスピリットとの永遠のつながりは、あなたが何を必要とし、それをいつ必要としているかを厳密に知っています。

毎日の一瞬一瞬、一つひとつのレッスンをあなたに与えているのは「あなた」です。ですからもし「あなたに、あるレッスンを与えることが最善」となれば、偉大なる自己存在《グレートアイアム》はあなたにそのレッスンを与えます。あなたが合格するまで、何度でも必要なだけ、そのレッスンはやってきます。

ここに来ることを選んだのは誰？

天国には白いローブを纏《まと》った白髭の老人の姿をした神様がいて「あなたは地球に行かねばなら

ない。それはそれは大変なところだよ。そこであなたは完璧な人生を生きなければいけない、さもなければここには戻って来れないからね。おっと、ところで、完璧な人間なんてものは存在しない。イエス・キリストは例外なんだ。では頑張ってね！」と言うのでしょうか？　いいえ、そんな神様などいません。こんな経緯ではないことは確かです。あなたがこの地球に来ることを選んだのです。あなたが決めたのです！

なぜここに来たかというと、あなたには目的と計画があったからです。地球に住み、二元性を経験し、善悪や苦楽を味わい、学びと成長を経験するために、あなたはここに来ることを選んだのです。人とかかわりあい、恋に落ち、失恋するために来たのです。あなたの情熱を表現するために、ここに来ることを選んだのです。

大変なことがあっても、それが「過去生からのカルマに違いない、わたしは代償を支払わなければならない」とは考えないことです。あなたの人生の問題や学びのレッスンを罰だととらえないでください。

大切なみなさん、この人生を生きるのです。大切なのは、この人生です。あなたはいま、このからだの中にいて、いま、ここでこれらのレッスンを受けているのですから、いまに存在してください。

自分の過去生が何であったか、その過去生でどのような選択をしたのか、その過去生ではどんな生命体だったのか、それを確実に知る人は一人もいません。わたしにはそう断言できます。過去生を非難したり主張してエゴを肥やしたり目の前の問題の言い訳にしても、何の役にも立ちません。

大切なことは、あなたがいま受けている「惑星・地球上での生活」という名の壮大なテストに対して、完全に目を覚ましていることです。一瞬一瞬に存在し、簡単であれ困難であれ一つ一つの問題に存在してください。あなたは学ぶためにここにいるのであり、ここに来ることを選んだのはあなたなのです。

自分を見るレッスン

「木を見て森を見ず」という格言がありますが、これはわたしたちのほとんどに言えることです。わたしたちは日常のくだらないことに没頭するあまり、自分を高い視点から見るために立ち止まろうともしません。もしすこし立ち止まって人生をもっと高い視点から見てみれば、あなたの注意やエネルギー、感情をどこに向けるべきかが見えてきます。

ここから見ると、あなたは自分が完璧であることが見てとれます。なぜなら、あなたはすべてを生きてきたから――宗教や社会が説く「善悪」だけではなく、まさにすべてを経てきたからです。

●やってみましょう――自分を見るワーク

実際にすこし時間をとって、静かで、何にも邪魔されない場所に横たわってください。あなたは、あなたの偉大なる本質《グレートアイアム》だと想像します。

あなたの偉大なる本質《グレートアイアム》は天国というところからあなたを見下ろし、あなたがこれまで生きてきた人生を見ています。


小さな子どもの頃のあなたを見てください。あなたが住んでいた場所でどんな生活をし、どんなレッスンを経ていったでしょう？

次に十代になったあなたを見ます。あなたはどのように感じていましたか？　学びや成長はどうでしたか？　どんな人生の出来事がいまのあなたを形作ったでしょう？

次に大人になったあなたの生活、あなたが決めたこと、経験してきた数々の問題を観察しましょう。あなたはどんな人になったでしょう。


時間をとり、あなたが学び、おかげで成長してきたそのすべてを真に見届けてください。

より大きな、あるいは高い視点から見ると、あなたの課題がよく見えてきます。どのようにしてあなたは強くなり、いまのあなたになったかが見えてきます。

過去のことや「おかした」と思っている間違いのことで自分を責めるのをやめ、自分がほかの人みたいであれば良かったのにと思うのをやめれば――そうすれば、あなたは自分のことを本当に愛することができます。

間違いは存在しないことに気がつく

実は、間違いなどというものは存在しません。すべての経験を経てきたからこそ、いまのあなたがいるのです。それも受け入れるのです！

自分のこと、変えたいところ、自分にはここが足りないと思っている部分に誇りを持ってください。

罪悪感を感じてしまうことについて自分を責めないでください。あなたは罪深くなどないのですから。あなたはこの惑星に来たほかのすべての人たちと同じように学び、成長しています。

自己批判をやめ、「もっとこうあれば良いのに」と思っていることに全エネルギーを費やすのはやめて自分をありのままに認めてゆけば、あなたは本当に完璧であること、過去のすべての経験があってこそいまのあなたがいるのだということがわかることでしょう。

他人と比べないレッスン

わたしたちが人生で行ってしまう最大の過ちは、いつも自分を他人と比べていることです。

「あの人くらい頭が良ければ」「あの人くらいスピリチュアルだったらいいのに」「ほかの人たちが持っているものが自分にもありさえすれば自分はハッピーになるし、存在価値のある人間になるはず」などと考えているのです。

わたしたちは何かを人生で成し遂げた人たちを尊敬・崇拝しますが、自分が成し遂げてきたことには注意を払いません。人生に二つとして同じものはないのです。旅の内容も異なっています。

あなたが誰を尊敬・崇拝しようと、みなそれぞれに難しい課題も持っています。彼らには彼らの学ぶべきレッスンがあるのです。わたしが保証します、実のところ、学びのレッスンや苦難から逃れている人は一人もいません。レッスンや苦難こそがわたしたちを完璧にしてくれるのですから！

あなたの人生は完璧。あなたの旅路は完璧です。わたしたちはみな、日々学んでいるのです。「人生が厳し過ぎる」と怒るのではなく、あなたはこの旅路で学び、成長し、より良い自分になるためにレッスンを経ているところなのだとシンプルに理解してください。人生には、ほかの人より上等なレッスンや劣っているレッスンはありません。

あなたは人生レッスンの一年生で、アルファベットを学びはじめたところかもしれません。もしくは大学を出て博士号を取ろうとしているところかもしれません。どちらかが優れていると言えますか？　子どもより大卒生のほうが、愛と尊重を受け取るにふさわしいのでしょうか？　もちろん、違います！　生徒の価値は、教師よりも劣りますか？　違います！

わたしたちはそれぞれのレベルで学んでおり、みな等しい存在です。ですからほかの人たちや彼らの成長に注意を向けるのではなく、わたしたちは学びという旅路のどの地点にいようとも自分に焦点を合わせる必要があります。

わたしたちは自分の人生を他人と比較したり人と自分を比べて自分はあの人より上だ、あるいは下だと値踏みしてばかりいます。あなたがどんなレッスンを学んでいるかや、人生のどの学年にいるかにかかわらず、すべては然るべき状態にあります。

社会は、どんな人であれば厳しく批判してもよいか、どんな行動が容認可能でどんな行動が許されないかをわたしたちに説いてきました。

たとえば路上でお金を乞う酔っぱらいの人を見かけたとき、わたしたちはとっさにどう思うでしょう？　助けを必要としている男性を見ない振りをするでしょうか？　そこに通り過ぎる大金持ちの人と違いはあるでしょうか？　それともお金を乞う酔っぱらいのほうが過酷な人生なのでしょうか？

依存症を克服するというレッスンは慈しみや豊かさを分かち合うレッスンよりも劣っていると思うのは、どういうことでしょう？

わたしたちは人や彼らの問題について性急に判断を下しがちですが、実際はというと、それがどのような状況に「見えて」いようと、わたしたち全員がなんらかのレベルで試されているのではないでしょうか。

どれもレッスン、どれも課題なのです。依存症に苦しんでいる人は痛みと苦しみに対処し、自分のからだを愛する、自分の価値を認めるといったとても厳しいレッスンを学ばねばなりません。しかも、誰の目からもその人が問題を抱えていることは明らかです。

それに対して物質的な富を膨大に所有する男性あるいは女性は、寛容になるか貪欲になるか、大勢の人の暮らしを助けるか妨げるかという試し、課題を持っています。物質的な富を持っていても、その人はより良い人間でも劣った人間でもありません。ですが、依存症を克服するというレッスンは慈しみや豊かさを分かち合うレッスンよりも劣っていると思うのは、どういうことでしょう？ わたしたちはお金持ちの人よりも貧困に苦しむ人のほうを低く評価する傾向があります。悲しいことですが、社会はわたしたちにそう信じこませてきたのです。

わたしたちはみな、上流社会や上品な社会に生きている人々は普通の人たちよりも優れた地位にいると社会から教わってきました。

たとえば、重度のアルコール依存症の人を想像するとしたらどんなイメージが浮かびますか？ たいていは、古いTシャツを着たみすぼらしい中年の男性、髪はボサボサで汚らしく、片手にビールを持っている、そんな男性。これがアルコール依存症と聞いておのずと思い浮かぶイメージですが、実際は、CDC（アメリカ国立疾病防疫センター）とNCHS（アメリカ国立保健統計センター）によると、富裕層の人のほうが貧困者よりも24・7％と圧倒的な割合で飲酒率が高いそうです。

富裕な人と聞くと、わたしたちはどんな人物像を思い浮かべるでしょうか？　彼らの人生の課題は他人を助けるか、妨げるかです。

わたしの場合、裕福な人ほどあらゆる善行を尽くせると思いたいところですが、悲しいことに労働統計局のデータでは、最も貧しい世帯層は収入の平均4・3％を慈善団体に寄付している一方、最も裕福な世帯層はその半分の2・1％しか寄付しないことを示しています。

わたしたちがどのように考えるように慣らされているかを示す実例はたくさんあります。お金があればあるほどあなたにはたくさんのものが手に入り、人からは好かれ、美しくなる——あなたは「もっと受け入れられる価値」が得られる、というわけです。

実際はというと、ほかの人がどんな人生を歩んでいてどんな課題に直面しているかは、わたしたちの誰にも本当のところは、けっして計り知ることはできません。ですから、わたしたちには人のことを判断する権利などないのです。

わたしたちは判断を捨て、互いを兄弟姉妹として接する必要があります。そして自分自身を見つめ、自分の課題を認識し、尊重せねばなりません。

あなたが人生でどんな状況にいようと、どんな問題があろうとかかわりなく、あなたの魂は学び成長していること、すべては然るべき状態にあることをわかっていてください。

大変な経験をしているから自分は人よりも劣っているのだと思う必要はまったくありません。あなた自身を、そしてあなたが歩んでいる旅路を栄誉と受け取ってください。

それが何のレッスンであるのか。その経験からあなたは何が学べるか。きちんと時間をかけて理解をすることです。試練を経験している自分を卑下したり、苦難にあっていることを他人のせいにはしないでください。

他人のせいにしないレッスン

わたしたちは、自分の置かれている状況や「レッスン」をとっさに他人のせいにするという反応が習慣のようになっています。

それがどんな状況であれ、それがいかに大変で厄介な状況であっても、どう行動しどう反応するか、その責任を負えるのはあなただけです。自分の置かれた状況を誰かのせいにすれば自分の行動の責任はとらなくてもよいとわたしたちは考えがちです。でもそうではありません。**この惑星では、わたしたちの行動、反応、感情、言葉、個人的成長はわたしたちの責任です。**誰かがその状況を生じさせたにせよ、そうでないにせよ、人を非難したり怒りを向けたところであなたが選んだ人生のレッスンは解決しません。

南アフリカでのこと、コイサン族の酋長《しゅうちょう》とともに過ごしていたときに、彼はこの主題について明確に言い表していました。

美しい坊主頭と丸々としたお腹が印象的な酋長は、穏やかで賢明な雰囲気の人でした。

あるとき、酋長と一緒に座っていると、彼はわたしを見てこう言ったのです。


もしある男が妻や子どもたちと小屋にいて、食べ物はじゃがいも一個しかなかったとする。

この男は、どうするべきだろう？

誰も食べ物を与えてくれない世の中に腹を立てるべきだろうか？

彼らが小屋で待っていれば、隣家の人が食べ物を得るために働いてその食べ物を持ってきてくれるだろうと期待して待つべきだろうか？

誰か見知らぬ人があらわれて助けてくれるだろうと期待するべきだろうか？

食べ物がないこと、誰も彼のためにその問題を解決してくれないことを怒り、怒鳴り、文句を言うべきだろうか？

食べ物を与えてくださいとお祈りをしたのだから、空から食べ物が落ちてくるのを待つべきだろうか？

それとも、その一個のじゃがいもを植えるべきだろうか？　たくさんのじゃがいもができれば、家族に食べさせてあげられるから。


誰でもこの質問への答えはわかりますね？

わたしたちはこれまでに何度、自分のいる状況や問題について不満を言いながらその責任を取らずに過ごしてきたでしょう？　そのためにお祈りすらせず、自分はなんら努力せずに、受け取ることばかり期待してきたことでしょう？

わたしたちはいつだってその問題や状況を見て誰かのせいにしたり、誰かがわたしたちのためにその状況を変えてくれると期待ばかりするのをやめ、その状況から学び、そこから成長することができます。

わたしたちは怒りや非難のほこ先を「**これから学ぶために、わたしは何をしたらいいだろう？どうすればわたしはこの状況を変えられるだろう？**」へと変えなければなりません。ただ家に座ったまま世の中について不満を言うこともできますが、わたしたち自身が変化することもできます。

食料品店で大型家畜産業が生産した安い牛肉を購入しておきながら、家で座って大型家畜産業が森林破壊、高排出ガスや汚染物質を引き起こしていることに文句は言えないのです。子どもの強制労働によって生産されたTシャツを着ながら「子どもの労働に反対だ」などとは言えません。ハチが身近に寄ってくるとピシャリと殺したり、命にかかわるような殺虫剤を吹きつけた果物を買いながら「殺虫剤のせいでミツバチが死滅している」などと激怒するのは見当違いです。

世の変化を見たければ、わたしたちこそが変化せねばなりません。わたしたちはすべての状況において責任を負わなければいけません。じゃがいもを植えなければいけないのです！

あなたのからだはマザーアース　あなたは地のエレメントである

あなたが誰でどこに住み、どんな状況にいるかは関係ありません。試練やレッスンを経てこそあなたという人が形成されるということ、あなただけがその結果の責任を取ることができるのだということを忘れないでいれば、あなたは学び、成長し、自分自身や自分の人生を愛しはじめることができます。

自分のすべてを本当に愛することができれば他人のこともありのままに愛し、彼らの経験を愛し、彼らは彼らの旅路を生きているのだと批判することなく称えることができるようになります。自分のことも人のことも批判するのをやめればわたしたちの扉は開き、すべてを愛し受容することのできる膨大な力が開きます。そして、わたしたちは一つの存在――兄弟姉妹はもちろん、マザーアースとも一つになった存在となるのです。

人生の本当の意味を知り、自分やお互いのことをあらゆる方法で愛する術を身につけなければならないのと同じように、わたしたちはグレート・マザーのことも理解し愛する必要があります。

ほとんどの人は「それはまた別の話だ」と言いますが、実際はわたしたちは一つ、同じものです。マザーアースはあなたにそのからだを与え、食べ物と水を与え、あなたの肺に空気を満たし、人間としての経験を与え、大小問わずほかのすべての生きとし生けるものに生きる経験を与えています。

ですから自分自身を愛する術を学ぶためには、マザーアースを愛しはじめる必要があるのです。彼女を愛さずして自分を愛することはできず、マザーアースを愛しながら自分を愛さないでいることはできません。あなたのからだはマザーアースなのです。あなたは地の元素（エレメント）なのです。

わたしとは何か？　感じるレッスン

わたしたち全員への問いがあります。

「わたしたちは本当に、わたしたちのマザーを知っているのでしょうか？」

大小を問わず、すべての植物、すべての動物には魂とスピリット（霊・精霊）、目的、役割が備わっていることをわたしたちは理解しているでしょうか？　何かが青く茂り、成長する様子を見れば、そこに生命が息吹いていることは誰でもわかるでしょう。ですが、そこにはスピリットも存在していることをわたしたちは知っているでしょうか？

すべてのものが「スピリットと目的を備えた生きものである」ことがわかってくると、それらに一層感謝し、守ろうとするはずです。

あるワークがあるのですが、わたしはこの実践がわたしたちみなにとってとても重要だと思っています。このワークを実践すれば、わたしたちはせわしない日常の中でもつながりを保つことができ、この世にはわたしたちが注意を向けている目の前の世界よりももっと偉大で重要な世界が存在していることを思い出すことができます。

この実践は、ただの概念として読むよりも「感覚」を通して受け取ることが何よりも重要です。ですからこの本をただ読み進めるのではなく、これを読んだらすこし時間を割いて屋外に出て、実際にあなたの経験として体感してください。

●やってみましょう――魂とスピリット（霊・精霊）を感じるワーク

①自分の中にある魂とスピリットを感じる

野外で居心地のよい場所を見つけ、美しいマザーアースに座るか寝転んで、目を閉じてください。

呼吸がゆっくりと落ち着き、外界や、すべての喧騒による雑念が消えていったら、あなたの中の「自分自身」の感覚を見つけてください。

あなたという人を感じ、あなたのその「自己」の感覚がどこにあるかを感じてください。

目を閉じたまま、その自己の感覚を感じながら、すこしのあいだ、あなたの足についてイメージします。まず、あなたの足の形を変えてみます。イメージできたら、次にこう自分に問いかけます。「わたしはまだここにいる？　まだ存在している？　わたしという感覚はまだある？」

あなたの体内の、「あなた」がいる場所を感じてください。

次に、あなたの足の長さを変えてみます。イメージできたら、こう自分に問いかけます。

「わたしはまだここにいる？　まだ存在している？　わたしという感覚はまだある？」

あなたの体内の、「あなた」がいる場所を感じてください。

さらに、このすばらしい世界に、あなたが足のない状態で生まれてきたところを想像してください。イメージできたら、こう自分に問いかけます。

「わたしはまだここにいる？　まだ存在している？　わたしという感覚はまだある？」

あなたの体内の、「あなた」がいる場所を感じてください。

自分という感覚は、あなたの足がなくても、あなたの中にまだありますか？　もちろんありますね。同じように、腕、目、口、顔、鼻などでもイメージしてみてください。

あなたという感覚は手足の中にはいませんし、からだの大きさや形、目や髪の色にも関係はありません。その感覚は内に存在しています。

わたしたちは自分の姿形、外見、美しさ、服装、お金、自己イメージ、所有物を自分だと思い込みがちです。他人からこう信じなさいと言われるがままに、自分のことを信じ込むよう教えられてきているのです。

実のところ、どれもあなたとは何の関係もありません！　**本当のあなた、あなたの感覚とは、あなたの偉大なる本質《グレートアイアム》です。**

あなたの魂とスピリットは、あなたの中に住んでいます。

自分という感覚は、これまでずっと存在していました。今後も、ありとあらゆる形態・大きさ・生命の中で永遠に存在し続けます。

②大いなる源から地球へやってくる魂とスピリットを感じる

目を閉じてそこに座ったまま、あなたという感覚をもう一度感じましょう。

あなたという人を。あなた自身の偉大なる本質《グレートアイアム》の火花《かがやき》を。そして、あなたの魂とスピリットを。あなたがやって来たあのすばらしい場所、すべての光と愛と全生命とワンネスの源を想像してください。

無限の光と創造物という純粋な形の「すべてなるもの」の一部として存在するのは、どのような感覚でしょうか。

すこしのあいだ、あなた自身の偉大なる感覚を感じましょう。

準備ができたら、そのワンネスの光から、あなたという小さな火花《かがやき》を美しいマザーアースに送ろうと(意識的に)決心しているところを想像します。これはずいぶん昔、いまあなたが住んでいるそのからだを得る前にあなたがやっていたのと、まったく同じことです。

あなたは漂うように、すばらしい青い海と緑の高山の森林、砂漠、熱帯雨林、風にゆれる草地に覆われたこの美しい惑星に、どんどん近づいてゆきます。

身をゆだねていてください。そしてゆっくりと着地します。


わたしたちのからだはマザーアースからの大いなるギフトで、もし彼女がいなければ、わたしたちはこのからだを持つことができませんでした。この地球上にいるあいだ、わたしたちは生身のからだの中で人間として生きています。しかし「あなた」はもっと大きなレベルの存在で、すべてなるもの、神、グレート・スピリット、ワンネス、何と呼んでいただいても構いませんが――このすばらしい源からやって来たのです。

わたしたち一人ひとりは、このテストを体験し、生き、この旅路から学ぶために、自分自身を火花《かがやき》としてここに送りこむことを選んだのです。わたしたち全員が、そうなのです!

③一本の木に宿る魂とスピリットを感じる

あなたの意識マインドの中で、今度はあなたという感覚が「一本の木の中」で目覚めるところを想像してください。

あなたは到着し、これから地球で学び、成長し、人生を体験しようとしています。木の中にいるのはどのような感覚でしょうか。枝はしっかりと伸び、あなたの葉は光を存分に浴びています。あなたの根は地中深くまで伸びていて、水分を取りながら栄養分を得ています。

木ですから、数えきれないほどの関係性・パートナーシップを組んでいます。生命をあなたの周囲のすべての生命に提供し、虫や鳥、菌類を生かし、たくさんの存在に影を貸してあげるのはどのような感覚か、感じましょう。

あなたは生きていて、マザーアース上の生命の輪の中で大いなる複雑な部分を担っています。木ですから、あなたには歩くための足も、開いて見る目も、話すための口も、何かをつかむための腕もありません。

ですがあなたは生き、存在し、あなたという感覚はまだそこにあります！　このワークの最初に想像したのとまったく同じです。あなたという存在、あなたの本質は、あなたのからだではありません。それはあなたの体内に住んでいて、あの生きた魂の火花《かがやき》であるあなたという感覚は、大小を問わずすべての生きものと植物の中に生きているのです。

④いま周囲にあるすべての魂とスピリットを感じる

ゆっくりとあなたの体内に戻り、いまここで「自分」を感じてください。足を感じ、足のつま先を動かし、腕や手を感じ、目を開いて、周りを見渡しましょう。

小さな草の葉から一番大きな樹に至るまで、あなたを取り囲んでいるあらゆる生命を見てください。

あなたの周りにあるものはすべて生きていて、生命の火花《かがやき》、スピリットがいます。彼らは、言葉を使って話したり、歩き回ったり、あなたを抱きしめたりすることはできませんが、それでもみな、ここにいるのです！　存在しているのです！

自然はつねにわたしたちに話しかけていて、けっしてそれが止むことはありません。本当です。わたしたちが耳を傾けなくなったのです。この美しい地球上であなたがどこに行こうとも、全生命、自然のすべてはわたしたちに話しかけています。人間の言葉ではありませんが、感情や感覚、ハート、意識を通して語りかけています。

先住民族の人々や長老たちが「森や水を聴きなさい」と言うのはこのためです。

何世紀ものあいだ、自然には祈りが捧げられ、人は静かになって目に見えないものから偉大な叡智を受け取り、学びを得ていたのです。

自然に耳を傾けて力を借りる

自然はわたしたちに話しかけることができます。わたしたちに教え、人生への洞察を与え、どんな質問にも答えを示してくれます。わたしたちは、ただ静かにして耳を傾けさえすればいいのです。

つい傲慢に考えてしまうわたしたちは、目に見えるものだけが真実に違いないと思いがちです。もし時間さえかけて本当によく見て耳を澄ませば、まったく新たな世界が開きます。わたしたちの周りにいるすべての生命に感謝し、真に理解しはじめれば、わたしたちはこの美しい世界の所有者ではなく、保護者となってゆくことでしょう。

最近、わたしは香港と中国で講演とワークショップを行ってきました。トークの最終日、わたしは疲れ切ってしまい、巨大なハコヤナギの木立の前に立って「わたしは最後までやり切れるのだろうか」と自問していました。

グレート・マザーに「力を貸してください」とお祈りをしていると、頭上のハコヤナギの木から小さな綿花がくるくる回りながら落ちてきてわたしの両足の前に落ちました。それは小さな綿花で、綿の繭に包まれた小さな種でした。種が足元に落ちたのです。

それをじっくり見ながら、自然とはなんてすばらしいのだろうと考えていました。この小さな種が、わたしを取り囲んでいるこの巨大な木に成長するのですから。わたしはひざまずき、湿った土の中にその種を埋めながら、「あと2〜3時間メッセージを伝えるエネルギーを奮い起こせたら、その小さな知識の種が誰かの中でいつか芽生えるのかもしれない。何が起こるかはわからないのだから」と思いました。

そこでわたしはまた立ち上がり、地球を呼吸する瞑想（96ページ）をして、会場のある建物へと戻りました。

これは深遠な驚天動地といった経験ではありませんでしたが、自然はただ自然のやり方で、最も純粋に優しい方法で話しかけてくれたのです。

自然はいかなるときもわたしたちに話しかけ、教え、道を示してくれています。そのすべての知識は惜しみなく与えられています。わたしたちはただ注意を払うだけでよいのです。

自然とマザーアースが使う言語は「感覚」

自然と話し、彼女の教えを聴くための秘訣は、感覚を通してやってくるということ。

「木が話すのを何度も聞こうとしたけれど、何も聞こえなかったわ」「まぁ、あなたみたいに動物と話せたらいいのに。でもわたしには何も聞こえないわ」と何度言われたことでしょう。

わたしは思わずクスッと笑い、「もし彼らが言葉を話すのを待っているならずいぶん時間がかかりますよ、だって言葉で聞こえることはまずありませんから」と伝えます。わたしたちは人間であることをとても誇りに思っているのですね。リアルなものは、わたしたちに近い存在であるはずだと考えているのです。しかし一体どうして木が、英語やオランダ語やほかの言語を話すというのでしょう？　わたしたちはときおり、傲慢が過ぎます。

本当です、すべての自然は話しています。ただ声帯は使いません。ではどのように話すのでしょう？　わたしたち誰にでも聞くことができるのでしょうか？

おそらくは自覚がないだけで、もうすでにやったことがあるはずです。

たとえば、ペットを飼ったことがある場合です。動物たちは、言葉で話すことはなかったと思います。話すことはできなかったでしょう？　では大切なペットの様子がおかしかったとき、それをどのように察知しましたか？　不安になっている、心配している、具合が悪い、ハッピー、くつろいでいるといった状態はどのようにわかったのでしょう？　あなたが感じたのです！

子どもがいる場合もそうです。わが子がまだ言葉を話しはじめる前の、幼かった頃を思い出してください。両親であるわたしたちは何かがおかしいとき、内からの感覚でわかるのです。わが子がたとえ隣町や外国にいたとしても、何かがおかしければ「わかる」のです。なぜなら、感じるから。とても深いレベルで子どもとつながっているから。愛でつながっているからです。

わたしたちはみな、意識だけではなく感情でもつながっています。地球上にいるすべての人は、自然との話し方・聴き方を自力で学び直すことができます。これはわたしたちの本質的な資質で、初めて地球上で歩行した人間から現代のわたしたちまですべての人間に備わっています。

わたしたちは人間のからだの中にいる限り、この地球と、そこに住むすべての生命と、永遠につながっています。ほかの生きものに話しかけ、彼らからの答えを聴くためには、ほかの生きものたちを心から愛していなければなりません。

学び直すという言葉を使ったのは、わたしたちが子どもの頃にその方法を知っていたからです。子どもだった頃、動物や木々といとも簡単に話していたことを思い返してください。草地を抜けながらちょっとした歌を歌ったり、花々や小川と会話をしたり。わたしたちはみなとても無垢で、周囲の生命を受け入れていました。

そして成長するにつれ、みんなが適合しよう、流れに従おう、社会が求める人物像になろうとする渦に吸い込まれていきました。そして植物や動物たちとお喋りするのは許されない行為となり、いわゆる「重要なこと」に心を注ぎはじめたのです。

幸運なことに、ペットと深い愛情関係を持つことで、わたしたちの中にある知識は生き続けました。その能力を失ってしまったのではないか、もしくはこの才能は永遠に消えてしまったのではないかと恐れる必要はありません。ただ再起動させるか、単にスイッチをもとの「ON」に戻せばいいだけです。

そのためにはまず、静かになる方法を身に付ける必要があります。

わたしたちはせわしなく話したり考え続けているので、真に耳を傾け、真に見るために必要な静寂をなかなか見出せません。周囲のノイズや日々の問題についての思考からわたしたちのマインドを沈黙させられるようにならなければ、真にハートから聞くことのできる意識状態にはけっして到達できません。

自然を聴くレッスン　感覚をひらき、静けさに身を置く

わたしがヨーロッパに滞在するようになって二年ほどのあいだに、奇妙な現象を目にしました。それは、人々の「自然の中で時間を過ごすこと」のとらえ方です。これにはすこしばかり面喰《めんく》らいました。

彼らはまず、壮大な準備に着手します。「ウォーキング前の儀式」とでも言いましょうか。何よりも一番大切な儀式は、紅茶やコーヒーをたっぷりと飲むこと。

次に、本番用の試着が行われます。ウォーキング用のパンツを穿くのですが、それもなんでも良いわけではなく、トレッキング中にショートパンツに穿き替えたくなった場合に備えて、膝下部分がファスナーで取り外し可能になっているパンツでなければいけません。そして靴も重要です。最高品質で靴底の刻みが最も深い撥水《はっすい》加工された革製のもので、エベレスト登山にも耐えられる断熱ブーツ。それを履いたら次には、お洒落なチタン製のステッキを手首に結びつけます。そしてフリースやレイン・ジャケット、ウェスト・ポーチ、リュックを身に着け、最後に紅茶をもう一口飲めば、「アウトドア好き」な人の準備は万端です。

さてその行先は、というと、大勢の人が踏みしめてきた平地で、場合によっては、舗装された道……。オランダのアウトドアとは、このようなものらしいのです。

そしてウォーキングのためにみなで道端に集合しますが、多忙なスケジュールを割いて森で自然と一体となるために時間を作った自分のことを密かに誇らしく思っています。集合したら森に入るのですが、ここからが本当に奇妙なところです。わたしたちはひたすら日常のこと、普段やらなければいけない用事、仕事のこと、同僚のこと、配偶者、子どもたちのことをお喋りし続けるのです。どこかのコーヒーがとても美味しかったとか、自然の中にいる自分たちがいかに素敵かなど、話はまだまだ続きます。

ウォーキングが終わってスタート地点に戻ってくると、また紅茶やコーヒー休憩をとって、みんなでこのウォーキングがどれほどすばらしかったか、どれだけ「自然の中にいることが大好きか」をお喋りします。

まさに自分のことだと思う人はどれほどいるでしょう？ 「ウォーキング前の儀式」は省略してウォーキングだけ行くにしても、どれだけの人が自分の心配事やしなければならないこと、人生で背負っている義務や問題のことを考えながらトレッキングをしているのでしょう？

●やってみましょう――森を歩くワーク

お喋りをやめたことはありますか？

自然がわたしたちに伝えようとしていることは聞こえましたか？

あなたを取り囲んでいる生命から、何か学びましたか？

マザーが与えてくれているエネルギーを、ゆっくり時間をかけて吸い込みましたか？

自然が与えてくれているすべての音を、すべての生命が「こんにちは」と言っているのをじっくりと聞きましたか？

地球の匂い、地面や、木々からあふれ出ている、緑の生命の匂いを味わいましたか？

ゆっくり時間をかけてそこにあるものをよく見て、それに愛を送ったり、愛を受け取ったりしましたか？

それともただお喋りしていただけですか？


自然の中を歩きながらそこにまったく気づきがないのは、ラジオから流れる曲に合わせて歌いながら本を読んでいるようなもの。その本からは何も学びはしないでしょう。要は、もし静かになれなければ何も聞こえないし、学ぶこともないということです。

自然の中で静かになることほど、重要なことはありません。マインドが静止し、乱雑な思考を遮断しなければ、自然がどのような感情・感覚をもって話していても気づくことはできないからです。

あなた自身のハートと、あなたの周囲にいる生命に対する愛と尊重に注意を向けることができたら、あなたを取り囲むすべてのレッスンが見えてきます。

マザーや彼女の生きものたちからあなたへの愛を感じはじめることができます。あなたは大いなる生命の輪の一部となり、すべては一つであることがわかりはじめます。

自然の中を歩きに行くときは頭を空っぽにして、マザーアースの存在にもう一度つながり直す必要があります。

歩くあいだは、あなたのすべての感覚に注意を払うこと。

「人間として最大限に目覚めているとはどういうことか？」

その意味に目覚めることが重要です。

●やってみましょう——目覚めのワーク

立ち止まる時間をとり、あなたの全感覚を一つずつ目覚めさせてください。

あなたの嗅覚だけに注意を払い、その後にあなたの聴覚だけに注意を払います。

時間をかけて、からだを感じてください。

肌にあたる太陽の光や影の感覚、髪を通り抜けてゆくそよ風を感じてください。

地上にいるあなたのからだの重さを感じてください。

最後に目を開き、あなたを取り囲むすべての生命を見てください。

ゆっくり時間をかけて靴を脱ぎ、直に足を地球に付け、マザーアースのエネルギーを吸い込んでください。

木を抱いて、しばし沈黙のまま座っていてください。

あなたの周りにあるすべてのものに感謝し、それらに対する愛を感じてください。

母親がわが子を愛するのとまったく同じように地球があなたを愛しているのを感じてください。

すこしのあいだ、その木、あの花、この草の葉になってください。

自然と、マザーアースとつながってください。

アーシング　マザーアースのエネルギーにグラウンディングする

わたしたちが直立歩行をする存在で、地面に足を付けているのは偶然ではありません。

わたしたちの足の裏には体内で一番大きな毛穴が何千もあります。片足に2000個以上です。足にはあらゆるポイントがあり、全身の構造とつながっています。足をマザーアースに置くとマザーのエネルギーが足裏から体内に入り、チャクラ・システムを通って上ってゆき、からだのすべての部分に行き渡ります。裸足になって足の裏を地面に付けることがとても重要なのは、このためです。

マザーアースのエネルギーによってわたしたちのからだは生かされ、動いているということを大勢の人が忘れています。わたしたちのスピリット、偉大なる本質《グレートアイアム》の火花《かがやき》たる魂は、人間のからだの中に住んでいると言われています。この火花《かがやき》こそが「自分」の真の感覚です。これが、わたしたちをほかのすべての生命につないでいます。その源が「大いなる源」そのものだからです。

また一方で、わたしたちの肉体はマザーアースからのギフトです。わたしたちは、彼女が与えてくれる食物や水、そして彼女のエネルギーなくして人間のからだを持つことも維持することもできません。

手袋の中の手のようにわたしたちのスピリットはからだの中にいますが、わたしたちの中を流れるエネルギーがなければ、手袋の中の手はただだらりと横たわっているだけです。わたしたちに動き、話し、行動し、機能する能力を与えているのはマザーアースのエネルギーなのです。

生きていると、わたしたちのエネルギーはたびたび低下します。日常生活のストレスに疲れ切ってしまう。きちんとした食事を摂らない。よく眠れない。これはわたしたちの周りにある生命の源のエネルギーから分離しているからです。

みなゴム底の靴を履いているため、マザーアースのエネルギーが足裏から全身に流れるのを遮断しています。わたしたちの古代先祖はゴム底靴を履いたりはしませんでした。彼らは、マザーアースのエネルギーにつながり《グラウンディング》続ける必要性をよくわかっていたのです。

毎日毎日、裸足になる必要があるとは言いません。わたしたちの生きている社会はそのようなスタイルが許されるような、もしくは気持よくできるような社会ではありません。ですが、いつでも可能なときには靴を脱ぐことを覚えておくべきでしょう。

地球を呼吸する瞑想のレッスン

ほんのすこしの時間をとって、からだを強くすこやかに保つためにとても大切な「地球を呼吸する瞑想」をしてください。

多忙なスケジュールでも、1日にわずか2〜3分間瞑想すればわたしたちのグラウンディングは促され、からだは強くすこやかに保たれ、生命力あふれるエネルギーにつながっていられます。このエネルギーはいかなるときも使うことができるのです。

わたしたちは一生を通して自分をマザーアースとつなぎ、力を取り戻し、バランスをとる術を身に付ける必要があります。

よく、グラウンディングが切れたりエネルギーが低下することがありますが、そんなときにこの瞑想はぴったりです。毎日をスタートさせるためにもぴったりです。

わたしは、ステージに上がってトークをする前や儀式の前などに、自分のエネルギーを蓄えてできる限りグラウンディングするためにこの瞑想を行います。

また、お祈りと、東西南北に敬意を払う（方法は後述）前にもこの呼吸瞑想を行います。これを行うとエネルギーが正しく流れるようになり、チャクラのブロックや生命エネルギーの流れが停滞している箇所が動き出します。さらに、あなた自身が開いて霊的なガイダンスを受け取れる状態にし、もっと深い意識から祈りや瞑想を行う態勢が整います。

●やってみましょう——地球を呼吸する瞑想

まず初めに野外に出て、土か草の上に裸足で立ちます。足の裏から地球エネルギーの色、グリーンを吸い込みます。この地球エネルギーがあなたの細胞を満たしてゆき、あなたのすみずみまで栄養が行き届くのを感じてください。

一回目の息を吸うとき、このグリーンのマザーアースのエネルギーを両脚の、できるだけ上部まで吸い込みます。そして下に向かって吐きながら、そのエネルギーを足裏から地球の中へ戻します。マザーアースのエネルギーが本当にあなたの体内を上に向かって流れてゆくのを感じられるまで、もしくは、そのようなイメージができるまで、何度でもこれを繰り返します。吐くときはエネルギーが下に流れ、足の裏を通してマザーアースの中に戻ってゆきます。

二回目の呼吸（第1チャクラ）では、ゆっくりとマザーアースのエネルギーを吸い上げて、もうすこし高いところである第1チャクラか骨盤のあたりまで動かします。そして、吐くときは足裏を通って、マザーアースに戻します。エネルギーを吸うときはあなたの血液系、筋肉、骨、足の周り、両脚、骨盤底を通ってエネルギーが上ってくるのを感じようとしてください。想像でもOKです。あなたの体内を流れるエネルギーの温かさが感じられたら、次の呼吸のステップに進みます。

三回目の呼吸（第2チャクラ）では、このエネルギーを骨盤を通過させ、下腹部の第2チャクラまで吸い上げます。吸い込み、そこで心地良く息を止め、それから両足を通って下へと吐きます。

四回目の呼吸（第3チャクラ）では、エネルギーを胃の上まで吸い上げます。あなたが満たされていくのを感じようとしてください。そして地球へ吐いて解放し、戻します。エネルギーを下ろしながら、通過してゆくからだのそれぞれの部位に、かならず焦点をあててください。表面をかすめるようにするのではなく、エネルギーが下りてゆき、あなたの手足、筋肉、血液、骨、細胞を満たしてゆくのをイメージで見ながら感じてください。

五回目の呼吸（第4チャクラ）では、息を吸いながらエネルギーを心臓まで吸い上げ、そのエネルギーがあなたの胸いっぱいに循環し、貫通するのを感じてください。吐く前に、完全に心臓をエネルギーでいっぱいに満たします。中にはこれを二回以上する必要がある人もいるでしょうが、まったく構いません。エネルギーがそこに充分にきていないように感じたら、いつでもまたもう一度吸えばよいのです。リラックスして温かさで満たされたら、次に進みましょう。

六回目の呼吸（第5チャクラ）では第5チャクラのある喉まで吸い上げ、マザーアースのエネルギーの流れがこの領域を開いてゆくので、それに任せます。これはあなたの声、あなたにとっての真実を話す、あなたの情熱と種を広めることにつながります。そして吐くときは、足の裏を通して地球にエネルギーを戻します。

七回目の呼吸（第6チャクラ）では第6チャクラ、あるいは第三の目とよばれる両目の間の額の中心部まで吸い上げます。あなたのこの部分が優しく撫でられるように、霊的ビジョン・高次知覚・直感につながり、開くのを感じてください。マザーアースとつながるのを感じてください。両足の裏を通って、地球の中へと吐いて戻します。

八回目は最後の呼吸（第7チャクラ）です。まずは吸う息で、エネルギーを一番上、あなたの頭頂部（第7チャクラ）まで吸い上げ、あなたの全身が美しいマザーアースのエネルギーで満たされるのを感じます。顔、両目、両耳、脳、下垂体、髪、首も忘れずに、この滋養豊かなグリーンの光で満たしましょう。この光が、あなたをすべての生命につないでいます。

そして最後の吐く息でエネルギーを吐きながら、それが腕を通って指先を出てマザーアースに戻ります。これでエネルギーのサークルは完全につながります。最後の吐く息、これは絶対に必要かつ重要なステップで、かならずすべてのチャクラを済ませてから行います。

これであなたは生命エネルギーの完結したサークルにつながっています。この強力なグリーンの生命力のエネルギーはあなたを癒し、活力を与え、全体としてのあなたの存在のバランスを整えます。

これはステップごとに進めてゆくことがとても大切で、各チャクラにそれぞれの時間をかけて、何度でも必要なだけ、呼吸を繰り返してください。

次のステップに進む前に、エネルギーが上昇してゆくのを感じてください。息をするごとにエネルギーが上昇しては下りてゆくのを、本当に時間をかけて感じてください。

最後の呼吸の段階では、エネルギーがあなたのクラウン・チャクラから手を通って流れ、マザーに戻るときに、両手や指先に温かさや、時によってはピリピリする感覚があるのに気づきましょう。

これであなたは1日をスタートする準備ができました。これで、すこやかで充分につながったからだがありますから、たとえ困難な課題が起きても大丈夫です。

あなたの神聖サークル、メディスン・ホイールを作る——地のエレメント、西、黒

◎メディスン・ホイールとは

多くのネイティブの人々や先住民族は東西南北を称え、聖なる祈りを捧げるためにメディスン・ホイール（次ページ図）を作ります。

作り方や祈り方はそれぞれにすこしずつ違っていて、決まりはありません。あなたのお祈りが誠実で純粋ならば、祈りを捧げる手段に正しいも間違いもないのです。

メディスン・ホイールの作り方・祈り方は様々ありますが、わたしが教わった、わたしのハートに最もしっくりときた方法をお教えしましょう。

◎祈りの前に——とても大切なこと　ハートと魂から祈る

すべての祈りは、その人のハートと魂からの祈りでなくてはいけません。どの祈りもその人らしくあるべきですが、かならず守らなければいけないことが一つあります。それは、与えられているすべての恵みに対する崇敬と感謝の念です。

かつてある長老にこう告げられたのを覚えています。

「儀式を行うとき、祈りを捧げるときに、一つだけルールがある。それは、完璧に執り行わなければいけないということだ。完璧に行う唯一の方法、それは１００％あなた自身のハートから来

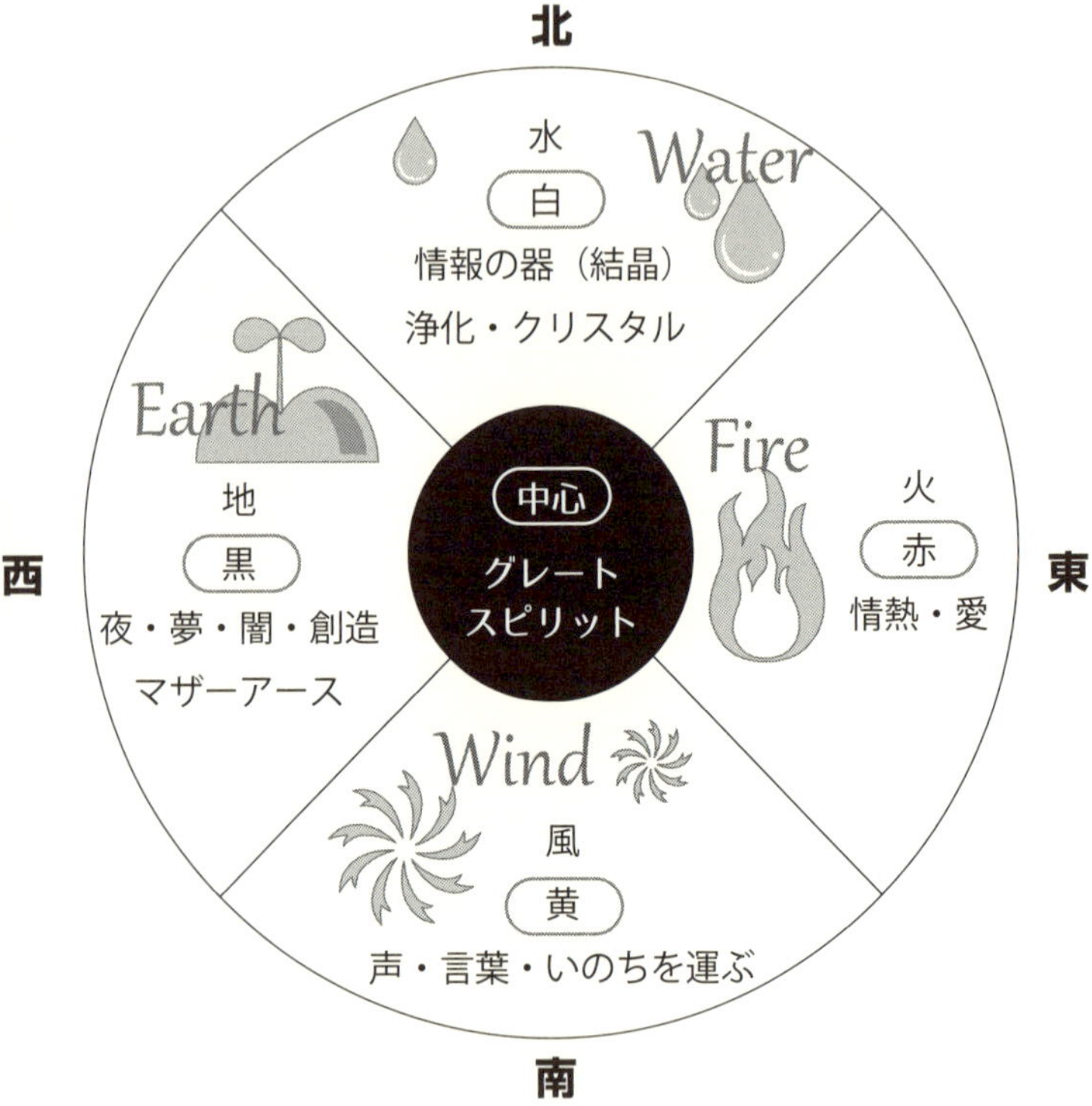

メディスン・ホイール

宇宙の中の生きとし生けるものは、すべてつながり、調和し、分かち合い、めぐる。すべてのものとのつながりに気づくという思想をあらわした象徴。また神聖な儀式をとりおこなう場所。

象徴は円の中を４つに区切った形が多く、それぞれに方位、色、意味が割り当てられている。

ほかに「聖なる輪」「生命の輪」「魔法の輪」とも呼ばれる。世界中に同様のコンセプトがあり、日本では曼荼羅や神社にある鏡などが相当する。

ているものであるかどうかである」

覚えておいていただきたいのですが、あなたの神聖サークルを作るあいだは、先住民の人々と一緒にいるわけではありません。彼らのやる通りに儀式を行う必要はありません。彼らの言葉を使う必要はなく、それよりもあなたのハートから祈り、サークルを作り、あなたの心の一番奥底から真摯な祈りを捧げてください。そうすれば完璧です！

◎地のエレメント／西／黒

メディスン・ホイールを使えるようにする前に、あなたの聖地となる場所の設定からはじめます。

まず地の元素《エレメント》からはじめましょう。

地の元素の方角は西。色は黒です。

ほかの各元素も同様に一つずつ学び、理解してから各方位の設定ができるよう記載しています。すべて設定し終えたら、使い方を読んでください。使い方は239ページにあります。

このセクションは地の元素からスタートし、その意味、そしてこの元素があなたの中のどこにあるのかをお伝えしてきました。地の元素はあなたの肉体、人間としてこの旅路をゆくあいだ、あなたのスピリットと魂を運ぶ「聖なる運搬装置」を象徴します。

◎準備

まず初めに、野外の静かな場所にあなたの特別なスポットを見つけます。毎日、何にもさえぎられずにお祈りができる平和な場所、あなたのための小さな神聖サークル、もしくは「メディスン・ホイール」を作ることができる場所です。

あなたが祈りを捧げたい場所が見つかり、「地球を呼吸する瞑想（96ページ）」で瞑想の時間を過ごしたら、靴を脱いで足を愛する地球に置き、西の方角を向きます。

◎五感を使った祈り

すこしのあいだ、足が乗っている土、もしくは草の感覚を感じましょう。あなたのからだの重さに気づいてください。

時間をかけて、人間として存在するチャンスに恵まれたことに感謝してください。地球上には、ただ起き、仕事に行き、食べて寝るという生活を送っている人が73億人いますが、あなたはそのうちの単なる一人ではありません。違うのです。

あなたがすべてなるものの真の火花《かがやき》であることに感謝し、目覚めてください。あなたは偉大なる自己存在《グレートアイアム》なのです！　あなたはすばらしきスピリット、神の火花、運命の意図を持って地球にやってきた魂です。あなたという魂の尽力と能力があれば、人類の意識を変えることができます。

あなたの愛と感謝は、大勢の人の傷に触れ、癒すことができます。あなたは偉大なるもの！

あなたは想像できる限りのすべてなるもの！　その善のフォースを止めることはできません。あなたは生き、呼吸をし、神聖なるマザーアースと彼女のすばらしいすべての生きものを味わうために人間のからだを与えられました。

いまこの瞬間、両足でマザーアースをしっかりと踏みしめながら、あなたは自分が何者であるか、ここにいることの偉大なる恩恵を悟ります——あなたに起きるすべてを目撃し、参加できるのですから。

すこしのあいだ目を閉じて、からだを持つとはどんな感覚か、この地球上にいるとはどういう感覚かを感じてください。肌にあたる太陽の日差し、その暖かさを感じることができるのはどのような感覚でしょうか……。あなたの髪を吹き抜ける涼しいそよ風。足の指のあいだの土。すこしのあいだこれらを感じて、感謝してください。

次に、耳を澄まします。聞こえるもの以外の、すべての感覚を遮断してください。日頃、わたしたちは生活に忙し過ぎて、身の周りにいる生きものを聴いていません。

すこしのあいだ、あなたの周りのすべての生命に注意を向け、耳を傾けてください。葉がカサカサという音、虫や鳥が互いを呼ぶ声、歌う声。自然はつねに話しています。わたしたちが聴くことを忘れているだけです。ですからすこしのあいだ、あなたの周囲で起きている美しい会話に、心から耳を傾けてください。

次は、嗅覚以外のすべての感覚を閉じます。マザーアースはどんな匂いがするか、知っていますか？　そんなことを今までに考えたことはありますか？

怖がらずにひざまずいて、地面の匂いを嗅いでみてください。豊かな黒い土、緑の草、葉や木々。空気の匂いを嗅いでください。あなたを取り囲んでいるいのちの香りを嗅いでください。

次に、空気を味わってください。口を開けて息を吸い、あなたの肺を満たす、甘い空気を味わってください。草、小石、葉を口に入れましょう。すこし時間をかけて、味覚というギフトに感謝してください。

次に立ち、ゆっくりと目を開き、あなたの周りのすべての生命を、じっくりとよく見てください！　極小の虫から一番大きな樹まですべてを取り込み、マザーアースがあなたのために作った壮麗なすべてを見て、楽しんでください。

わたしたちはすぐに、それを当たり前のように感じます。わたしたちの「感覚」自体が最もすばらしいギフトの一つであることを忘れます。そしてそれ以上に、目に見えるものだけに注意を払いがちです。この世界には、もっとたくさんのものがあるのです！

◎感謝の祈り

しばらく立ったまま、全感覚を取り込みましょう。マザーがあなたに与えてくれているすべてを感じ、聴き、匂い、味わい、目撃し、感謝してください！　感謝は最高レベルの意識であり、最も簡単かつパワフルに愛の感覚とエネルギーの高波動を体内に着火させます。

西の方角に向かっているあいだは時間をかけて「人間であること」に感謝し、この人生でマザーから与えられたそのからだとすべてのギフトに感謝してください。

あなたのからだは、地の元素です。人間ですから、聖なるマザーアースから分離することはあり得ず、過去に分離したことも、今後分離することも、けっしてありません。不可能です。

確かにわたしたちは彼女のことを忘れるかもしれませんが、彼女から分離することはできないのです。なぜなら、わたしたちは彼女だからです！

あなたがこのからだの中に生まれた瞬間から、死んでスピリットが「源」に戻るそのときまで、あなたはマザーの一部です。宇宙には何千億もの銀河系がありますが、彼女はその中で黄色い太陽の周りを公転する無造作なただの岩ではありません。地球上に生まれてきたすべての人間と将来生まれてくるすべての人間にとって、彼女は生きている母親、生命を育む貴重なマザーです。

彼女は87億以上の種を持つ惑星です。そしてわたしたちは、大いなる生命の輪で、そのすべての種とつながっています。永劫に続くわたしたちの魂の旅の中で、すこしの時間をこの魅惑的な場所で過ごし、分かち合えるのはとても幸運なことなのです。

あなたの内側から、この偉大な地球に対する感謝をできる限り奮い起こして、その感謝を――

地の元素、その意味を、その貴重なからだを与えられた人間としての有難さを——感じてください。

◎地のエレメントへの祈り

西の方角を黒とするのは、太陽が沈みゆく方角だからです。

西は、わたしたちに夜、夢、闇、瞑想の時間をもたらします。黒は、実は色ではありません。一切の色の欠如が、黒を成します。

ウィキペディア（英語版）の黒の定義は、最もうまくこれを示しています。

「可視領域において白は光を反射しすべての色を存在させるが、黒は光を吸収し、無彩色である。黒は、可視光が視界にまったくないときの視覚的印象と言える」

大多数の先住民文化において、黒ははじまり、空虚、瞑想の時間、マインドの遮断を象徴します。空虚からすべてがはじまり、すべてが与えられます。

ですから、西の方角に向かっているときは、すべての創造物、地球の創造、深い瞑想の時間、源から受け取る最も純粋な理解形態に感謝をします。黒の領域、瞑想の地に行くことで、わたしたちはマザーアースとわたしたち自身、源との永遠のつながりに感謝を捧げているのです。

わたしがお祈りをするときは、いつも感謝を捧げる方角に向かって立ちます。言葉を発する前に、できる限り深い感謝と、その瞬間の神聖さを感じるよう、最善を尽くします。そして初めて、声に出してお祈りをはじめます。

西の方角に感謝をし、すべての祖先、賢人たち、長老たち、グランドマザー・グランドファーザーたち、西のスピリットたちの理解と知識に感謝をします。地の元素とわたしの人生における彼女の大切さのすべてに感謝します。わたしのからだと、目に見えるもの・見えないものを含め、彼女がつねに与え続けてくれている豊かな偉大なるギフトに感謝を捧げます。西の色、与えられるすべての源、黒に感謝をします。

あなたなりの方法でこれを行ったら、最大限の尊敬、恩恵の念、あなた自身の心からの言葉をもってあなたの祈りと感謝を捧げ、タバコを捧げます。タバコは、西の方角に向かって吸うか、撒《ま》きます。もっとほかにあなたにしっくりくるものがあれば、それでも構いません。ただ、あなたのお祈りを聴いてくれるマザーとグレート・スピリットにかならずギフトを贈ることを忘れないでください。（タバコを捧げる意味については、244ページに記載しています）

最も大切なのは、それがあなたの心から発するあなたの祈りであることです。繰り返しますが、お祈りに決まった方法はありません。最悪なのは、あなたの心からではなく記憶を頼りに覚えたお祈りを言うことです。

東西南北に捧げるお祈りには、あらゆる例があります。ケルト族も、木々の精霊、妖精たちに感謝を捧げます。ペルーのシャーマンたちも東西南北の動物、コンドル、ハチドリ、蛇、ラマへの感謝を含みます。ほかにも、数々の民族が、方角を象徴するあらゆる色を用います。

つまりは、あなたのハートから行えば、それが間違いとなることはまずあり得ないということです。

◎最後に祈りの場を設定する

あなたのお祈りが済んだら、あなたが西の方角に向かって立っていたその場所に、印をつけるための〝何か（物）〟を見つけます。メディスン・ホイールを作るためです。石、クリスタルなど自然のもので、西の方角と黒を象徴するものを見つけてください。その一つめの石を置いたら地面にひざまずいて、もう一度あなたの尊敬と恩恵の念を捧げ、あなたがメディスン・ホイールを作る理由と、あなたがこの聖なる地にときおり戻ってきてあなた自身とあなたのマザーにふたたびつながることを、あなたの意図として設定します。

暗黒の恩恵、西の方角とあなたの神聖な惑星に感謝し、あなたがいかに恵まれ、いかに大切で意味を持った美しい存在であるかを思い出してください。

火の元素　The Element Fire

火の目的とは？

元素というと単純に四元素である火、地、風、水を思い浮かべますが、それぞれが本当は何であり、それぞれの元素がこの地球やわたしたち一人ひとりにどう影響するかを理解しようと思ったことはあるでしょうか？

繰り返しますが、地球上に存在するものはわたしたちの中にも存在しています。マザーアースと「人間」は切り離すことができません。

火の元素について考えるなら、まずはその目的は何か？　ということです。火はどんなことを行うでしょう？　この惑星上の、自然の元素としての火の真のパワーとは何でしょう？

この本を地の元素からはじめたのは地がほかのすべての元素の保持者であり、あなたのからだも地球もほかの三つの元素を体内に保持しているからです。地の元素がわたしたちのからだだとすれば、火は何でしょう？

まずは、この地球での火の目的から考えてみましょう。わたしたちの惑星を照らし、この地球上の光と生命を維持している巨大な炎の玉としての火は、すぐに思い浮かぶでしょう。また、地球の中心部、奥深くで沸騰しているマグマの塊も思い浮かびます。実際のところ、火の元素はもっとはるかに多くのものを象徴します。

火の元素についてもっと深く、それがどんな動きをするか、それが人間であるわたしたち一人ひとりにどう影響するかを見てゆきましょう。

火のパワーを使った自然の偉大な浄化と回復

マザーアースは、類稀《たぐいまれ》なる教師です。彼女との関係を呼び覚ましてゆくと、彼女が与えてくれる無限の知識を理解することができます。

たとえば火の莫大なパワーを考えてみましょう。自然は、内からの火を用いて溶岩（地表）とマグマ（地中）を作り出し、つねに地球の表面の形状を変え続けています。火の元素は地球上で最も肥沃な土を生み出し、二酸化炭素（植物の食物）を再利用し、熱水噴出孔も作って地球内部の化学物質と熱を表面に上昇させ、今度はそれが海全体の化学的構造を調節します。

火の元素というと、太陽が思い浮かびます。毎日、太陽から降り注ぐこの光と暖かさがなければ、地球上に生命体が存在し得ないことは周知の通りです。

ですがわたしたちになぜ原野火災が必要か、考えたことはありますか？　わたしたちの大半は原野火災を「悪いこと」と考え、至急に消防車を走らせて消火しようとします。自然には自然なりの対処方法があり、時のはじまりから原野火災はマザーアースの浄化と回復のプロセスの一部です。

原野火災は自然――森林と草原――にとって、この上なく重要なのです。この火災は「生命の輪」において、とても重要な役割を果たします。春に草原や野原が人為的もしくは自然発火によって燃え、黄色く枯れ絶えたところを見たことはありますか？　わたしたちのはじめの反応は「なんてひどい！」でしょう。でも2〜3週間待てば、すばらしいことが起きるのです。その野原もしくは草原が、周囲よりも緑濃く茂っているのです。

古く枯れた草は焼かれ、その灰が新たに茂る植物の肥料となって、ふたたび力強く緑生い茂る状態が整っています。森林の自然火災も同じことです。原野火災がなければ森の枯れた残骸の再利用は遅れ、ついにはそれが蓄積し、成長しようとしている新たな植物を窒息させてしまうのです。

たとえば、原野火災が長らく起きていない松の木の森を歩いても、新しい木はほとんど見つかりません。地面は枯れ、落ちた松の葉がいっぱいに重なる窒息状態で、小低木や小さな植物が成長して健全な生態系を作ろうとするのをさえぎっています。その結果、森はいずれ死んでゆくのです。

自然界では、マザーアースは自分を更新するために原野火災を使うのです。雷雨で雷が落ち、彼女は死に絶えたものを焼きます。森全体の健康にとって、これはとても重要な自然のプロセスなのです。

原野火災のもう一つの重要な例は、バンクスマツ（北米原産の松）の話です。バンクスマツの松ぼっくりは樹脂が詰まっていてとても強く、耐久性があります。火事が起きるまでは休眠していて、火事になると樹脂が溶け、割れて中の種が放たれます。その火事から2〜3年すれば、アスペンの木、新しいバンクスマツの木々やモミ、トウヒがあたり一面に芽を出しているのがわかることでしょう。

しかし悲しいことに、膨大な数のバンクスマツとアスペンが絶滅しています。地球の北半球では現在、この原野火災が大規模に規制管理されているからです。

火はこの惑星の健康にとっても、わたしたち人間にとっても、この上なく重要な自然元素なのです。残念ながら、わたしたちが世界の大半の森の中に家を建て、共同体を築いてきたために、マザーアースの自然プロセスは頻繁に妨げられています。

火のポジティブな側面——人間が火を熾《おこ》せるようになって享受したたくさんの恩恵

火の起こし方の発見は、人類の歴史上最大の転機とまではいわずとも大きな転機の一つであったことは間違いありません。火の使用には、熱もともないます。つまり、人間は新たな狩猟領域を求めてもっと寒い気候の地域に移動できるようになったのです。そして彼らは、自然の猛威や危険な動物たちから身を守ることができます。火によって人類は新しい食物、新しい食事方法を得、同時に食への可能性と新たな生活圏を開きました。

信じられないような話ですが、火を使う能力によってわたしたちの外見は現在のような姿に変わりました。新しい食物と調理する能力を得たわたしたちは、栄養をさらに摂取するようになったのです。大きな胃を支えるためのがっしりした胸や大きく開いた臀部はなくなり、硬い繊維を噛み砕くための筋骨たくましいがっしりした顎《あご》もなくなりました。

火の使用によって肉を食べることができるようになり、もっと脳が大きく成長するためのタンパク質やそのほかの栄養が摂れるようになりました。

火を使いはじめた頃は保護、暖かさ、食物といった目的のほかに、一つの火床の元に人々が集まるという目的にも使われました。

わたしたちの古代先祖がかつてそうしたように、現代の先住民文化は食事の時間や物語を通して大切な知識・儀式・祈りを伝承しますが、今でも火を中心として彼らはその周囲に集います。このような古代儀式は多く、世界中に今でも残っています。

ある場所や人のエネルギーを浄化・清浄するためにセージやパロ・サント、タバコ、そのほかの薬草や草を燃やすのもその一例です。オーストラリアのアボリジニ・マルツ族は、いまでも子どもを水ではなく煙で洗礼しています。

現代を生きるわたしたちはみな台所で家族とともに料理をし、一緒に食事をしたという素敵な記憶を持っています。火は、わたしたちの先祖たちにとって重要だったように、現代のわたしたちにとっても重要なのです。コンセントの差し口、電子レンジ、調理コンロ、暖房、自動車、いずれも化石燃料を燃やすことで機能します。火の使用は、何十万年前に大切だったのと同じくらい現在も欠かせないほど重要なのです。

火のネガティブな側面――破壊の威力

わたしたちの人生にとってなぜ火がそれほどパワフルなギフトであるか、理由は何百でもあげられます。火はパワフルな元素です――創造者、浄化者、再生者、光と暖の提供者になり得ますが、自然のバランスに不均衡が生じると膨大な破壊力にもなり得ます。火が有害で破壊的な力となり得る理由もまた、たくさんあります。

火は地球上で最も破壊的な力の一つで、いったん猛威をふるえば、あっという間に人の手には負えなくなります。火が止められるまで、もしくは火そのものが燃え尽きるまで、大勢の人に猛烈な破壊力をふるいます。

今日の推測では、原野火災のうち自然発火は3％以下で、残りの97％は人間の不注意と怠慢から起きているそうです！　故意の放火、タバコの投げ捨て、放置されたキャンプファイヤー、これが惑星に危害を加えている原野火災の一番の原因です。

一定の地域・地方で頻繁に原野火災が起きると生態系の破壊もあらわです。今日では森の自生植物種は引き抜かれ、耐火性の高い別の侵入性植物に場所をとられています。

森の火事は大気中の二酸化炭素を大規模に上昇させ、温室効果はさらに顕著になります。人工の原野火災は巨大な領域の森林を破壊し、その土地は腐食します。雨が降ると、その腐食から鉄砲水や地滑りや土砂崩れが起き、土の表面は使えず、新たな緑の成長は見込めなくなります。全米省庁合同火災センターの2015年の調査によると、アメリカ国内で原野火災が起きた面積は800万エーカー（約324万ヘクタール）以上にのぼるそうです。

火の元素　情熱――あなたとは誰なのかを決めるカギ

火の元素《エレメント》がわたしたちの地球にとって重要であることはわかりましたが、まだ一つの疑問が残っています。わたしたちの中にあるこの元素の意味と目的は何でしょう？　火の元素はわたしたちの人生でどのような重要性と役割を持つのでしょう？　人間にとって何を象徴するのでしょう？

その答え、**「わたしたちの火」とは、情熱です**。わたしたち一人ひとりは、この惑星に来てただ今生《こんじょう》を生きるだけではなく、情熱と目的を決めてこの惑星に来ています。わたしたち一人ひとりの内側には何かがあり、そこには「目的の感覚」が備わっています。

それはわたしたちが信じ、支持しようとするものです。大好きなもの、それを思い浮かべるだけで心臓がドキドキしたり、鳥肌が立つようなもの。

「本来のあなたらしさを感じさせてくれるもの」について話すとき、あなたが何を所有しているか、もしくはあなたの職業上の役職名、外見、他人から見たあなたの印象などはまったく関係なくなります。それは「あなた」が誰なのかをあらわすものです。

何があなたをドキドキさせますか？

この人生で、あなたは何を支持しますか？

あなたはどうしてここにいるのでしょう？

あなたは何を愛していますか？

これらがあなたの人生の情熱です。これが本当のあなたです。

あなたの人生の情熱があなたの火・炎であり、あなたのハートがその火を治めている限り、あなたの情熱は人生に目的を与え、あなたのギフトを世にもたらすことでしょう。


「情熱」という言葉は自ずと愛、女神、親密さを連想させますが、かならずしもそれだけではありません。喧嘩をしているときは、情熱的ではないでしょうか？　あなたの感覚や思考がほかの人の思考や感覚より重要だと証明しようとしているとき、情熱的ではありませんか？　わたしたちの生き方が正しく、相手の生き方は間違っていることを説得しようとしているとき、あるいは争っているとき、わたしたちは情熱的ではありませんか？

情熱は、傲慢な物事にも見られます。戦争、宗教、お金、政治、いくらでもあります。これらのもの・信念はどれも「愛」ではなく「エゴ」が扇動しています。わたしたちの火の元素は、生きながらよく見つめ、つねに分析を続けねばなりません。原野火災が破壊的で手に負えなくなるように、わたしたちの情熱もエゴに導かれることがあるからです。保証します、わたしたちの情熱がエゴに支配されると、かならず誰かが焼かれることになるのです。

誰かと言い争いをしたときのことを思い出してください。そして、わたしはなぜ言い争ったのだろう？と自問してください。

あなたは口論中、愛や優しさ、理解、受容の状態にいましたか？　あなたの言葉や声の調子は、相手に対する慈愛と優しさにあふれていたでしょうか？　あなたは心の中でどのように感じていましたか？　喜びや平和でしょうか、それともあなたが正しくて相手は間違っているのだと証明しようとしていたのでしょうか？

まるで山火事が荒々しく破壊してあなた自身やほかの人たちに危害を加えるのと同じように、あなたは情熱が手に負えなくなってゆくのをそのまま許していましたか？　エゴが情熱を支配している場合は、通常怒りがどんどん燃え上がってゆき、普段ならけっして言わないような、相手を傷つける言葉を口にします。言い争いになると、自分が正しいばかりではなく、相手が間違っていることも証明したくなるのです。そうなると火はただ大きく燃え上がってゆき、もう誰もその燃え盛る炎やその危害から逃れることはできません。

もう一度言いますが、わたしたちの火は人生において最も優れた光と暖かさにもなり得ます。わたしたちの希望と夢に滋養をもたらし、魂を養うことができるのです。そして反対に、わたしたちや他人を傷つける最も危害的な力になる可能性もあります。

火の元素　愛――愛の道を歩く

わたしたちの火が危害の元となるか、それとも癒しとなるかを知りたければ、わたしたちの性の歴史を見ればわかります。性的虐待ほど一人の人間、もしくはその人の家系に傷を与えるものはありません。現代では3人に1人が性的虐待の経験者です。人間の性的欲望がエゴに支配されると、その炎は人類にとって最大の苦痛をかならず生じさせます。人間の性的虐待を受けたことのある人は、これほど自尊心と自己価値を傷つけるものはほかにないことを知っています。多くの場合、性的虐待は肉体的にも精神的にも多大なトラウマを生じさせますが、それにはおびただしい苦悩、不安、ショック、恐れ、絶望、抑鬱、PTSD（心的外傷後ストレス障害）なども含まれます。

また一方で、恋に落ちメイクラブすること以上に美しく癒しとなることはありません。愛の純粋さがつかさどる性行為はハートや感情の癒しとなりますが、さらにはマインドとからだを結ぶことで全体性につながり、心を落ち着かせる安心感や平和の感覚をもたらします。

愛がつかさどる火は、繊細で美しい最高の喜びと癒しをもたらします。二人の人間のあいだで交わされる行為として、わたしたちが知り得る限りで最も美しく、壮麗で、貴重で、親密ですばらしい行為なのです。

この火を正しく用いればわたしたちの火は古いものを焼き尽くし、過去を浄化・クリアリングしてわたしたちの心の中に新たに生命が成長できるスペースを生みだします。

エゴのパワーでこの火を用いると良いものすべてを消費し尽くし、わたしたち自身も他人もただ燃やしてしまうばかりです。エゴで用いる火はかならずしも性的虐待の恐怖といった劇的なものとは限らず、よくあるのは、もっと些細な形でわたしたちの日常の中に不快な問題として顕在化する場合です。

幼少よりわたしたちは「自分のものを守るために戦わねばならない」「けっして引き下がってはいけない」、そして「最強の人間がかならず勝ち、一番声の大きい人の意見が通る」と教わってきています。

わたしたちは平等な存在ではなく、人種、性別、性的指向、肉体的特徴、民族性、宗教的地位によって判断されるべきものと信じるように教わっています。わたしたちはハートよりもエゴを重視する世界に生まれてきたのです。

社会の中でわたしたちがどのように育てられてきたかは、日々の暮らしの中でも明らかです。わたしたちの多くがいま目覚めを迎えているとはいえ、まだまだ大勢の人が「自分は社会的に他人より優れている」もしくは「国籍、階級、職業、政治派閥、社会的団体、教育的地位・富の地位、そして（これが最も馬鹿らしいことですが）肌の色によって自分は優位である」と考えています。

幼い頃からエゴを通して考え、感じることを社会から教わってきたわたしたちは、自分のやり方で生きるための小さな兵士として訓練されてきたようなものです。この幻想のために、わたしたちは自らの真実と潜在力に目を向けずに生きてきましたが、幸い、世界中で多くの人がこの幻想から目覚めつつあります。

わたしたちはいま、大きな分岐点に立っています。人間として途方もなく重要な岐路です。社会、政府、宗教に従って人間同士破壊し合い、地球を破滅させ、奈落の底に落ちることもできますし、ほかの道を選ぶこともできます。

ほかの道とは「愛」の道、自分を愛するための道、マザーアースとわたしたちの兄弟姉妹みんなのための愛の道です。

アルベルト・アインシュタインの手紙に書かれた愛の真の意味

愛の意識で生きると、わたしたちはふたたび自分自身を信じ、本来のわたしたちの真の意味、わたしたちの尊さを信じ、そして、わたしたちが住む世界を真に創造してゆける、そう信じられるようになります。

純粋に愛することこそ、宇宙で最もパワフルなエネルギーなのです！　わたしたちみなが自身のハートに従い、愛のパワーを真に理解しながら生きている世界を想像できますか？　この地球にあらわれた最も偉大なるマインドの持ち主の一人、アルベルト・アインシュタインは、誰よりもこれを理解していました。彼が娘のリーゼルに書いた手紙には、「愛」の真の意味が記されています。

私が相対性理論を提示したとき、私を理解した者はごくわずかだった。そして私がこれから人類に伝え、明かそうとしていることも、世界中の誤解や偏見と衝突するだろう。必要に応じて何年でも何十年でも、私がこれから説明することを社会が進歩し受け入れられるようになるまで、おまえにこの手紙を守ってほしい。

科学ではまだ正式に説明できない、ある極めて強力な力がある。それはほかのすべてを含み、かつ支配する力だ。宇宙で作用しているすべての現象の背後に存在していながら、私たちにはまだ特定されていない。

この宇宙的な力とは、愛だ。

科学者が宇宙の統一理論を求めたとき、彼らはこの最も強力な見知らぬ力を忘れていた。

愛は光だ。それは愛を与えて受け取る者を啓発する。

愛は引力だ。なぜなら人々は愛によって別の人々に惹きつけられるからだ。

愛は力だ。なぜならそれは私たちが持つ最善のものを増幅させ、人類が盲目の身勝手さによって絶滅しないように保ち続けるからだ。

愛は展開し、開示する。愛のために私たちは生き、死ぬ。愛は神、神は愛だ。

この力はあらゆるものを説明し、生命に意味を与える。これは私たちがあまりにも長く無視してきた変数だ。それは恐らく、私たちが愛を恐れているからだろう。この宇宙において、この愛だけは人間が意のままに動かす術を身に付けていない唯一のエネルギーだからだ。

愛に可視性を与えるために、私は自分の最も有名な方程式で単純な代入式を立てた。

「$E=mc^2$」の代わりに、私たちは以下を受容する。

「世界を癒すエネルギーは、光速の2乗で乗じる愛によって獲得することができ、愛には限界がないため、愛こそが存在する最大の力であるという結論に至る」

人類はあらゆる他の宇宙の力の利用と制御に失敗し、その結果、それらの力は私たちに敵対している。いま、私たちはほかの種類のエネルギーをもって自分たちを養う必要に差し迫られている。

もし私たちが自分たちの種の存続を望むなら、もし生命の意味を発見したいなら、もしこの世界とここに住むすべての意識生命体を救いたいのなら、その唯一の答えは愛だ。

おそらく私たちは愛の爆弾を作る準備はまだ整っていないのだろう。愛の爆弾というこの強力な機器は、この惑星を破壊する憎しみと身勝手さと強欲を完全に破壊するだろう。

だが、一人ひとりの中には小さな、だが強力な愛の発電機があり、そのエネルギーは解き放たれるのを待っている。

私たちがこの宇宙のエネルギーを受け取りかつ与えようと努めるときがきたら、大切なリーゼルよ、愛はすべてに打ち勝ち、愛にはすべてを超越する力があることを確信しているだろう。なぜなら愛こそがすべての真髄だからだ。

私は自分のハートの中にあるものをこれまで表現できなかったことを深く悔やんでいる。私のハートは、生涯を通しておまえのために静かに鼓動してきた。もう謝っても間に合わないかもしれない、だが時間は相対的なのだから、おまえに伝えなければいけない。私はおまえを愛している、おまえがいてくれたから私は究極の答えに到達したのだ。

おまえの父親　アルベルト・アインシュタイン

「Albert Einstein, Mileva Marić: The Love Letters」１９９２、なお邦訳版『アインシュタイン 愛の手紙』（岩波書店）には本手紙部分が未収録のため、訳は本書の訳者による

宇宙を存在させる愛の力

愛は、全宇宙において最もパワフルな力です——それはわたしたちをつなぎ、すべてを維持させているエネルギーと同一のエネルギーです。**この力から宇宙や全生命が生まれます。**愛はわたしたち人間同士のつながりだけではなく、生きとし生けるすべての創造物とのつながりを感じさせてくれます。かつてわたしたちは、愛が互いを結びつけ、問題ではなく解決を生むことを理解していました。わたしたちは自分たちを、お互いを、わたしたちが生きているこの惑星を、真に愛してゆくことができるのです。**わたしたちが愛で生きれば、わたしたちは宇宙の知識、叡智、感謝、善、インスピレーションとなります。**わたしたち全員がそれを必要としています。

宇宙は大きな一つの生命体であり、自分がその一部であることに気づけば、あなたは神なる生命の輪の一部であることがわかります。あなたがこの和合のマスタープランにかかわっていることに気づけば、あなたは苦痛、不平等、社会が重要だと教えている多様性を捨てて、全能力をもって生きるようになります。

あなたは自由にあなたが望むものとなり、創造したいものを何でも創造できます。あなたはあ

なたの世界と経験の偉大なる共同創造主なのですから。

あなたは、すべてなる無二の神の創造物から切り離されてはいません、その一部なのです。このパワフルな力の流れの中で生きると選択できるのは、あなただけです。「愛」の意識を養うか「エゴ」の意識を養うか、ハッピーになるか不幸になるか、万物と一つになるか万物と戦うか、選択肢はつねにあなたに託されています。

自分の人生にもがいていることに気づいたら、自問してください。「わたしがもがいているのは、社会が求める人物像ではないからだろうか？　それとも、地球の最もパワフルで楽しく活力ある宇宙の創造エネルギーの流れに逆らっているからだろうか？」と。

「愛」は地球上で最も自然でパワフルな感情であり、あなたが自分というものを知り、自らの火、情熱、自分への愛を知ることは、その流れに同調する一つの最善の方法でもあります。

愛の意識の道を進む

「あなたの火と情熱をもってすれば、あなたは生きたいように人生を創造することができます」

そう言うのは簡単ですが、実際にそのように生きてゆくのはかなり困難ではあります。

現在、イラクとシリアのイスラム国家から何百万人もの避難民が逃れてヨーロッパに殺到しています。この避難民のうち百万人以上がドイツに着き、何十万もの人々が近隣諸国に押し寄せています。

この状況下で、わたしは大勢の人から複雑な思いを聞きました。ドイツとオランダの小さな村々に住む大勢の家族とじっくり話し合う機会もありました。いまやその村々は、何千人もの避難民で混雑していきます。多くの人が怒りを感じたり、ひたすら圧倒されていました。

彼らの普通の生活は劇的に変わり果ててしまい、わたしは同情を感じました。避難民のための簡易避難所や住居も訪れました。わたしの住まいの近所には、簡易住居が何軒かあります。

家族とともに恐怖から逃れてきた人々とも話をしました。この時点で、誰が見ても胸が張り裂ける状況です。でも、たとえどんな状況であろうと変わることのない、ある絶対の真実をわたしは見出しました。それは、憎しみだけはあってはならないということです。憎しみがこの大量破壊、カオス、心痛を生み出すのであり、憎しみという感情は何の助けにも解決にもなりません。

先に言ったように、愛についての概念を本で読んで「まぁ、素敵ね。このように生きたいわ」と思うのはとても簡単ですが、目の前に機会が訪れたときに本当にじっくりと自分の心の中を見つめ、「どうすればいまわたしはエゴに支配された生き方ではなく、最善の形で愛から生きることができるだろう?」と自問するのはとても難しいことです。

ISIS(イスラム過激派組織)を憎み、怒ってエゴ支配の情熱の罠に自ら陥り、人を憎み、怒り、批判的になり、場合によっては人種差別まで行うのはとても簡単なことです。ですが、別の見方も簡単にできます。

もしこの本を読んでいるなら、あなたはおそらく「愛」意識の道を進んでいるはずです。あなたは目覚め、意識を変えたいと思っています。この地球上に膨大な問題があるとわかっていて、より良い世界にするために人生を変えようとしているのでしょう。この本を読んでいる人の大多数は良い家・良い仕事を持ち、食料やきれいな水を買う手段もあり、霊的な旅路を支えてくれる良い本も含めてあらゆる快適なものを手に入れることができる人です。わたしたちは幸運です、多数派ではないのですから！　**わたしたちは霊的な成長を求めることに人生の時間を割いています。それだけのエネルギーと、富を持つ能力と、偉大なギフトを与えられているということです。**

愛か、憎しみか？　その選択がわたしたちの仕事

悲しいことに世界の人口の半分近く、30億人以上の人々が1日2ドル50セント以下の生活をしています。毎日2万2000人以上の子どもが貧困のために死んでいると聞いて、ほとんどの人はショックを受けます。

西洋の世界で生きていると、わたしたちがどれほど恵まれているかをつい、忘れてしまいます。わたしたちは生活し、食べ物を食べ、楽しい週末を過ごし、くだらない雑多なことに不満を言い、知りもしない人のことをいとも簡単に批判します。実に陥りやすい罠ではないでしょうか？

わたしたちは世界を変えたい。愛と光の世界で生きたいのです。そしてそれは可能です。ですが「わたしたち」自身がそれを変えなければいけません。その仕事を行うのは「わたしたち」です。

戦災地で騒がしい場所に住み、3人の子どもに与える食糧すらない母親の仕事ではありません。

空から降り注ぐ爆弾から逃れるために、凍るような雨の中、子どもを背負って逃げている父親がやる仕事でもありません。わたしたちが着るH&MやウォルマートのTシャツ、ハンドバッグを作るための、暑くなってもクーラーも何もない工場の作業部屋にぎゅうぎゅうに詰めこまれて働いている児童労働者や、奴隷にされている女性たちに任せることではありません。自国の政府や過激派による大量虐殺から逃れようとしている人々の仕事でもありません。彼らは、生き残ろうとしている人たちです。

「わたしたち」こそが、この世界で変化を起こすために愛と慈しみで生きはじめなければなりません。

もうこれ以上、この世界に憎しみを与える余地はありません。あるのは愛の余地だけです。わたしたちは兄弟姉妹として、人間として、お互いを愛する必要があります。肌の色ではなく、宗教的背景でもなく、お互いを「自分」の異なるイメージとして本当に見る必要があるのです。

ある女性のことを思い出します。わたしの横に座っていたその女性は、避難民たちが町にやってきたことで明らかに動揺していました。わたしは、彼女がまくし立てるのを聞いていました。「彼らは自分の国に帰るべきだわ、自分の国なんだから。彼らはわたしたちとは違うんだもの」彼女は延々と話し続けました。言えば言うほど彼女の怒りは激しくなってゆき、わたしを説得しようとすればするほど彼女の怒りは悪化してゆきました。

わたしは彼女に耳を貸そうと思い、聴いていました。彼女が言ったことにコメントはせず、ただ彼女に二つほど質問をしました。まず彼女に子どもがいるか。答えはイエスでした。二つめの質問は、「もしあなたとあなたの子どもが撃たれ、爆弾を落とされ、狩られて性の奴隷にされ、犠牲になったとしたら、あなたはどこかもっと安全なところに逃げますか？」彼女はわたしをしばらく見つめました。二度ほど口を開きましたが何の言葉も出ず、彼女はその場から立ち去りました。わたしは彼女を怒らせようとしたのではなく、ただシンプルな発言をしようとしただけです。

あなたは、自分の家族や愛する人たちを守るためなら何でもするでしょう、何でも！　あなたがどこの誰かは関係なく、すべての人が良いこと、優しさ、安全と幸せを受け取る価値があるのです。基本的人権はすべての人のものであるべきで、一部の人だけのものではありません。

この避難民にまつわる状況やほかの悲壮な状況について、わたしたちがどう反応するかはわたしたちが選択できることです。「こんな面倒なことになってしまって」と憎しみを持つこともできますし、そんな状況をものともせず超越することもできます。あなたの小さな町に押し寄せてくる人たちに憤慨し、その状況と現実のせいで不機嫌になり無情になるという選択もあれば、玄関から表に出て「こんにちは」と挨拶をする選択もあります。このような人々にもっときちんとした救済対策を取るべきだと政府に対する不平を言うこともできますし、自分の屋根裏部屋を片付けて、避難所の人々に居場所を提供することもできます。ＩＳＩＳの兵士たちへの憎しみを怒りにまかせてぶちまけることもできれば、兵士たちのために祈り、彼らのハートが和らぐよう愛を送ることもできます。

わたしたちは生きていく上で、自分の火をどう表現するか選ぶことができるのです。愛をもって慈しむでしょうか、人を憎んでエゴに徹するでしょうか。一方はわたしたちを焼き、もう一方はすべてに愛と温かさをもたらします。選択の問題なのです！

情熱を思い出すレッスン

わたしたちはこの世界に来ることを選ぶとき、目的、理由、どんな人間になりたいか、何を学び、何を与えたいのかという情熱を持って選んでいます。

人生に対する情熱を、毎朝あなたを目覚めさせるあの火花《かがやき》を失ってしまった人々を、わたしは何度も見てきました。なぜここにいるかを忘れてしまった人々です。

個人セッションをしていて最もよくたずねられる質問は、「わたしの目的は何でしょうか？」です。わたしからの答えはいつも同じ。

「わたしにはわかりません。あなただけがその答えを知っています」

もし人生の情熱がわからないなら、今こそそれを突き止めましょう。実際に紙を前にして座り、あなたの気分が良くなることをリストアップするのです。――本当に気分が良くなること、あまりにも心地良くて涙があふれ、ハートが込み上げてくるようなことを。

わたしたちは、ほかの人が代わりになれるような自分ではなく、ほかに誰一人として同じ人間はいない、そんな唯一無二の自分を思い出してゆかねばなりません。学校では全員が同じ型にはまるように、小さなロボットになるように教育を受けますが、これは大きな悲劇です。わたししたちは同じではないのです！　一人ひとりが異なり、美しく、それぞれに才能が与えられています。わたしはマザーアース、未開の荒野、野生動物という言葉を見るだけで体中が温かいふんわりとした感覚になります。この神秘的な惑星で見て来た野生地域のことを考えると、わたしのハートは本当にドキドキします。これがわたしの絶対の情熱、これがわたしなのです。そこから自分を切り離すことはできませんし、絶対にそんなことはしません。これがわたしであり、そんな自分を心から愛しています。

ですが、すべての人が同じことにそう感じ、考え、情熱的になるわけではないことはわかっています。わたしのワイフ、ジョイスの人生には別の情熱があります。彼女の場合は人間のからだ、からだのすべてがどのように機能するかを探求することが情熱です。わたしたちはみな違っています。違っているべきなのです。

情熱は〝燃やし続ける〟もの　そのために必要なもの

「あなたは何に情熱を感じますか？　何が大好きですか？　あなたの火は何でしょうか？」わたしの講義を受けているグループの人々にそうたずねると、程度の違いはあれ、みなが情熱を感じることが一つあります。それは、この世界をより良い場所にすることです。

わたしはよく、「同じトークや講義を家のコンピューターを使って YouTube（動画）で行うこともできるのですが」と話します。旅に出かけて行き、路上でご飯を食べて他人のベッドで寝るより、パジャマとフワフワのスリッパを履いたままコンピューターで録画するほうがはるかに楽ですから！　では、なぜ出かけて行くのでしょう？　それは、講義のために人が集まる主な目的が、みなが一堂に集まることだからです。わたしがYouTubeで講義をしない理由は、みんなに集まってほしいから。あなたは一人ではないということを示したいからです。あなたのような人は大勢います。だからあなたは、そしてわたしたちは、同じようなお互いを探す必要があります。

なぜなら、何かについて情熱的になるのは簡単ですが、もしそれを使わなければ、もし安心して情熱を維持できなければ、そしてもしその情熱にかかわり続けなければ、人はせっかく見つけたその情熱の火を絶やしてしまう傾向があるからです。わたしたち人間は、おかしな生きものです。折に触れ、情熱の火を燃やし続けるためにはげましを必要とし、自分は一人ではないと感じる必要があるのです。わたしたちはそのような生きもので、何かに属していたいのです。ただそれだけのことですが、何かの一部であると実感していたいというその必要性があるからこそ、わたしたちは強くなれるのです。

つまり、あなたの人生の目的や情熱がわかったら、その瞬間から最も大切なことは、その火を燃やし続けることなのです！

わたしはある長老から、けっして忘れられないことを教わりました。彼はこう言ったのです。

キャンプファイヤーを囲んで、赤く熱い炭を見つめているところを想像しなさい。

もし炭を一つ取り出して闇の中に置き去りにしたら、どうなる？

その途端、赤く熱い炭はどうなるだろう？
黒くなり、瞬く間に冷めてしまうだろう。
だがもし、その炭を拾ってまた火に戻したらどうなる？
何秒と経たないうちにまた赤く、熱くなるだろう。

わたしたちはこのキャンプファイヤーの炭と同じです。**できる限り明るく燃え続けるために、お互いを必要としているのです。**もちろん一人でいても内なる熱は持っています。でも、自分の中の熱を、火を一人で保ち続けるのはとても難しいのです。あなたと同じように信じ、感じ、情熱的な人たちと一緒にいると——あなたはまた赤く、熱く燃えるのです！

人は、人を必要としています。わたしたちは単独で行動する種ではありません。エゴと情熱は、憎み、殺し合い、批判するために使うのではありません。世界を変えるために使うのです。あなたが何者であるか、なぜあなたは自らここに来たのかを知ったそのときに、あなたは真に生きるのです。

あなたは、あなたに似た人々を探してゆき、ともに情熱を育んでゆくことができます。それは火に薪をくべるということです。あってはならないのは、わたしたちの火を燃やし尽くしてしまうこと。もう二度と火を取り戻せないからではなく、ゼロから火を燃やし続けるのは大変なこと

だからです。

怖れを超えて、本来のシンプルな情熱を思い出す

これまで多くの人が自分の火を失ってきました。もしかしたら、あなたはこの本を読みながら「どうしよう、わたしの情熱は何だろう?」「しまった……、わたしの火は消えてるわ」と思っているかもしれません。それでもいいのです。ゼロからはじめるのは大変ですが、それでもできます。

これまで、それは多くの人がわたしの前で「人生の目的や情熱の感覚を失った」とわっと泣き出し、悲しみに打ちひしがれました。でも、涙を拭いて。もう一度見つけさえすればいいのです。情熱の火は本当になくなってはいないのですから。目的や情熱がなくなるということは、ほとんどありません。何らかの形でどこかで身動きできなくなっているだけです。

わたしは二人の小さな赤ちゃんを育てていた頃、「キーシャはどこに行ってしまったのだろう?」と感じたのを思い出します。その頃は、子育て以外の情熱を生きる時間や余裕はまったくありませんでした。この二人の小さな天使を育て、ともに過ごすことがわたしの情熱となっていました。

わたしの友人は、二人の小さな子どもを育てながら重病の両親を世話し、必要に迫られてフルタイムの仕事も続けていました。彼女はそのとき、目の前のこと以外に情熱や目的にエネルギー

を傾ける時間がありませんでした。

わたしたちは色々な理由があって、情熱や目的からずれてゆきます。ですが覚えておくべきは、いつでもまた取り戻せるということ。あなたの本質や、このすばらしい惑星に自ら来た理由は、つねにあなたの中にあり続けます。いくら奥深くに葬り去られた期間があったとしても、それはまだそこにあることをどうか忘れないでください。

こんなふうに八方塞がりのように感じている人々に見られる最大の問題点は、単純に本来とは異なることに自分を投影し、信じ込んでいることです。

第一に、あなたには目的と情熱があります。あなたの中のどこかに、火はあるのです。この惑星にいる人は一人残らず、何かに情熱があるとわたしは強く信じています。ただそれを見つけるだけなのですが、およそ違うところに答えを探しているのです。

わたしたちはみな、成長期には夢を持っていましたが、エゴが本格的に始動し、途中で自分の道から外れていったのです。成長の途上で何かが起き、怖くなったわたしたちは、夢を奥深くに隠してしまいました。社会の手の届かない安全なところにゆくか、もしくはほかの人の目を気にしたためです。情熱を誰かに打ち砕かれないように隠し、その情熱に一度もチャンスを与えなかったのです。もしかしたら、失敗するのが怖くて情熱のために生きようともせず、単にあきらめたのかもしれません。

また、自分の情熱を誰にも見せていない人も中にはいるでしょう。その情熱が大き過ぎるから、もしくはちっぽけ過ぎると思うからです。あるいは、あまりにも普通過ぎるから、もしくはあまりにも場違いだと思っているからです。

わたしが「あなたの情熱は何?」とたずねるだけでパニックになる人がたまにいます。あたかも、この質問には正誤の答えがあるかのように。彼らの視線は定まらず、パニックになっているのが見てとれました。彼らは「何と言うべきだろう? 良い答えは何だろう? 何と言えば、すごいねと言ってもらえるだろう?」と考えをめぐらせていました。正しい答え、誤った答えなどありません。まるで精神病のようではありませんか? そう、怖れはマインドの病なのです。

これはシンプルな質問であり、答えもシンプルであるはずです。あなたは何が大好きか? あなたのハートを喜びで満たすものは何? あなたの夢は何? あなたのハートを真に満たすのはどんなことでしょう?

わたしが「情熱についての質問」をすると、人は、わたしが何かとてもすばらしい、派手で雄大な答えを期待していると思っています。とても深遠で地球を変えるようなとても特別なこと、すべての人から一線を画すような答えを、です。

多くの場合、人は世界を変えるため、あるいは他人から一目置かれるためにはスーパーヒーローにならなければいけないと思っています。ですが、マクドナルドの調理師をしている人も「使節(代表としての使わされた者)」として等しく重要な存在であり、グレート・スピリットから愛されているのです。

ですからあなたの情熱を探すなら、まずあなたのエゴにはどこか散歩に出て行ってもらい、あなたには価値があるということ、あなたは善であり、無二の存在であり、あなたの中には情熱の火があることを理解する必要があります。一人ひとり、みなが同じように大切な存在なのです。

あなたの答えは本当にそこにあるのか？　社会の洗脳と操作の先にある答えを見つける

わたしたちは何度も何度も、重要ではない事柄を大切にするように教わってきました。

あれはわたしがまだアメリカに住んでいたとき、ちょうど霊的な道を歩みだした頃のことです。わたしは「スピリチュアルの先生」に会いに行きました。その頃にわたしが付き合っていた人たちは、この教師が来て講演をすることにたいへん興奮していました。全員がチケットを買いました。この人は有名だということもあって、わたしも同じように考えることにしました。この「グル」に会って話を聞くというチャンスに乗ったのです。

会議場に着くと、入場しようとする人々の長蛇の列、そのあまりの人の多さときたら信じられませんでした。百人はいたと思います。グルが到着すると、みながお辞儀をしはじめました。わたしはそれまで生きてきて、そんな光景を見たことがありませんでした。

あまりの混雑で、やっと会場に入っても座るところがありません。あまりにも大きな会場にとまどいました。一つの部屋にこれほど大勢の人がいるということにも慣れていませんでした。

すると、ある小柄な年配の女性がわたしのところに来て「座る場所がありますが、いかがですか」とたずねてくださいました。彼女はわたしを一番前まで連れてゆき、わたしの肩をポンと叩いてそこに座らせ、また別の人の着席を手伝いに行きました。

わたしの席からは舞台裏が見えました。「グル」が何人もの助手に囲まれている様子が見えました。カーテンの隙間から見えたのは、グルが服を着るために手を伸ばし、助手たちが服を着せている様子でした。彼らは上質な上衣とスカーフをグルに着せていました。ところがグルは突然、助手の一人に向かって「スカーフの着け方がおかしい」と大声で怒鳴りはじめました。わたしはびっくりして椅子から飛び上がりました。最前列から3列目まで、そのあたりに座っていた人は全員、グルの怒りの声が聞こえたはずです。グルが話していた言葉は英語ではなかったのですが、これを見た人、聞いた人は、ボランティアの人が叱責を受けていることはわかったはずです。さらにショックなことに、それでは終わりませんでした。その後すぐ、別の女性がグルのマイクをおかしな位置に取りつけたらしく、グルがその女性を叩いているのを実際に見たのです。

それからグルは助手たちに「離れなさい」と言うふうに両手を振り払うと、ステージに出てきて自分の玉座に座り、観衆に向かって微笑みかけました。そして「どうすればわたしたちは互いを尊重し愛しあえるようになり、謙虚さをもって奉仕できるようになるか」を講演しました。

イベントが終わると大勢の人々がグルの元に押し寄せ、賞賛を送りました。花を捧げる人々、お金を捧げる人々がいました。彼女に近づく前に、すべての人がお辞儀をしなければいけませんでした。

わたしはどう振る舞えばよいかわからず、その場から離れることにしました。建物の外に出ると、わたしを席まで連れていってくれたあの小柄な年配の女性がいました。彼女はあたりを歩き回りながら人々が放置していったゴミを拾い、椅子の位置を直し、建物から出てゆく人たちのために扉を開いていました。誰一人として彼女には注意を払っていませんでした。彼女は上衣を着ていませんでした。賞賛も尊敬もされていませんでした。彼女はボランティアとして参加しているので報酬は出ませんが、それでも完全に奉仕を務めていました。彼女は、講演のテーマをそのまま体現していたのです。

それから、彼女はすこしゆがんだ笑顔を見せながら足早に扉にやってきて、わたしのために扉を開けてくれました。わたしは思わず両腕をのばして彼女を抱擁しました。これが、わたしが求めていたもの。これが、わたしがその講演に行った理由です。この女性こそ、わたしが求めていた教えそのものでした。

この特別な瞬間を、わたしは絶対に忘れません。人にそう言われたから、あるいはほかのみながそうしているからという理由で誰かを称賛し、何も考えずに注意を向け、尊敬する。わたしたちはどれほど頻繁にこうしているでしょう？　どれほど頻繁に誤った理由から人の言うことを聞き、敬っているのでしょう？　その人のことを本当に知りもしないのに自分よりも崇高な人だと位置づけ、お辞儀をしている相手はいったい何人いるでしょう？

わたしたちの社会は、「小さなことには価値はなく、地位、裕福さと富がすべてである」とわたしたちに教え続けています。これは、わたし自身が講演やイベントを行うたびに、実際にわたしの目の前でも起きます。講演が終わると、人々は写真を撮るためにわたしを抱擁し、わたしの活動に感謝を伝えるためにわたしのところに集まってきます。

わたしがみなに贈ったギフトは、そのイベントを実現させるために時間と努力を費やしてくれた人たちよりもレベルが深いのでしょうか？

　確かにわたしは講演をしました。確かにわたしはもったいぶった上衣を着ることを拒否しますし、わたしのすべての用事をさせるために側近をつけたりはしません。わたしは「グル」の概念が大嫌いです。ですが、わたしのワイフ、ジョイスが観衆一人一人に応対し、イベントそのものを立ち上げ、メールを送信し、チケットや移動手段や宿泊先の手配をし、全員が満足のいくように働いてくれなければ、そのイベントは実現しなかったでしょう。

　ただ、完全なる奉仕に徹して実際に行動で示しながら生きている人の功績は周りから認められず、スポットライトを浴びている人にだけ人々の愛情と感謝が向けられるというのもわかります。有名な人、スポットライトを浴びている人こそ注目と愛情を注ぐにふさわしい人物だと考えるように、わたしたちは洗脳されているのです。

　たとえば子どもたちに、彼らのヒーローは誰かたずねてみてください。返ってくる答えにはある傾向があり、正直、ぞっとします。わたしたちの子どもたちのヒーローはフットボール選手、ポップ歌手、俳優。彼らのヒーローは芸能人なのです。教師や看護師、消防士の月収を芸能人の月収と比較すれば、この世で何が大切とされているかがすぐにわかります。子どもたちのヒーローは、ボールの蹴り方を知っていて大声で叫ぶ成人男性なのです。そう、あなたの周りの世界はあなたの地位と富だけが重要なのだと告げているのですから、自己評価が低くなるのも当然です。

　こんな数々の無意味から意識を転換し、あなたの本当の価値を見出して、それを強く押し通してゆくのは困難なことではあります。

しかしいま、本当のあなたのままに、そしてあなたの内にある才能と目的という良いもの、あなたの内に息吹く火のために自身を愛しはじめる時がきています。あなたは、自分のためにを愛さねばなりません。世界はけっして愛してはくれないからです！

これからは、あなた自身とあなたの子どもたちのためにリアルなものに意識を向けてゆかねばなりません。先にあげた昔のことわざ、「木を見て森を見ず」。まさにこれがわたしたちの現代の意識状態だと思います。わたしたちは狂気のただ中で自分を見失っており、まったくの盲目状態で何が起きているかもわかっていません。

歴史を振り返ると、社会が操作されていたことは明らかです。ですが、現代のわたしたちがそれを自力で見抜くのは簡単なことではありません。

たとえばクラウディウス・カエサル・ドルスス・ゲルマニクス皇帝、別名ネロのことを考えてみましょう。彼は強大な権力を持ち、裕福で、腐敗し、残酷で、弱くもあり、奇矯かつ加虐的で、明らかに誰よりも精神の錯乱したリーダーです。キリスト教徒たちを捕らえ、動物の皮を着せて野生の犬の群れに四肢を引き裂かせたり、彼らを油につけて燃やし、その火を自分の庭の夜間灯として使った男です。自分の妻たちを殺し、母親をこん棒で殴らせて殺した男です。帝国を破産させせた統治者であり、自分の行く道をふさぐ者は一人残らず殺した殺人者です。そしてついにはローマ都市を全焼させせました。

しかし興味深いのは、ネロが壮大な戦車レースを開催したり、コロシアムで剣闘士を戦わせる豪華ショーを提供し、人々から愛されていたとも言われているところです。彼は試合のあいだに観衆にパンを投げ与えていました。ネロは民衆に娯楽を与えて盲目状態にし、そのあいだに言語に絶する恐ろしいことを行っていたのです。

わたしたちも同じではないでしょうか？　わたしたちも日々、娯楽を詰め込まれて盲目になってしまい、そのあいだにわたしたちのリーダーたちはこの上なく恐ろしい非人道的・非環境保護的犯罪を犯しているのではありませんか？

社会のどこを見ても、目がくらむほどの洗脳が横行しています。ニュースを見れば、自分たちの国の行動は正しく他国は間違っていると説き、雑誌を見れば、わたしたちや子どもたちにどのような肉体イメージを理想とすべきか、何を着てどう考え、話し、何を信じるべきかを説いています。

わたしたちの口には四六時中洗脳が注ぎ込まれ、わたしたちはそれを飲み込み続けています。わたしたちも競技場にいる民衆と同じ。世界が崩壊してゆくかたわらで、わたしたちは声援を送り、そんなわたしたちにパンが投げられているのです。

馬鹿馬鹿しいことをすごいと評価するのはもう止めて、本当のわたしたちの真価を認め、わたしたちがこの世界に提供できる立派な才能・ギフトの真価を認めてゆかねばなりません。

子どもたちにとってヒーローであってほしいのはどこにでもいる芸能人ではなく、世界のジェーン・グドール※、デズモンド・ムピロ・ツツ、ネルソン・マンデラ、デイビッド・アッテンボロー、ヴァンダナ・シヴァ、シルビア・アールです。

子どもたちはわたしたちという唯一の実例を通して、この世界で何が正しく、何を支持すべきかを学びます。人間として支持しそのために戦うべきこと、わたしたちの良さ、勇気、愛し合うこと。これらを重んじてゆくことがいま、何よりも必要不可欠となっています。

そして、わたしたちが身をもって示さねばなりません。この世界を変え、子どもたちが生きるに相応しい世界を与えるために毎朝、目を覚まさねばなりません。

そうするためにはわたしたちは誰なのか、わたしたちは何を支持するか、何を許容し、何を許容しないかをはっきりさせておく必要があります。わたしたちの火は何であるかを知っておかねばなりません。わたしたちの真の情熱は何かを知り、そもそもわたしたちはなぜここに来たのかを思い出さねばなりません。

※ジェーン・グドール（1934－　イギリスの行動学者、人類学者、国連大使）
デズモンド・ムピロ・ツツ（1931－　南アフリカ　神学者、人権活動家）
ネルソン・マンデラ（1918－2013　南アフリカ第8代大統領、ノーベル平和賞受賞者）
デイビッド・アッテンボロー（1926－　イギリスの動物学者、植物学者、作家）
ヴァンダナ・シヴァ（1952－　インド　環境活動家、哲学者）
シルビア・アール（1935－　アメリカ　海洋学者、探検家）

先住民たちの予言「〝強者《つわもの》の中の最強者たち〟がこの惑星にやってくる」

数十年前から我が先住民のリーダーたちは「〝強者《つわもの》の中の最強者たち〟がこの惑星にやってくる」と予言をしてきました。〝強者の中の最強者たち〟とは、人類が仲間や地球をエゴで破壊してしまうか否かの瀬戸際に達したとき、人間意識の行く末を変えることができる最も勇敢な魂たちのことです。

そして先住民のリーダーたちはいま、はっきりと力強い声でこう言っています。

「わたしたちがずっと待っていたのは、あなたたちだ！」

そう、わたしたちが最強中の最強者なのです。最強者にならなければいけません！

闇の中を盲目のままに歩き、途上のすべてを破壊するばかりの生き方以外にも方法があると信じていなければ、あなたはこの本を読んではいないはずです。

実際に、わたしたちは強者中の最強者です。予言されていたのは、このわたしたちです。わたしたちこそが目覚め、「わたしはこれ以外の生き方があると信じている。わたしはその一歩を踏み出そう」と言わなければいけません。

わたしたちはエゴが君臨する世界に生まれ、人生すべてにおいてエゴで生きてゆくことを教わってきています。しかし、人生はそれだけではない――ほかの生き方がある。ここに気づくために、わたしたちは強靭《きょうじん》でいなければいけません。背筋が凍りつくようなやり方で地球を傷つける行為をやめるためには、過去の習慣を変えてゆかねばならないのです。

わたしたちの子どもたちは、変化そのものです。彼らは、それはすばらしい才能、世界の感じ方・見方を備えてこの世界に来ています。ただ自分でどうすればいいか、よくわからないのです。

わたしたちは彼らを押し込める型を作り、その型の中に順応できない子どもたちには問題児というレッテルを貼ります。真実を言うなら、彼らが変化そのものです。わたしたちは彼らが学び、育ち、成功してゆけるような、彼らにふさわしい世界を与えるために道を切り開かねばなりません。

わたしたちの世代は力をふりしぼってこの狂気にストップをかけ、愛の意識に加わってゆかねばなりません。わたしたちが愛の中に生き、目的を持った人生を生き、内で燃えるあの火とともに歩めば、それが子どもたちのために道を切り開くことになります。わたしたちは真に強くなる必要があります。

グレート・スピリットは、わたしたちに多大な信頼を寄せています。あなたは偉大だということと、あなたはありのままでパワフルで、あなたに備わるその才能が重要であることを思い出してください。社会にもみ消されていないで、乗り越え、真のあなたに誇りを持ってください。

●やってみましょう――あなたの情熱リストを作るワーク

あなたが大好きなもの、情熱を感じることをあげて、リストを作ってください。内容はどんなものでも構いません。

良い本を読むのが好き、子どもたちと遊ぶのが好き、何かを作ったり音楽を聴くのが好き、人を笑わせるのが好きといったこと。どんな壮大なことでも、あるいは些細なことでも構わないので、ただ書き出してください。

自分には情熱がないように思う人もいるでしょう。なぜなら、その人にとって大切なものや大好きなことをほかの人は取るに足りないと思うから。ですが、ほかの人がどう思うかなど、どうでもいいのです!

大きいこと、小さいこと、大袈裟なこと、控えめなこと、あなたにとって大切なこと、大好きなこと。

何に目的を見出すかは、あなただけのもの! それを受け取ってください。

リストを書くときはまず、あなたが今生で本当に大好きなものをすべて書きます。あなたをハッピーな気持にさせるもの、最も喜びを感じさせてくれるものも含め、あなたの心臓をドキドキさせるものです。また、あなたは本当はどんな人なのか、どんなものがあなたを「あなた」らしくしているかも書き出してほしいのです。あなたが情熱を感じるものを書いてください。

書き出す内容は、他人からの評価を期待したり人の目にどう映りたいかとはまったく関係ありませんので気をつけてください。このリストはあなたのエゴの求めるもの、他人に求められているものとは無関係です。

これは、あなたのハートが「これが自分だ」と感じることのリストです。賞賛されたいとか、特別な人間として見られたいという観点からリストを書き出すのは大きな間違いです。わたしたちには、自分を自分らしくしているものがあります。その点ではみな特別なのです。

人に信じさせたいストーリーも書かないでください。わたしたちは社会から、スポットライトを浴びている人や壮大なストーリーを語る人こそ最高の価値があると言い聞かされています。自分は偉大だというイメージを人に与えようと頑張っている人たちは実は誰よりも大きな傷を隠し持っていて、本当の自分は何者なのか、人間として自分の本当の価値は何かをまったくわかっていないということがよくあります。ですからあなたのリストを書き出すときは、自分に正直に書くようにしてください。

リストを書き終える前に、次の質問への答えを書いてください。

「わたしはなぜ、自分をこの惑星地球に送り込んだのだろう？　わたしは今生で何を学びたいのだろう、わたしの情熱と潜在力は何だろう？　わたしは何を支持し、そのために戦うだろうか？」

そして最後の質問は、「わたしがこの世に与えることができるギフトは何だろう？」です。

時間をかけてよく考え、答えを探り、書き出してください。

できたら、その紙に名前をつけましょう。「わたしの火！」と。

わたしはわたし　あなたではない誰かになるのをやめる

本当のところ、わたしたちの大半は、この世界をより良い場所にするための行動をまったく起こしていません。何か良いことをするにも自分の存在はあまりにも小さ過ぎる、誰の目にも留まらないと思っているからです。

ではたずねましょう。あなたはどうやって熱く燃え盛る火を起こしますか？　どのように火を起こしてゆくでしょう？　大きな薪を置いてマッチをすれば、ジャーン、あっという間に炎が燃えるでしょうか？　違いますね。

火を点けるためにはまず乾いた草を集め、火が点いたら小枝を加えて火が確実に燃えるように安定させ、それから小さな枝をくべて熱を上げてゆき、それから小さく切った木をさらにくべます。火が力強く燃え大きくなってきたら、薪を加えて火を絶やさないようにします。

つまり小さなところからはじめ、あなたが求めているような燃え盛る火になるまで勢いを上げてゆけばいいのです。

わたしたちはみな、心の奥に火を秘めています。わたしたちはただそれをしっかりと起こしてゆき、炎が暖かく燃え、からだ（そしてわたしたちの地球）を維持させる光を放てるようになるまで火を育ててゆく必要があるのです。

あなたの中の火を起こしてゆくあいだは、エゴではなく愛を通して情熱を生きるということをつねに覚えておかねばなりません。愛そのものでいれば、あなたの火はあなたも人も傷つけることなく燃えることでしょう。

人生の情熱は壮大でなくとも構いません。地球温暖化を克服しなくてもよい、スポットライトを浴びなくてもよいのです。シンプルな他者への奉仕も良いでしょう。ちょっとした親切でも構いません。

あなたの火は簡単に消えてしまうこともあれば、自分を激しく燃やしてしまう可能性もあります。

生きていると誰でも、過剰に熱く燃え上がっている人に出会います。誰よりも大きな声で主張すれば自分の重要性を人に認めさせることができると心から思い込んでいる人たちです。カッとなって怒り、怒りの力で周りに自分を認めさせれば、物事はその人のやり方で進みます。自分がいかに正しく強くパワフルであるかを証明したいがために、どんな戦いにも応じようとするのもこの人たちです。自分には世界のために役立つすばらしい才能があり、誰よりも上に立って自分の偉大さを人に認識させなければいけないと独り合点している人々もいます。

いずれもエゴによる行動、エゴに焚きつけられての行為です。わたしは霊的な教師になって以来、それは大勢のエゴに出会ってきたことを認めざるをえません。悲しいことですが、これが真実です。人よりも「才能に恵まれている」あるいは「特別、またはスピリチュアル」なふりをしながらエゴで生きている人たちにどれほど多く出会ったことでしょう。どれほど多くの人が自分はイエス、マリア、イシス、王様や女王様の生まれ変わりだとわたしに言ってきたことか、みなさんには信じられないことでしょう。みな、人より特別であると思われたい、賞賛されたい人たちです！　自分はインナー・アースから来たとか、シリウスなどほかの星から来たと言ってくる人たちもいました。そうやってわたしを納得させなければいけないと思っているのです。

まず言えることは、わたしたちはみな、今生までにそれはたくさんの人生を生きてきていること。わたしたちはあらゆる姿、あらゆる場所で学び成長するために、偉大なる本質《グレートアイアム》の火花《かがやき》を送り続けてきました。

第一に、今生をそのからだを持ってこの地球上で生きている限り、あなたはわたしたちとまったく同じ人間であり、あなたはあなたたなのです。第二に、わたしたちはみな、今生で学び成長するためにここにいるのであり、この人生が終わったときには次のもっと大きくてもっと良いテストに自分を送り込みます。

自分がキリストだと主張するのは、人の注意を引きたいがためのエゴの叫び声でしかありません。そんなことすらわかっていない郵便局員がキリストの生まれ変わりであるわけがありません！ スピリチュアルの世界でそれは多くの人が「自分は霊性の高い偉大な存在だ」と発言して隣の人に勝ろうとしているところを、わたしは何度も見かけてきました。

簡潔に言えば、もしあなたが人に一目置かれたくて、人の目に留まろうとして人生を生きているとしたら、あなたは道を外れています。

とても多くの人が、社会の仕組みや価値観にうんざりして霊的な世界に足を踏み込みます。役職名やお金、外見、ファッション、名声による評価を捨てたい。真に価値あるものは何なのかを知りたいのです。わたしたちは本当は何なのかを知りたい、そしてありのままの自分として愛されたい、評価されたいのです。

ですが悲しいことに、最善の意図をもってエゴ基盤の社会構造から抜けたとしても、スピリチュアルの世界でまったく同じ構造に陥る人が大勢いるのです。

あなた以外のもの、「あなたではない誰か」になるために人生を費やす必要はありません。そんなことをしては、この惑星にいる目的すら無駄にしてしまいます。

エゴがあなたのために作り上げた偽りの姿に身を隠していては、学ぶことも成長することもできません。その偽りの姿をはがして「これがわたしです。わたしは壊れやすく、すぐに傷つきます。社会はわたしを小さくて無価値な存在だと思い込ませていますが、わたしには価値があると思います。わたしはわたしの真実を知りたいのです」と言えるなら、そのときに初めてあなたは自分の真の偉大さを知ってゆくことができます。

自分のエゴを剝ぎ取り、自分を守るため、もしくは身を隠すために自分に言い聞かせてきたすべての嘘を剝ぎ取ったとき、わたしたちは真の自分とその能力に心から感謝することができるのです。

「わたしは誰よりも特別です。実際、わたしはマグダラのマリアなのです。わたしにはポータルが見えます。わたしの紫の炎であなたを癒しに来ました」と言う人よりも、正直に「わたしはわたしでしかない。真に自分を愛せるようになりたい。わたしにはたくさんの問題があるけれど、社会に収まって生きてゆくのではなく、もっと大きなものに属したいのです」と言える女性や男性の言うことに、わたしは耳を傾けたくなります。

わたしたちは、古い思考――みなよりも優れている、よって自分の価値は上がるという考え方を完全に手放さなければなりません。わたしたちの情熱と目的は、どんなものでも価値があります。それがあってのわたしたちなのです。どれかがほかよりも優れている、劣っていることはありません。

「才能がある」とほかの人よりも存在価値が高いと考えるのは、エゴがそう思い込むようにわたしたたちに言い聞かせてきたからです。愛の次元からお互いの価値を認め合えば、そんな古い信念はやがて消えゆくでしょう。

ですから、あなたの情熱リストを書き出してください。情熱とはあなたが大好きなこと、自分の価値を見出せるようなものごとです。

そして東西南北と元素を称えるために、自分で作ったあの特別な場所にもう一度行きましょう。さぁ、148ページで書き上げた「わたしの火（情熱リスト）」を持って、外に出る準備をしてください。

あなたの神聖サークル、メディスン・ホイールを作る――火のエレメント、東、赤

◎火のエレメント／東／赤

地の元素に続いて、火の元素の方角を聖地にする設定を行います。
火の元素の方角は東。色は赤です。

◎準備

手に「わたしの火」と書いた紙（情熱リスト）を持って、あなたのメディスン・ホイールを作成中の場所に行きます。地の元素で設定したその場所には、石は西の方角、地球の守護者を象徴する黒の色が配置されているはずですね。そこでマザーアースに敬意を表し、これから火の元素に捧げるお祈りのために心からの尊敬をもって靴を脱ぎます。

あなたはこれから東の方角に敬意を表します。

地球の守護者、黒が象徴する西の方角に置いた石に向かって立ちます。それから西を象徴する石から約１２０㎝離れたところに立ちます（あなたがこれから作るメディスン・ホイールの大きさによって、このスペースを多少加減しても構いません）。

そこに東、赤い色、火の元素の守護者を象徴する石を置きます。

東の方角への祈りと称賛をはじめる前に、わたしたち自身が敬虔《けいけん》な気持と感謝の念を抱いてい

なければなりません。立つ位置を決め、紙を持ったら、目を閉じてお祈りをはじめる態勢を整えます。このとき足はしっかりとマザーアースを踏みしめ、自分が何者であるか、ここにいられることがどれほど恵まれているかを認識しましょう。あなたが経験できるすべてのことを目撃し、参加できるという恵みです。

◎地球を呼吸する瞑想

地の元素と同じく、「地球を呼吸する瞑想（96ページ）」からはじめます。

大切なポイントをもう一度お伝えします。まずグリーン、地のエネルギーの色を足の裏から上に向かって吸い込みます。地のエネルギーがあなたの細胞を満たし、あなたの隅々まで滋養が行き渡るのを感じます。息を吸うたびにチャクラを通して上へ上げてゆきます。

かならず最後の吸気であなたの頭頂までエネルギーを上げ、最後の呼気でエネルギーを両腕・両手を通して下ろし、指先からマザーアースに戻してください。こうすることでエネルギーのサーク

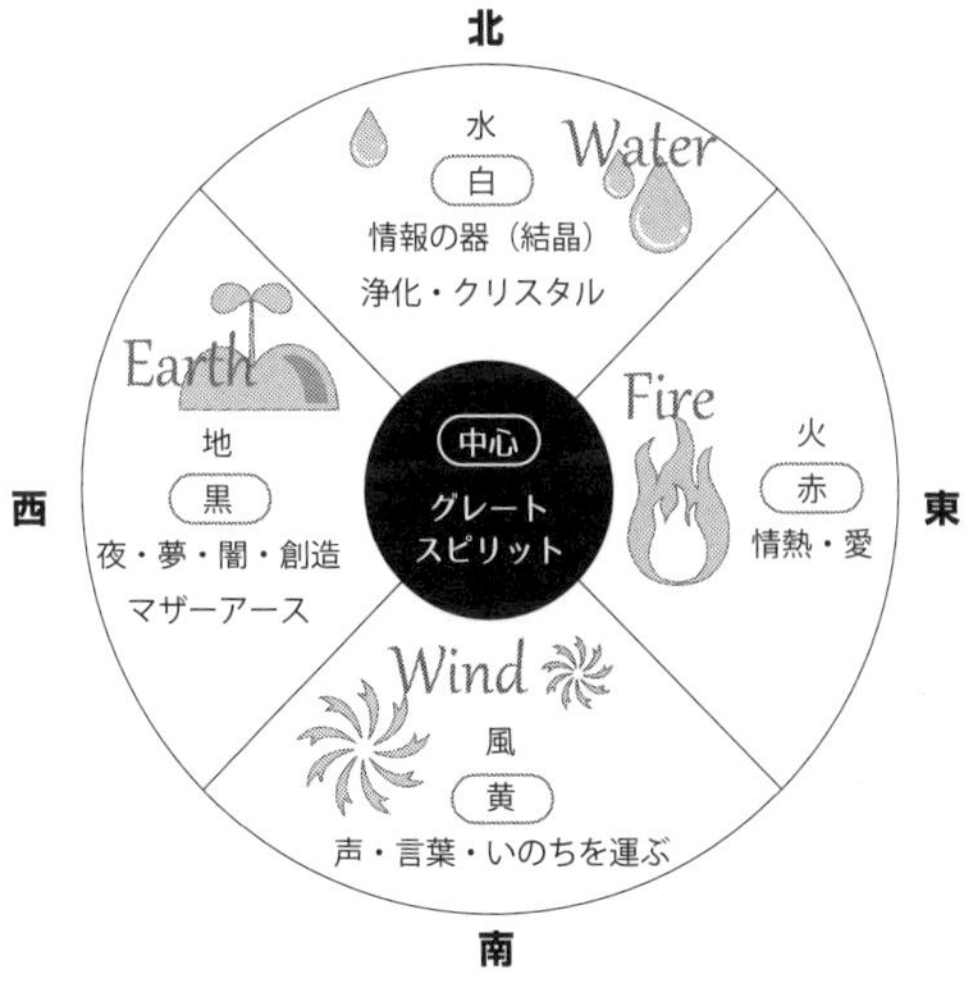

ルは完結します。このステップは非常に大切で、すべてのチャクラを通した後に限って行わなければいけません。最後の呼吸で、あなたのクラウンチャクラ（第7チャクラ）から両手を通ってマザーに戻って行くエネルギーが流れ、両手と指先が温かく、場合によってピリピリするのを感じてください。

◎五感を使った祈り

地のエレメント設定でも行ったように、わたしたちは身の周りの自然界に完全に目覚めていなければいけません。すべての感覚を遮断し、あなたに感じられるものだけに開いていてください。からだを持っているという感覚、この惑星にいるという感覚、太陽の暖かさを肌で感じられるという感覚、空から降ってくる雨、足元の土。すこしのあいだそれを感じ、感謝します。

次に耳を澄ませ、聞こえてくるもの以外のほかの感覚をすべて遮断します。すこしのあいだ注意を向け、あなたを取り囲むすべての生命に耳を傾けます。葉がカサカサいう音、虫や互いに呼び合う鳥の声、彼らの歌。自然はいつも話していますが、わたしたちが耳を傾けることを忘れているのです。すこしのあいだ、あなたの周りで起きている美しい会話に耳を澄ましてください。

次は、嗅覚以外のすべての感覚を遮断します。マザーアースの匂いを知っていますか？　考えたことはありますか？　恐れずにひざまずいて地球の匂いを嗅いでください。豊かな黒い土、緑の草、葉、木々、空気の匂いを嗅ぎ、あなたの周りの生命の香りを嗅いでください。

それから空気を味わいます。口を開けて息を吸い、あなたの肺を満たす甘い空気を味わいます。

草、石、葉を口の中に入れましょう。すこしのあいだ、味覚というギフトに感謝しましょう。

次に立ち上がり、ゆっくりと目を開け、あなたを取り囲むすべての生命を真に見てください！一番小さな虫から一番大きな木まですべてを取り込む気持で、マザーアースがあなたが楽しめるように創造した壮大なる万物を見ましょう。住む場所としてあなたに与えられたこの場所を見るのです。

◎感謝の祈り

あなたの周りのすべての生命に感謝し、あなたが立っているその場所と一つになりましょう。あなたが神聖な場所を作っているその場に立ち、この美しいマザー、あなたのからだと全感覚というギフトに感謝しましょう。自分自身だけではなく、あなたの周りすべてに完全に目覚めてください。

これで東の方角、火の元素と赤の方角を称える準備は整いました。

◎火のエレメントへの祈り

メディスン・ホイールの東にあたる場所に目を閉じて立ち、地面を踏みしめている足の裏を感じます。マザーの中心部にある熱と火の源とあなたのエネルギーがつながっている様子を想像します。

そのパワフルなエネルギーを、チャクラを通して呼吸とともに吸い上げます。そのエネルギーは足の裏から頭頂まで上がり、両手を通って出てゆきます。エネルギーがどんどん強く確立してゆきます。エネルギーが動いていなかったり止まっているのに気づいたら、ゆっくり時間をかけてそのエリアに息を通し、エネルギーを吸い込みます。この実践を行うときはあなたのすべてに、そしてこの人生をここで生きるという好機《チャンス》を得たことに感謝することを忘れないでください。

人生への情熱と、あなたからこの世界に提供できるギフトに感謝してください。あなた自身への愛、あなたの真正さ、意図への愛、「あなた」であることから生まれる充実感への愛と感謝を感じましょう！

この熱く燃え上がるすばらしい感謝と情熱を吸い込みながら、あなたの中にそれをどんどん強く、しっかりと確立させてゆきます。

視線を天に向け、両腕を伸ばし、太陽がわたしたちの地球に恵んでくれる光と暖かさに感謝をしながら降り注がれてくる温かさを感じます。

あなたを取り囲むすべての美しさを、太陽の光のギフトがあるからこその、このすばらしい地球に与えられている生命の豊かさを見ましょう。わたしたちには信じられないほどの光スペクトルを見ることができる。このことに気づき、無限の色彩とその美しさを楽しみましょう！

毎日太陽が昇り、そのたびに新たな1日が与えられていること、毎日あなたの力の及ぶ限りで最高の自己存在《アイアム》となる新たなスタート、新たなチャンスが与えられていることに感謝してください。

新しい1日がはじまるたびに、あなたはより良い人間になるチャンスが得られます。それがどれほど恵まれていることか、感じてください。

チャクラから太陽の光を吸い込みます。頭頂部からはじめて足まで一つ一つ降りてゆきます。太陽の光を足から吐いてマザーアースの奥深く、中心部に達するまで吐き、同時に天の火と地中の火をあなたの中で結合させます。あなたの中で感謝のパワーが大きくなってゆくのを感じましょう。

あなたは偉大なる本質《グレートアイアム》です。あなたはこの美しいマザーアースで学び、成長し、人間を経験するために自らをここに送り込んだ神聖な魂です。あなたは偉大なギフトをもってここに来ています。あなたにはあらゆる能力があります。あなたは「万物」（ＡＬＬ）の火花《かがやき》です。あなたは貴重な無二の存在、何よりもあなたは「あなた」。ほかの誰でもありません！

さて、手には「わたしの火」と書いた紙（情熱リスト）を持っています。あなたが大好きなもの、情熱を感じること、あなたを定義するもののリストです。

東の方角を向いたまま、あなたが情熱的になるもの、あなたのハートに火をもたらすものを声に出して言いましょう。ありったけの愛と感謝をもって、あなたの中で熱く明るく輝いている炎を感じてください。

あなたという存在のすべてに感謝し、この人生という旅で人間としてこの地球で表現するすべてのことに感謝してください。あなたの前にあらわれたすべての人々に感謝してください。東の長老たち、グランドマザー、グランドファーザーたち、自らの火と情熱を通してあなたを触発した賢人や教師たちに感謝してください。あなたが最も偉大なる自己となることを妨げていた古い残骸・死んだ残骸物を燃やし尽くしてくれる、あなたの人生の火に感謝してください。

あなたがすべての潜在力をもって最高の自己存在《アイアム》となるために道を浄化し切り開いてくれる、あなたの内なる炎に感謝してください。愛においてあなたを情熱的にしてくれる、あなたの内で生きている火に感謝してください。あなたのハートの中で燃える火は、あなたをあなたらしく存在させ、あなたが支持するものを象徴し、あなたが信じるものを象徴します。あなたの中の火を明るく燃やし、その火を維持するために影響を与えてくれた人々に感謝してください。

あなたのハートの中で永遠に燃え続ける火を起こせるよう、そしてあなたがなりたい人になり、そう在り続けられるよう、グレート・スピリットとマザーアースにお願いしましょう。

セージかタバコに火を点け、東の方角、太陽、マザーアースの中心とあなた自身のハートに向かって煙を吐きます。

お祈りの煙であなた自身を洗い清め、愛するマザーにひざまずいて足元にあなたの紙を置きます。セージかタバコの煙をリストに吹きかけ、火に対する感謝を抱きましょう。

◎完了の儀式

あなた自身のお祈りの締めくくりの言葉を言い終わったら、あなたのメディスン・ホイールであなたが東を象徴したいと思う石かクリスタルを見つけます。西を象徴する石の反対側に、それを置きます。「わたしの火」の紙を石の下に置き、そこに置いておきます。（その石を象徴する色で、石の絵を描いても構いません。この方角の場合は、赤です）

これは、あなたの祈りのためのあなたのメディスン・ホイールですから、あなたがこれと思うものを選んで構いません。あなたのメディスン・ホイールを去る前にもう一度時間をとって、自分が誰か、何が自分を自分らしくしているかを考え、あなたの中に存在する善を思い出しましょう。あなたを称えてください！

ハートの中にこれらの祈りを抱いたまま、これであなたは自分のスポットから離れて日常に戻っても構いません。あなたはいつでもここに戻ってきて、東のパワーとあなた自身のパワフルな火を再訪することができます。

風の元素　The Element Wind

風の元素　形がない風の元素を理解するために

風は形がなく、つかむこともできず、匂いを嗅ぐこともできません。目にも見えず、人がとらえたり手なずけることはできません。この元素は手でつかむことも、匂いを嗅ぐことも、触れることもできません。

元素について考えるとき、通常、風は印象にありません。まったく無視してしまうか、もしくは風が強過ぎると文句を言うときに初めて風を意識するか、このどちらかです。

率直に言って、屋外に出て風が吹いていても「あぁ良かった、風が吹いている!」と思う人はあまりいないでしょう。おそらく、風がどれほどわたしたち一人ひとりの命にとって必要か、そして生命の循環《サークル》にとって必要かを本当に理解していないから、風のありがたさをわかっていないのです。

ですから風の元素を理解するためには、まず第一に風とは実際何なのか、どのように形成されるのか、そしてこの惑星に絶対的に必要である理由を真に理解することです。

風の元素の重要性や、それがわたしたちの惑星や人生に与える影響は、ありとあらゆる形で見ることができます。

わたしたちの生活の中で風の効果を目にする状況を例にあげるとなると、ごくごく微細なものから極端に激しいものまで考えられます。水面をダンスのように広がる波紋、木の葉や枝がゆらゆらと揺れている様子、丈の高い草が大海の波のようにうねりながら大草原を流れてゆく様子。

風は、もっと破壊的な面もあります。回転する竜巻、凍えるような暴風雪などがそうです。螺旋状の熱帯暴風雨は風速257km／hにも達することがあり、9兆リットル以上の雨を降らせます。微細なものから猛烈なものまで、**こういった目に見えない風の力は日々、いついかなるときもわたしたちの身の周りにあります。**

風はいたずらにも、穏やかにも、心地良くもなり、冷却作用も鎮静効果もあります。そして極度の破壊力を見せたり荒れ狂ったり、予測不可能なパワーを生み出すことも簡単にできます。

風は大気を調和させる偉大な存在

風は湿気、熱、温室化ガス、汚染物質を運び、世界中に行き渡らせたり、長大な距離を移動させることができます。風は、夏には新鮮な甘い花の香りを運び、冬には骨の髄までからだを冷やします。強力になると巨大な帆船を押したり引いたりして大海を動かしたり、建物を土台からまるまる破壊することもできます。

穏やかな風であれ狂暴な風であれ、確実にわかっていることがあります。それは、わたしたちの惑星での生活にとって、風は間違いなく必要不可欠だということです。

風を言い表すのに一番しっくりくるのは「動いている空気」という表現です。地球の表面は太陽によって加熱されますが、その熱が不均等なために風が生じます。わたしたちの惑星の表面は水と土地形成から成っているため、太陽熱の吸収は均等ではありません。太陽が地表を温めると、大気も温まります。地球上には赤道付近のように年中太陽光がさえぎられることなく、いつも暖かい地域があります。ほかの地域は間接的に太陽光を受け取るので、気温は下がります。温かい空気は冷たい空気よりも軽いので、上昇します。すると冷気が動き、上昇した暖気に入れ替わります。この冷える空気と温める空気の動きが、風を起こします。

また、すべての空気には水蒸気が含まれていますね。温かい空気は上昇し膨張すると、やがて冷えます。冷えた空気は温かい空気ほど水蒸気を含んでいられません。この水蒸気の一部が、空気中を漂うとても小さな塵《ちり》と結合して水滴を形成します。この小さな水滴が何百万と集まると雲になり、ご存じの通り、雲がなくては雨は降らず、雨がなくては、わたしたちが知っているような生命は存在していなかったでしょう。

最も驚くべきすばらしい例の一つが、南アフリカのケープ・タウンにあるテーブルマウンテンから見える光景です。行ったことがある方はご存じでしょう。山の上に立って見ていると、海から雲が生成され、ゆっくりと上昇してきてあなたの頭の上まで昇ってゆき、そして山の傾斜に沿って山の頂上まで上昇してゆく様子がわかります。眺めていて息を呑むほどすばらしい光景です。

ほかにこの光景を見られる場所は、ペルーのリマです。とても乾燥した地域で見渡す限り膨大な砂漠が広がっていますが、沿岸部に行けば、空で厚い雲が形成しながら同じくらいの速度で消えてゆく様子を見ることができます。この雲が発達して暴風雨になることはありませんが、このプロセスそのものが見ていて本当にすばらしいのです。

また、わたしたちの惑星の緑地帯周辺の大きなジャングルや熱帯雨林でもこの様子を見ることができます。膨大な量の水分がジャングルの天蓋から上昇してゆき、巨大な雨雲となってゆく様子を見るのは驚異の体験です。

ここでさらに、わたしたちの熱帯雨林が生きるために存在している風の真のギフトを理解すると、実に驚かされます。

風がなければ、わたしたちの熱帯雨林に現在のような豊かな生命は維持できないことをご存知でしたか？　アマゾンの熱帯雨林の自然元素といわれても、風は思い浮かばないのではないでしょうか。ですが、何百キロも遠くから吹いてくる風がなければ、熱帯雨林は生きてゆくために必要な肥料や栄養分を受け取ることができません。

サハラ砂漠からは、1億8200万トン以上の塵が巨大な暴風に乗ってアマゾンの熱帯雨林に運ばれます。サハラから来た塵には何よりも必要なリン（ミネラル元素の一種）が含まれていて、これがジャングルの奥深くまで移動してゆき、そこで森の中に住む植物や動物たちの肥料となります。リンは、すべての植物にとって欠かせません。高湿気の地域では、つねに降り続ける雨の

テーブルマウンテン

せいでリンは川へ洗い流されては森の外へ流出し続けているのです。サハラ砂漠の砂嵐がなければわたしたちのアマゾン熱帯雨林が存在しないとは、なんと興味深いことでしょう！

エジプトでベドウィン族とともに白砂漠・黒砂漠で風を感じる

サハラ砂漠と言えば、何度か行ったエジプト旅行でのある体験を思い出します。ジョイスとわたしは、ありとあらゆる形で風のパワーを体験することができたのです。

一番度肝を抜かれた思い出はナイル川クルーズです。気温は40℃を超え、船のデッキは裸足で歩こうものなら一瞬にして火傷を負うほどの熱さでした。そこでわたしたちは水着に靴下を穿いたたまま　という最高にファッショナブルな姿でデッキの日陰に立ち、「どっちが先にひなたに出てプールに入る？」などと話していました。もちろん負けたのはわたしで、わたしが先に行くことになりました。つやつやと光る熱々のウッド・デッキを、靴下を穿いたままつまつま先立ちで走ったことはありますか？　ただ言えることは、これは簡単なことでも魅惑的なことでもありませんでした。

そうして二人ともデッキにあるプールに入ってから初めて気づいたのですが、そのとき外のデッキにいたのはわたしたちだけでした。

空は、暗いオレンジ色に変わりつつありました。後ろを振り返ると、壁のように立ちはだかる砂の塊がわたしたちのほうに向かって吹いてきています。それは美しい光景でした。わたしたちはラッキーでした。その砂の風はまだはるか遠くにあったので、わたしたちはすこしのあいだ、砂嵐の色や巨大さをじっくりと眺め楽しむことができました。渦巻く砂の、巨大な枕のような雲が砂漠の方向からこちらに向かってきていて、その色はわたしがかつて見たどんなものよりも美しいオレンジ色でした。

わたしたちはプールから出て、賢明に船内から出なかったほかの人たちのように船内へ戻ることにしました。プールから船の下のデッキにある入り口につながる階段までは、20歩にも満たない距離でした。ですがその20歩を歩いているうちに、わたしたちの水着はすっかり乾いてしまいました。あの熱風の中にいるのは、まさに巨大ドライヤーの前に立っているようなもの。正直言って、これほどの風を体験したことはありませんでした。

何日かが過ぎ、わたしたちはナイル川下りのツアーを終えました。

砂漠の民と呼ばれるベドウィン族の人たちとともに砂漠で日々を過ごすことができたのは大きな恵みでした。わたしたちは、砂丘で焚火を使って食事を作りました。夜空の下、彼らと歌い、踊りました。彼らはわたしたちを車に乗せ、高くそびえる砂丘を上っては下り、みなで大声で笑い、叫びました。

彼らとの旅で一番気に入ったことの一つが、白砂漠と黒砂漠を体験できたことです。

文明から遠く離れた古代のままの神秘的な場所で、ベドウィン族とともに過ごしたわたしは本当の意味で言葉を失いました。それは見たことのない風景でした。まるで月の上にいるようでした。

黒砂漠は、硬くギザギザした火山岩でできた崩れかけの山々が高くそびえる、険しいところです。砂は粗く固まっていて、深い眠りのような古代エネルギーがありました。それはとても言葉では言い表せません。正直なところ、このようなマザーアースのエネルギーを感じたのはそれが初めてでした。

一方、白砂漠は柔らかく穏やかで、まったく別の感覚でした。ピュア・ホワイトの粉のような砂が青空と対比し、輝きを発しているかのようでした。白砂漠はどこまでも広がる静寂の大海のようでした。わたしは白く浮かぶ月とともに置き去りにされ、このまま風の中へ消えてゆきそうな気持になりました。この粉を吹いたような白い土地形成は、まるで引力に逆らって孤立し、熱波がつくる蜃気楼の中に浮かんでいるかのようでした。

この孤立した形成物は、かつては標高１００メートルの台地だったそうです。風のなせるわざを見て大きな衝撃を受けました。

世界中で称えられ畏《おそ》れられる風の力

風はまさに、創造の元素です。どれほど硬い石も衰えさせ、浸食させ、この世界に最高にすばらしい自然の神秘を形作る力があります。

風は砂を運び、火山灰を何千キロも運び、地球上を移動させて土に肥料を撒き、森やジャングルや草原にふたたびいのちが住めるように種を方々に蒔きます。

最も破壊的な嵐として竜巻、ハリケーンを起こしたり、農地や古代の建物を広大に波蝕させたりして地域全体を壊滅させることもできます。風は破壊者にも創造者にもなれる非常に強力な元素で、風を神と見なす文化は多くあります。

ヒンドゥー教の神ヴァーユ、マヤの風の神パウアフトゥンス、古代エジプトの創造と風の神アムンなど創造の物語や伝説や神話は数々あり、偉大なる創造者であり破壊者である風の元素に対する深い尊敬と称賛がうかがわれます。

アメリカ先住民は、風の精霊と神々にたくさんの名前をつけています。「Koko-u'hthe'」はショーニー族の熱帯性低気圧の精霊。「Tate」はラコタ族の神話の風の神（竜巻の女性）として、あるいは「huupiriku'su」という伝説的人物の話として出てきます。彼女は北の平原族出身のたいへん強力な風の精霊で、その自然の力のためにときには危険にもなりますが、敵意や悪意はまったくありません。いくつかの伝統では彼女は竜巻の精霊として見なされ、また別の伝統では彼女は人間の女の子で、竜巻に吹き飛ばされた後につむじ風の女性に変身すると語られています。彼女は霊的なギフトやビジョンを人々にもたらす、誰にも止めることのできない自然の力です。

日本の文化では、風の元素は「風《ふう》」と呼ばれています。成長し拡大するものを象徴します。風は動きと呼吸のエネルギーと見なされています。広い心と気ままさ、ほかの性格的特徴として賢明、経験豊か、慈しみ、自由な精神と関わりがあります。

中国の文化や医療では、風は「フェン」と表わされます。東洋では、風にあたる言葉は多くの場合、健康と病に関連しています。古代中国医療の霊枢《れいすう》の教本では、八つの風を八つの方角と関連付けています。道徳経において中国の賢人、老子は「タオは無限に続く呼吸である。万物の母である」と述べています。

プラーナ（サンスクリット語）とビンドゥー（チベット語）という言葉は生命原理、生命の呼吸、エネルギーを表しています。

風を通してマザーアースと対話する

わたしはつねに、風のパワーに畏敬の念を抱いてきました。

20代初めだったある日、わたしはバックパックを背負って古いＣＪ－７ジープに乗り、サンルイスバレーのフラット・トップという山の近くにある巨石群に向かいました。

その年、わたしは町に住んでいた二人の少年から「巨石群の中に小さな洞窟を見つけた、中にはアメリカ先住民の象形文字がびっしりと書いてあった」と聞いていました。わたしはそれを自分の目で確かめたくて、できる限りの岩の窪みや割れ目から洞窟へつながる入口を探しましたが見つかりませんでした。それどころか、その途中にガラガラヘビの巣を二つ以上見かけたので、噛まれたりする前に探すのをやめることにしました。

洞窟探しを渋々あきらめたわたしは一番高い巨石の上に良い場所を見つけ、そこでお昼ご飯でも食べようと巨石の上に腰を下ろしました。するとそのとき、風が吹きはじめたのです。

はじめはひんやりとした安定した冷風で、わたしもよく知っている、その季節らしい風でした。

ところがしばらくすると、その風が強く吹きだしました。ジャケットのフードもかぶっていられない勢いで、ご飯を食べ終えるどころではありません。

そしてとうとうわたしは風に持ち上げられてしまったのです。これは危ない、とそこを離れようと立ち上がったときに巨大な一陣の風が吹き、立っていたところから2メートルほど離れたところへ投げ飛ばされました。

わたしは起き上がって一人笑いし、風に向かってからだを押しつけて立ち上がろうとしました。気分は爽快で、わたしはなんとなく、その巨石の端までもうすこし上がってみようと思いました。

このときわたしは「マザー」と対話をしたのをはっきりと覚えています。「マザーを信頼しています」と伝え、全身をあずけて目を閉じました。究極の風速のために目から涙があふれ、わたしの足元はつま先だけがかろうじて岩に触れています。岸壁の縁で宙に浮いたような状態でした。

どれくらいわたしはそこにいたでしょう。ただ驚異の風のパワーがわたしを安全に支えていてくれたことは、けっして忘れません。賢い行為とは言えませんが、それは完全に霊的な経験で、信じがたいほどのスリルでした。思い返すとあの少年たちはわたしをからかっただけなのか、それとも本当に象形文字が描かれた洞窟を見つけたのか、いまだにわかりません。

きっとあなたにも風にまつわる何らかの思い出があるでしょう。岸壁に吊るされるとまではいかなくとも、葉が風に吹かれる様子を見たり、水上をゆっくり走る帆船に乗ったり。

風の元素はパワフルな創造者として尊敬され、敬愛を受けるべき存在です。

風の元素　言葉と対話――話すこと

なぜわたしたちの惑星は風を必要としているかがわかり、風の元素がわたしたちの住む世界にどのように影響しているかを知れば、自分にこう問いただされねばなりません。

「わたしたち人間にとって、風は何を象徴するのだろう？」

風の元素は「話す」という形でわたしたち一人ひとりを象徴します。この惑星には何百万もの生命の種がいますが、話すというギフトを与えられているのはわたしたち人間だけです。

わたしたちの発する言葉はパワフルで、風の元素のようにわたしたちや人々に大規模な破壊をもたらすことも、それを使って何かを創造することもできます。わたしたちは話を使って互いの自己価値や自尊心を腐食させることもできれば、愛と慈しみ、受容、喜び、知識の種を拡散することもできます。あなたには自由意志があり、言葉を用いてけなし、怒らせ、屈辱を与え、打ちのめすことも、また自分たちや仲間の兄弟姉妹のために善の意識やポジティブで気分を高揚させる意識を創造し、肥やし、青々と茂る緑のようにふたたび育てることも選択できます。

わたしの講演やワークショップに参加したことがある人は、わたしが何度もこう言うのを聞かれたことでしょう。

「あなたの言葉が、あなたの生きている世界を作っています。それはあなたが選択した世界なのです」

このシンプルな例として、道を歩いていて出会った一人目の人に、あなたは何かぶしつけなことを言う選択をしたとします。相手はあなたに礼儀正しく優しい言葉を返すと思いますか？　それとも同じようにぶしつけなことを言うでしょうか？

確かなことは、あなたが何をどんな意図をもって言うかが、そのままあなたに返ってくるということです。自分の世界は、一つ一つの行動と、自分で選んだ言葉を話すことによって自分で作っています。大概の場合、わたしたちは自分の言葉に気づいてもいません。実際に自分が作り上げているのに意識にないのです。わたしたちは自分が愛の意識を育てているのか、エゴの意識を育てているのかもわからずに、ただ日常を生きています。

自分が1日に発する言葉と思いに気づくレッスン

しばらく前のことですが、わたしは、自分が1日のあいだに何度ポジティブもしくはネガティブな言葉や感情を発しているかを確かめることにしました。

正直なところ、1日が終わる頃にはその結果に本当にショックを受けました。

朝目覚ましが鳴り、その1日のわたしの「ポジティブかどうかテスト」は、無残な敗退からはじまりました。

鼓膜を突き刺すような目覚まし時計の音を聞いて発したわたしの第一声は、とてもポジティブなものではありませんでした。目覚まし時計への反応が言葉になっていたのかは、わかりません。

うめき声か、苛立ちの呟《つぶや》きだったかもしれません。とにかく、ポジティブな言葉でも愛と光の表現でもありませんでした。

そのようなわけで、その日「ポジティブかどうかテスト」の1点目は、ネガティブ側に入りました。

階段を降りて行くと、いつも通り、興奮したラブラドールが尻尾を振りながら外に連れ出してもらうのを待っていました。わたしは彼を押しのけて通り過ぎ、なおも目を覚まそうとして耳をこすりながら靴と靴下を探すと、靴下は片方しかありません。靴下を食べてしまうことで有名なわたしの犬は罪悪感いっぱいの表情で裏口の際に座ったまま、目を合わせようともしません。

靴下を片方だけとレインブーツを履き、台所を通って彼を外に出してやると、今度は部屋が散らかっていることに気づきます。わたしの息子は全部のお鍋とナイフとフォークと冷蔵庫の中の材料を片端から使って学校のお弁当を作り、出て行ったのです。シンクには洗い物、そして外にはもう何週間も放置された芝生が刈ってもらうのを待っています。床は、モップをかけなければなりません。1時間後には家にクライアントが来るというのに、わたしは片方の靴下しか穿いていない状態です！

その朝は、ネガティブな表現がポジティブを上回っていたとだけ言っておきましょう。わたしは「ポジティブかどうかテスト」に落ちました。

誰にでもこんな日があると思います。実際のところ、ほとんどがこのような日だろうと思います。ですが大事なのは、ネガティブな自分をキャッチしてポジティブに変えることです。

その夜、わたしはベッドに横たわり、この課題に豪快に失敗したことについて思いを馳せました。そして、自分の状況をどのようにとらえるかは本当に、わたし自身の選択であると気づいたのです。

翌朝、目覚まし時計が鳴りました。いえいえ、平和とワクワクに包まれるような感覚はありませんでした。でもその自分をキャッチし、ネガティブをポジティブに変えたのです。すこしあいだをとって、この美しい惑星で新たな1日を与えられたことに感謝しました。起き上がり、階段を降りてわたしの美しい犬の頭をポンポンとたたき、毎日愛し、愛を返してくれる動物と生活をともにできるなんてなんとすばらしいことだろうと思いました。台所に入って行き、無惨な状態を見ても微笑むしかありませんでした。確かに散らかっています、でもわたしが散らかしたのです。

安全な居場所、美しい家があるのは恵まれているからです。台所があり、冷蔵庫にはたくさんの食糧が入っていて家族に食べ物を与えることができます。親切な小さな町に、緑の庭付きのすばらしい家がわたしにはあるのです。確かに芝生は刈らなければいけませんが、すぐに刈る必要はありません。すべきことすべてについて心配事や不平を言って時間を過ごすこともできれば、自分ができるすべてのことに感謝するという選択もあります。

わたしは自分に課したこのちょっとしたテストの結果に驚きました。自分ではいつもポジティブで思考も言葉もポジティブだと思っていましたが、現実はどうなのか注意を払ってみて驚きました。

おそらく多くの人がこのような感じなのでしょう。わたしたちは、立ち止まって自分の発言や言葉遣いについて考えたりしません。ただの自動運転の操縦士なのです。

言葉はわたしたちの日常生活において、壮大なパワーを持っています。言葉は自分の体験を互いに表現し、伝え合う可能性を与えてくれます。わたしたちの大半は自動的に、もしくは継続的に使う言葉を選んでいることに気づきもせず、また、それがわたしたちの経験に影響していることもわかっていません。

習慣的に使う言葉を自分でコントロールすれば、生活を「ほぼ自動的にネガティブに表現する」ところから「ポジティブな表現」へ変えてゆくことができます。いま、ここに気づかねばなりません。あなたの言葉にはパワーがあり、あなたが経験する生活を創造していることを理解すれば、あなたは即座に人生の考え方、感じ方、生き方を変えることができます。

ですから、どうぞ日を選んであなたも「ポジティブかどうかテスト」を行い、あなたの思考や言葉を評価してください。それらはネガティブでしょうか、ポジティブでしょうか？　あなたの言葉や思考は、あなた自身や周りの人たちにどう影響していますか？

創造　言葉のパワフルさに気づくレッスン

わたしたちは、自分の言葉がどれほどパワフルであるか気づかずに過ごしています。特に、子どもたちに対してそうです。子どもたちは小さなスポンジのようなもので、誰かが発した言葉や感情を受け取り、それを握り続けます。

わたしたちはみな、ある程度までは周りの大人や彼らの意見、行動、教育、世界観、経済、人種、文化によって形作られています。わたしたちは両親や家族、教師や友人たちの概念を自分の中に取り込み、それを元に自分像と、こうなりたいと思う人物像を描いています。

わたしたちはみな、ある時点で教育システムに入れられ、賢い子か頭の悪い子か、可愛い子かみにくい子か、良い子か悪い子かのどちらかだと思い込むように教え込まれます。わたしたちは生涯を通して、自分のことをこのように考えながら生きてきたのです。人にそう言われたから。それだけなのです。

この思考から目を覚まさなければ、わたしたちは「他人の発言が決める人生」を生きてゆくことになります。大人であるわたしたちでさえ、誰かに称賛されれば自分は良い人間なのだと考えがちです。

わたしたちはこうしている自分に気づきもせず、他人から見た自分が本当の自分だと自分に言い聞かせながら生きています。わたしたちは人から「あなたは偉大だ」と言われるから偉大なのではありません。他人が言う意見は、あなた自身ではないのです。なのに他人の意見をもって自分を定義している人はどれほどいるでしょう? わたしたちの言葉は多大な危害を加えることも、多大な善を奏することもできます。わたしたちの言葉がきわめてパワフルであることを、覚えておかねばなりません!

歴史を振り返れば、ネルソン・マンデラ、シヴァージー・ボーンスレー※、マーティン・ルーサー・キング・ジュニア、ハリエット・ビーチャー・ストウといった人たちは、民衆が威厳と自尊心を取り戻すために言葉のパワーを活用していたことがわかります。真に何かを信じ、情熱の種を広く蒔くために、彼らは自らの風を用いて大勢の人の人生を変えたのです。

悲しいことですが、言葉を使って民衆に非常に恐ろしい影響を与えている人たちの名前のほうがいくつでも挙げられます。わたしたちが学ぶ歴史の教科書や映画には戦争や悪徳リーダー、侵攻、ホロコースト、魔女狩り、十字軍、イスラム教の征服、モンゴル侵攻、オスマン戦争などの話があふれかえっています。このような例は、まだまだあります。民衆に憎悪を植え付けて説得し、別の人々に戦争を仕掛けるために言葉を使った恐ろしい独裁者の名前は誰でもすぐに三つも四つも言えます。わたしにとって何より悲しいのは、それがたいてい「神」の名の元に行われていることです。この惑星で行われた戦争（政治的戦争であれ、お金、経済、宗教戦争であれ）はどれもすべて、言葉を通して大勢の人々に強力な信念と感情を植えつける能力があったからこそ、はじまっています。

わたしたちの言葉は創造にも破壊にも用いることができます。言論のパワーは、人間として与えられたギフトの中でも偉大なギフトの一つです。この偉大なギフトを使ってわたしたちは自分の感情や洞察、直感を表現できるだけではなく、自分や人を癒すための表現もできます。

たいていの人は日本のすばらしい著述家かつ研究者で科学者の江本勝博士のことを聞いたことがあるでしょう。江本氏は、水を介して祈りと感情と言葉のパワーについて人々の理解を深めるために一生を捧げました。彼の研究を通して、わたしたちは「言葉の力」が凍った水の粒子内の微小結晶にどう影響するかを見ることができます。この研究については、水の元素の章でさらに詳しく述べます。

※シヴァージー・ボーンスレー（1627－1680　マラーター王国の創始者で初代君主）

マーティン・ルーサー・キング・ジュニア（1929－1968　キング牧師として知られたアフリカ系アメリカ人。公民権運動の指導者）

ハリエット・ビーチャー・ストウ（1811－1896　作家。アメリカの奴隷制廃止に尽力）

自分の声と言葉で話すレッスン

わたしたちの言葉のパワーは、ＥＦＴ（感情解放テクニック）でも見ることができます。これは、ポジティブな言葉を言いながら一定の経穴をタッピングするテクニックです。「心理学的指圧」とも言われています。このテクニックは、エネルギー系統内の一定のブロックを解放します。

ほかにも音楽や瞑想、トーニング、歌、催眠術など声を使って癒し、鎮め、活力を与えて気分を高揚させ、意欲を高める方法はたくさんあります。**言葉のパワーを使ってわたしたちを癒す方法は、無限にあるのです。**

わたしはあらゆる個人ヒーリング・セッションを行ってきました。人の人生におけるブロックの90％以上は、喉のチャクラのブロックに関係しています。

わたしたちは全体的に、自分を表現するときに問題を抱えています。わたしたちは、自分の感情を表現しても良いとは思っていません。これは、様々な精神的・感情的な病、場合によってはからだの病気につながる可能性があります。わたしが見てきた中で最大の問題は、わたしたちは本当の望みや情熱、自分に対する信頼を表現してはいけないと思っていることです。

わたしたちは、一定の形に沿っていないことは表現してはいけない、もしくは多くの場合、ただ黙っておくように教わってきています。

歴史上一貫して女性の声は軽んじられ、無視され退けられるか、沈黙を強いられてきました。一方、男性はつねに強く、率直で厳しく、パワフルに自己主張することを求められてきました。男性は優しく穏やかに、無防備になることを許されませんでした。弱く見えるからです。

こういった古い世界の傾向を手放し、真の情熱をもって真の意図を話してゆかねばなりません。たとえば、ある女性が身に着けているものを褒められたとします。たいていの場合、その女性が褒めてくれた相手にまず言うのは、その褒め言葉を否定する言葉です。「あら、これ古いのよ」「そんなことないわ、どうかしら。太って見えない？」もしくは考えもせずに、自動的に褒め返したりします。「あら、あなたもよ。あなたのシャツとてもいいわね」

実のところ、本当にそう思っていないなら、もしくは心の底からそう思っていないなら、このやり取りの何もかもが無意味です。

アメリカでは挨拶といえば「ハイ、元気？」、そして答えは「元気よ、あなたは元気？」です。どちらも真意ではなく、あるいは答えを本当に知ろうとはしていません。わたしはオランダに住むまで、気づかずにこれをやっていました。

オランダでこのように人に挨拶すると、実際にその日の大変そうな状況を聞くことになります。イギリスにいた頃はよく「あなたは大丈夫？」とたずねられましたが、それはわたしの具合が悪そうに見えているわけではなく、単にこれが彼らの挨拶（だと良いのですが）だとは、しばらくわかりませんでした。

つまり、わたしたちはみなこのように無意識に言ったり答えたりしていて、本当に純粋な関心事や感覚を伝えることは実際にはほとんどないのです。

あなたの声を探すレッスン　情熱を燃やすのはあなたの「音」

ほとんどの人は、自分の本当の声がどのように聞こえるかすら知りません。これは歌を歌っているときや、カメラの前で話しているときの自分の声のことではありません。あなたの本当の、生の感情的な声のことです。

あなたは叫ぶことを自分に許したことがありますか？　声の限り叫んだことはありますか？

あなたの本当の生の感情の音を出したことはありますか？

喉のチャクラのバランスがかなり崩れているケースは二種類あります。

まず、自分の声と、自分の望みとエゴのことばかりを考えていて、誰かれ構わず周りの人に自分の意見を無理強いし、自分が正しいと強要する人。誰でもそのような人は知り合いにいますね。

どこに行ってもその場で一番主張の強い人、ほかの人たちが同意するまで話し続ける人、あるいは無視されたり同意が得られなかったら大声を立てて騒ぐ人です。

もう一つは、傍観し、どんどん静かになってゆく人です。たとえ正しいことであっても、立ち上がって自分の本音を話すことを過剰に恐れている人です。この人たちは本当の気持を表すことを恐れるあまり、自分の苦しみや感情を飲み込むのですが、これが原因で後に精神的・感情的・肉体的問題を生じる可能性があります。

自分の声を聞いて欲しい、わたしを見て欲しいという欲求が非常に強い人には、シンプルにこう言います。「あなたの声は大事ですが、あなたのエゴは大事ではないのです」。自分の声を見つけられない人には、「もうそろそろ自分の声を見つけなければいけませんね」と言います。

あなたの本当の音、生の声を見つけるための大切な練習があります。それは叫ぶことです（それなりの時間と場所を選ぶように）。

●やってみましょう――あなたの声と音を見つける

あなたの「風」の第一の課題は、あなたの声を探すことです。

どこか野外で、あなたが好きなだけ大声を出せる場所を探してください。もしくは家の中で、防音用に枕を用意してもいいでしょう。

場所を選んだら、何よりもまず、あなたの声は大切であり黙っている必要はないということ、あなたにはこうする権利があるということを理解してください。

あなたのパワー、あなたの火、あなたの中の情熱を認めてください。外に出すべきあなたの火の元素、それが痛み、罪悪感、怒り、あるいはエンパワーメント、喜び、至福、愛、何であれ構いません。それをあなたの中に見つけてください。出てきたがっているものが何であれ、その感情をできる限り感じてほしいのです。

その感情に飲み込まれるまで、いっぱいに感じてください。できるだけリアルに、パワフルに満たしてください。この火の感覚があなたの中で高まってゆき、激しく爆発する火山のように猛烈な熱を持ったら、口を開けて、あなたのパワフルな生の声として放ちます。

これは言葉でも、表現でも、歌でもメロディでもなく、音でなければなりません。あなたの本当の音です！

あなたの火、情熱、感情が吐き出されるまで続けてください。本当に解放するとあなたの喉のチャクラが開きはじめるので、それが起こるがままに任せてください。あなたの声に風のパワーを与えるのです！

あなたがたとえ世界一情熱的な人だとしても、あなたの声がなくては人生に情熱をもたらすことはできません。空気がなくては火が燃えないのと同じことです。火の熱の温度をどんどん上げてゆくための唯一の方法は、酸素を与えることです。火を燃え尽きさせる唯一の方法は、空気を与えないことです。

あなたは自分が情熱的になれることに声を与えていますか？　あなたは夢、希望、信念、目的の種を広く蒔いていますか？　それとも、あなたの中で火が燃え尽きてゆくのをただ放置しているのでしょうか？

あなたは言葉を使って自分のために世界をネガティブにすることも、ポジティブにすることもできるということを思い出してください。

わたしたちが子どもだった頃は、ほかの人たちから「あなたはこういう人間だ」と言われ、それを自己イメージとしてスポンジのように吸収し信じ込まされていましたが、大人になったいま、わたしたちには自分で選ぶ力があります。

わたしたちは、あなたはこうあるべきだと周りから伝えられる自分像を受け入れることもできますし、「違う、わたしはこれを自分として受け入れません」と言うこともできます。突き詰めてゆくと、「こうありたい自分」になるかどうか、その選択肢はあなたにあるのです。

あなたがどう自分を表現するか、何を創造したいか、あなたには選択することができます。

片方の靴下だけを穿いて散らかった台所に立ち、文句ばかり言っている女の子にもなれるし、片方の靴下だけを穿いて散らかった台所にいながら、自分の人生の何もかもを愛する女の子にもなれるのです。すべてはあなた次第なのです。

あなたの神聖サークル、メディスン・ホイールを作る——風のエレメント、南、黄

◎風のエレメント／南／黄

地、火の元素に続いて、風の元素の方角を聖地にする設定を行います。

風の元素の方角は南。色は黄です。

◎準備

では、もう一度、東西南北と四元素を象徴するあなたの神聖サークル、あるいはメディスン・ホイールのところへ行きましょう。

はじめる前に、地・火の元素で行ったのと同じ手順で準備をはじめます。

「地球を呼吸する瞑想（96ページ）」を行い、チャクラのバランスを整えます。すこし時間をとって、あなたの全感覚と、この美しい惑星であなたを取り囲んでいる生命に目覚めましょう。

続いて「五感を使った祈り（104ページ）」

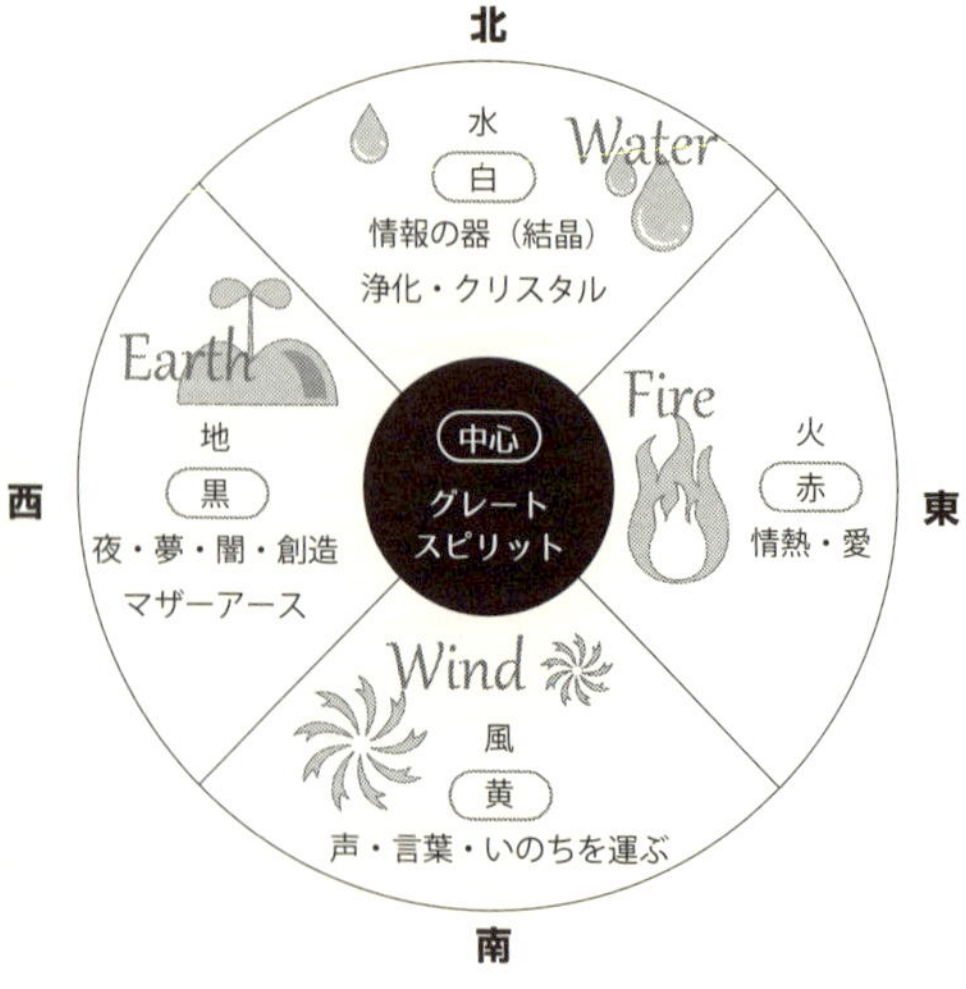

を行います。目を閉じてゆっくりと身の周りのすべてに耳を傾けます。あなたのからだの表面で元素を感じ、空気や草を味わい、地球を吸い込み、匂いを嗅ぎます。そして目を開き、あなたを取り囲んでいる壮大な自然を見ましょう。

同様に「感謝の祈り（107ページ）」を行います。この生命の大いなる神秘を感じ、この美しい惑星にいられるという恵み、ここで旅を歩み進められる恩恵を感じてください。

◎風のエレメントへの祈り

マザーとつながった状態で、あなたのメディスン・ホイールの上で南の方角に向かって素足で立ちます。すると、あなたのエネルギーが高まりはじめます。

この時点で、風の元素を象徴する南の方角と黄色に、感謝と崇敬を向けてゆきます。ここでセージかタバコに火を点け、南へ、南のすべての長老たち、グランドマザー・グランドファーザーたち、伝えられてきたすべての古代の叡智と先住民の人々の叡智に捧げます。

温かく吹く風を称えましょう。風はありとあらゆる植物、わたしたちの果物や野菜を運んできてくれます。わたしたちの種や花粉をある場所から別の場所へと運んでくれる風を称えましょう。

あなた自身の声と、その声に備わるパワーに感謝してください。南の方角に向かってハートから歌を歌うか、トーニング（肉体、精神等の調子を声を使って整えること）、チャンティング（マントラ等を詠唱すること）し、風にあなたの祈りを運ばせてください。あなたの希望と喜びを祈り、あなたの苦しみに声を与えてチャンティングをしましょう。風がそれを天へ、地へ、そして天と地のあいだにあるすべてのものへと運んでゆきます。

あなたの祈りと表現を声に出してください。セージとタバコは、あなたの情熱を風に乗せて大気へともたらします。

◎完了の儀式

お祈りが済んだら、メディスン・ホイール上、あなたの足元にあなたが選んだ石を置き、南の方角、黄色の風の元素を称えます。そしてお祈りの締めくくりとしてあなたの祈りと風を込めてタバコの煙を石に向かって吹きます。

言葉がパワフルであることを思い出し、入念に言葉を選んでください。言葉には創造するパワーも破壊するパワーも備わっています。

悲観主義者は風に不平を言い、
楽観主義者は風の変化を期待する。
現実主義者は帆を合わせる。
——ウィリアム・アーサー・ウォード

水の元素　The Element Water

水──世界で最も重要な資源　いまある水がすべて

水は、まぎれもなく世界で最も重要な資源であり、わたしたちの故郷は豊かな水分に恵まれています。わたしたちがよく美しいマザーアースを「青い惑星」と呼ぶのは、マザーアースの表面の71％が水に覆われ、地球上のすべての水のうち97％は海の水だからでしょう。

海はこの惑星最大の生態系で、地球最大の生命維持複合ネットワークです。世界中の海にはおよそ100万もの種が住み、人類が摂取するタンパク質の6分の1を供給しています。

海は、あらゆる病気に対応する新薬の鍵を握っています。海は大気から二酸化炭素を吸収し、わたしたちの惑星の気温を調節し、気候パターンを作り出します。わたしたちの吸う酸素の大半は、海にいる植物性プランクトンという微小な有機体のおかげで生成されています。わたしたちの海は、人類の生存になくてはならないものなのです。

それを念頭に置くと、わたしたちは月面については理解しているのに海についてはまだまだ謎が多いのですから信じ難いことです。わたしたちには把握できないことがあまりにも多く、発見されていない種がまだまだたくさん存在しています。多様性に富む貴重なわたしたちの海にはまだまだこれから発見してゆくものがあると思うと、ワクワクします。

水は、けっしてひとところに留まりません。水の循環のおかげで、わたしたちの惑星の水分供給はつねにひとところから別のところへ、ある形態から別の形態へと移動しています。

大気中の水蒸気、湖や川の水、氷床や氷山、地中の帯水層など、わたしたちの新鮮な水分供給はつねに動いています。水の旅は山頂にはじまり、雪が溶けて小さな流れとなって降りてゆき、つつましく流れる小川は力を蓄えてゆき、急流を成し、やがて壮大な川となります。

水の栄養分は薄くなりますが、酸素は高濃度になります。この清浄で最も大切な資源は、マザーアースからの純粋なギフトです。

この惑星上の生命の大半は、水がなくては生きることができません。地球の水はつねに循環し続けています。雪が溶けて川となり、川はわたしたちの作物に水を与えます。雨水は河川に戻るか、もしくは最終的に蒸発して大気中の水蒸気へと戻ります。そこで再循環して雨となり、また降ってくるのです。

現在のマザーアース上の水は、恐竜時代にあった水と同じものであることはあまり多くの人に知られていません。わたしたちの水は、惑星から離れることはありません。水は、シンプルに自らを再利用しているのです。ですからわたしたちの水を清浄に、汚染されないように維持することがとても大切です。わたしたちにとっては、いまある水がすべてなのです！

わたしたちの惑星の水の目的と重要性を考えれば、それがすべての生命の命にとって必要不可欠であることはすぐにわかります。ところが、水の元素がわたしたち人間の中で何を象徴しているかはなかなか理解されていません。これは単にわたしたちのからだの70％が水分でできているという話ではありません。わたしはもっと霊的な知識レベルの答えを求めているのです。

水の元素を考えていくにあたり、まずは地球上の水の現状について知っていきましょう。

人が一人生きるために必要な水の量とは？

水がなくては、人間のからだは機能できません。わたしたちが生きるために絶対に不可欠です。水はわたしたちの体温を調節し、目や口、鼻を潤し、関節を潤滑にし、臓器・組織を保護し、排泄物を流し出します。ミネラルや栄養素の分解を促し、体内に取り込んで細胞に酸素を供給しやすい状態にします。

あなたの脳の80％は水分でできていると知っていましたか？　わたしたちのからだは、とにかく水がなくては生きていられないのです。わたしたちは食物がなくとも平均1ヶ月は生きていられますが、水を飲まなければたった5〜7日間しか生きられません。

生存のために水が必要であることは、たいていの人が知っています。ですが、あなたが日々どれだけの水を使っているかはご存知ではないでしょう。「あなたは毎日、どれだけの量の水を使いますか？」とたずねられると、飲む水の量やシャワーを浴びている時間を思い返しますが、現実には、わたしたちは思っているよりもはるかに大量の水を使っています。

その日食べた食事、その日使った交通手段、その日行った掃除などを考えてみれば、実際どれほどの水を使っているかが見えてくるはずです。調査によると、四人家族の一回分の食物を育てるために必要な水は平均2万5741リットルだそうです。一度の食事をまかなう食物を育てるだけで2万5741リットルです！　これには食物を洗う水や、食べた後お皿を洗うための水は含まれていません。

たとえばビール1パイント（訳註：568ミリリットル）分を作るために水を75リットル使うことは知っていましたか？　牛肉1パウンド（訳註：約453・6グラム）を生産するために9464リットルの水を使うことは知っていましたか？　あるいは卵を1パウンド作るために1805リットルの水を必要としていることは？　ミルクを1ガロン（訳註：3・78リットル）作るためには3785リットルの水が必要であることは？

わたしたちが日々、こんなにも大量の水を使っていることを知ると、まず衝撃を受けます。わたしたちは、このように様々な理由から水を必要としています。

誰でも家の周りを見渡してみれば、水がどれほど大切かわかってきます。窓辺にある植木鉢だけではなく家にあるすべての天然繊維材質のもの、カーテン、ソファ、キッチン・テーブルから冷蔵庫の中にある加工品、あらゆる電気関係のエネルギー、車の燃料、あなたの着ているもの、衣類から靴底に至るまで、使われている縫い糸さえも、水があるおかげで存在しているのです！

ほとんどの人は、電気をつけるときに水を使っているとは思いません。普通の60ワット電球を12時間つけておくために水を60リットル使用していることは知っていましたか？　ヴァージニア水資源調査センターの研究者によると、わたしたちの熱電気の発電所はアメリカだけでも1日5000億リットルの新鮮な水を使っていて、これはつまり1キロワット時の電気を生み出すためにおよそ95リットルの水を使っていることになります。水が使われるのは地中から原油を汲み上げる際と、発電所の廃棄物から汚染物質を除去する際です。さらに水からタービンを回す水蒸気を生成します。これで化石燃料が燃やされた後の残骸を洗い流し、使用中は発電所を冷却します。

多くの人が、バイオ燃料のほうが良いと考えています。衝撃的なのは、一家庭の1ヶ月分の電力を生むために使う大豆原料の燃料の生産です。バイオ燃料を作る大豆作物の土壌に蒔く水として、18万リットルが消費されるのです。これは避けようがありません。

わたしたちは、日常生活で膨大な量の水を使っています。わたしたちは水が必要なのです。今後も必要です。

ですが、わたしたちの惑星には清浄で新鮮な水はそれほど大量にはありません――ですから、わたしたちの新鮮な水を称え、守り、大切にし、無駄使いをしてはいけません。

ペットボトル飲料水の悲惨な現状

わたしたちの水が大量に汚染されていることはわかっていますから、わたしたちは「これが最善策」とばかりにペットボトルに詰められた飲料水に頼っています。しかし本当にこれが最善策なのでしょうか？

なにも、清浄な水が不足している地域のことを言っているのではありません。水道水ではなく、ボトル詰めされた水を飲むのがお洒落だと考えている平均的なアメリカ人や西洋人のことです。それは正しい選択でしょうか？　どうしてそうするのでしょう？

ボトル詰めされた飲料水のほとんどが、水道水よりもゆるい規制で製造されています。世界中の味覚試験でも、ペットボトル飲料水よりも水道水が美味しいとされる傾向があります。

飲料水メーカーは消費者の需要に応えているだけだと言いますが、水道から無料で得られるものと比べてより望ましいわけでもなく、地球に優しくもありません。なのに、人は高価な製品を選びますね？

ボトル詰めされた飲料水の価格は、水道水の２０００倍です。信じられません。アメリカ人だけでも毎週5億ボトル以上の飲料水を購入しています。これだけで地球5周分のペットボトルに相当します。そしてそのボトル詰めされた飲料水の3分の1以上は、どこから来ているか知っていますか？　水道です！

もっとひどいことがあります。アメリカ人が年間に使う飲料水用ペットボトルを製造するために使用する石油の量で、１００万台以上の車を走らせることができるのです。

ペットボトルを作り、それを世界中に流通させ、わたしたち消費者に売り、わたしたちはその水をたった数分間で飲み干し、そのままゴミ箱に捨ててしまいます。この全プロセスにどれほどのエネルギーと資源を使っているか考えてみてください。

ここから話はさらにひどくなります。これら飲料水のペットボトルの80％以上は埋立地に捨てられ、そこでそのまま何千年も放置されるか、あるいは燃やされて、大気中に毒性汚染物質がふりまかれます。埋立地に行かなかったペットボトルは海洋投棄され、海でゆっくりと分解して小さな破片になります。このマイクロ・プラスチックを動物たちが摂取するのです。

ペットボトル飲料水を製造する複数の大企業（きれいな山や熱帯植物の絵をラベルに使ってい

る会社です）は実際、何十億ドルもの資産の企業でありながら、水道から得られる水よりも質の劣った製品を提供しています。わたしたちは盲目的なマーケティングの嵐や広告の催眠術から目を覚まし、実際に自分のとっている行動をよくよく見直してゆかねばなりません。

世界中で一年の間に購入されるペットボトルの代金の3分の1で、水を必要としているすべての人に清浄な水を供給できるプロジェクト資金をまかなうことができます。7億8000万人の人々が、浄水を利用できずに暮らしています。これは莫大な数です！

わたしたちが意識的に行動できるようになれば、無意識な行動を現実的に変えてゆくことができます。ペットボトルの水を買う前に、わたしたちは考えねばなりません。生物に優しい再利用可能なボトルがあるのですから、それに水道の水を入れて飲めばよいのであって、何度も何度もペットボトルの水を買う必要はないのです。

先住民の予言「清浄な水は、いずれ金よりも貴重なものとなるだろう」

水はわたしたちに食物、酸素、家、衣類、そしてわたしたちのからださえも提供してくれます。これを知った上で、わたしたちは大いなる情熱をもってわたしたちの惑星の水を称え、敬い、保護するべきです。

先住民の長老たちは何十年ものあいだ、「いずれ清浄な水は金よりも貴重なものとなるだろう」と伝えてきました。現在、わたしたちの河川は汚染が進み、悪用され、それが現実となりつつあります。

海への石油流出や日本の福島の原子力発電所（現在までに高濃度の放射性物質を含む汚染水が300トン以上太平洋に流出し、いまや世界中を流れています）のような恐ろしい大惨事に限りません。わたしたちの淡水系にも有毒性物質は流出しています。わたしたちの畜産業による水の使用が種の絶滅、水質汚染、生息地破壊の主因となっています。

工業型農業は世界の淡水補給水量の70％以上を使っています。これらの農園によって汚染された水は全生態系を破壊し、人間や植物、動物に対しても同様に有害です。大規模な畜産場には、動物の排泄物を溜める巨大な汚水槽が作られています。この汚水がしばしば近隣の河川に漏れ、河川の水は有害バクテリア、硝酸カリや危険な病原菌で汚染されます。この病原菌は病気の発生、魚の大量死、生命体の死滅地帯の原因となるものです。

この途方のない水質汚染に加え、畜産業は牧草地を作るため、もしくは家畜の餌用耕作地を作るために森林を皆伐《かいばつ》し、巨大規模にわたる生息地破壊を生じさせています。

続いて散布される除草剤や化学肥料や農薬が河川を汚染します。固有種の生息地は、途方もなく大きな規模で消え続けており、壊滅的数字に及ぶ動物たちが絶滅寸前、あるいは絶滅に追いやられています。

グリーンピース・ブラジルは現在、アマゾンの河川流域の80％以上が育牛のために乱伐（無計画に森林を伐採すること）されていることを世界社会フォーラムに報告しました。これは様々な理由で驚異的悲痛です。前代未聞の動物・植物の喪失だけではありません。先住民族の人々までもが生きる場を失っているのです。

さらに、わたしたちが破壊している森林は、わたしたちが呼吸している酸素を年間あたり20％供給し、雨として降ってくる真水も供給しています。それぞれの樹冠（木の中で日の当たる部分）は毎年、757リットルの水を放出しています。つまり熱帯雨林の土地1エーカー（約4050㎡）あたり2万ガロン（7万5708リットル）の水を大気中に生成し、雲や雨を作っていることになります。

森林が皆伐されるということは、この世界に酸素と雨を供給してくれている、わたしたちの生命を維持してくれている木々を失うということです。牛が地面を踏みつけ、植物を最後まで食べ尽くすと、その土地は乾いて脆弱になり、水分を保持することはできなくなります。さらに残された水は絶えず汚染されています。工場からの流出、畜産農場、石油流出があり、またもっと些細なこと、たとえば水が漏れている蛇口を修理しなかったり電気を長々と点けっぱなしにしたり、川に浮かぶゴミを拾わずに放置しているのが現状です。

確かなことが一つあります。それは水をおろそかにすると、かならずすべてのものが、そしてすべての人が苦しむことになるということです。

水の元素を理解する　エネルギー・物質・感情・からだ・霊性に働くクリスタルを知る

わたしたちの生活における水の元素を完全に理解するためには、クリスタル（水晶）についても理解せねばなりません。

クリスタルは魅惑的です。見るからに神秘的なマザーアースの美しい形成物で、ありとあらゆる色、形、大きさのものがあります。ここで質問です。なぜクリスタルがそれほど重要なのでしょう？

この質問を充分に理解するためには、ここ数年のあいだに起きた、新たな心躍る発見に目を向け、クリスタルにまつわるはるか太古からの古代知識にふたたび目覚める必要があります。

ニコラ・テスラ（１８５６－１９４３　クロアチア出身のアメリカの電気工学者）のおかげで、宇宙に存在するすべてのものはエネルギーのあらわれが形となったものであり、**この宇宙のすべてはクリスタルも含め、独自の波動と周波数を持っている**ことがわかっています。

さらに、一つのエネルギーの形はほかの形に影響を与えることが可能です。すべてはエネルギーです。すべてのものが振動を持ち、中にはほかのものより強いものもあります。わたしはよく「一番強いエネルギーがつねに勝つ」と言うのですが、これは宇宙の真理です。

これを知った上で、みなさんは**クリスタルをヒーリングや浄化、調整、エネルギー活性化、からだのチャクラと細胞を変えるために、使うことができます。**

わたしたちの古代先祖たちがエネルギー・感情・からだ・霊性といった目的でクリスタルを用いるために深い知識を持っていたことは、非常に貴重な証拠によって証明されています。古代エジプト人は数多くのクリスタルを使って霊的洞察、保護、からだとマインドの癒しを行っていたことがわかっています。

わたしが何よりも興味をかき立てられたのは、ピラミッドを作っている石や大半のオベリスク（記念碑）に使われているクリスタルの量です。これらは花崗岩で建てられていますが、花崗岩にはエネルギーに反応するクォーツ（石英族の鉱物）とクリスタル（水晶）が高濃度で含まれています。クォーツ（石英）には、その結晶構造によって地球の自然電気振動を利用可能エネルギーに変換させる力があります。そして大ピラミッドは、膨大な量のクォーツとクリスタルを含んでいることがわかっています。非常に興味深い調査結果ですが、**大ピラミッドは世界中にあるオベリスクとともに、エネルギーを使用するための「クリスタルの世界ネットワーク」を形成しているとのことです。**

こじつけのように聞こえるでしょうが、より最新のフリー・エネルギーの概念を深く学んでゆくと、またニコラ・テスラが登場します。彼は、クリスタルを利用したフリー・エネルギーを作るという同じ概念を用いたのです。

1899年7月、ニコラ・テスラは地球の自然の伝導力を利用し、空気を通して電気を送る方法を発見したと発表しました。この無限の電気を得るシステムで重要だったのが、クォーツとクリスタルを使うことでした。

テスラが1890年代後半にできたのなら、古代エジプト人にもできたのではないでしょうか？　わたしたちの祖先は非常に複合的で高度の知性を持った人たちだった証拠が次々と発見されています。古代サマリア人は当時「魔法の手法」と呼ばれるものでクリスタルを用いた歴史的記録を残したはじめの人々です。また古代ギリシャでは「クリスタル」という言葉は「氷」を意味し、クリアなクォーツは固体の状態を維持する凍った氷であると信じていました。

古代の中国人は鍼灸の鍼《はり》に先のとがったクリスタルを用いて鍼灸治療を行ったり、気による治療には治療用クリスタルを使っていました。ローマ、日本、マオリ、アメリカ先住民、南米、メキシコ、インドの文化でもみな、なんらかの形でクリスタルを用いてきました。

わたしたちの石やクリスタルの使用に関しては深遠な歴史があり、いずれも起源は有史以前にさかのぼります。わたしたちの祖先はクリスタルについて膨大な知識を有し、クリスタルは彼らの生存において重要な役割を果たしていたのです。

今日でもクリスタルの使用は複雑で、胸が躍ります。残念なことに現代の科学者は、科学が実際に古代文明に遅れをとっていることを認めようとはしません。それどころか科学的発見のおかげで新たな飛躍的進歩を進めてきたのだと主張しています。とはいえ、わたしたちの時代でもクリスタルの活用によって偉大な成果が出ています。わたしたちはクリスタルを時計、コンピューターのマイクロプロセッサー、携帯電話、通信回線、ＬＣＤ（液晶画面）に活用しています。

水の元素　クリスタルと水から学ぶ意図の設定と放出

クリスタルの使用は、現代技術をはるかに超越したレベルにいたります。

わたしは毎日クリスタルを使ってワークしており、クリスタルはわたしたちの身体的・精神的・霊的生活を実際に変える力があることを知っています。

クリスタルはすばらしいのです！　**手にクリスタルを持って感情と言葉を使って意図を設定すると、そのクリスタルはその意図を吸収し、維持し、パワーを与え、やがてその意図を放出します。**だからヒーラーたちは何千年ものあいだ、クリスタルを使ってきたのです。

現在では、電圧計とクリスタルをプラスとマイナスの線でつなげば電圧を測ることができます。また、クリスタルに圧縮をかけると電流が起き、クリスタルが一定の周波数で振動していると発光したり、極度の電気を発することまでわかっています。クリスタルは、自らエネルギーを生み出すのです！

クリスタルについてはまだまだ理解されていないことがたくさんあります。わたしたちはこの魔法のような石の潜在力について、まだほんのわずかしか学んでいません。しかし、クリスタルは自らエネルギーを生み出せるだけではなく、情報、エネルギー、意図を保持することができます。こういったことすべてを知ると、クリスタルにはわたしたちの人生に無限ともいえる潜在力をもたらす可能性があることが見えてきます。

クリスタルの複雑で神秘的なパワーを理解するために最もすばらしい例の一つが、わたしたちの水について学ぶということ。水とクリスタルは、永遠に結びついているからです。

水の元素は単に植物や動物の生命資源の象徴というだけではなく、情報とエネルギーを運ぶ器でもあります。

江本勝博士が行った心躍る研究により、わたしたちは、水・クリスタルと人間の感覚や意図との関係について、より深く知ることができました。江本博士による数々のすばらしい実験を通して、水の分子はわたしたちの思考、言葉、感覚の影響を受けるということが確認されたのです。江本博士の研究によると、水はポジティブな思考と言葉に反応します。ポジティブな話や思考にさらされた水を凍らせると、美しく完璧な結晶が形成されます。ネガティブな意図にさらされた氷は、結晶形成が定まりません。江本博士の偉大な業績は、前進し続ける人類にとって、複雑で驚異的な水のすばらしい力を理解するための証となっています。

わたしたちの内なる水の元素は、生きている惑星にとっての海のように重要です。水の粒子一つ一つは、それがどれほど小さくても結晶構造を備えています。どんな水の一滴にも吸収し、収め、活性化し、わたしたちの感情・思考・感覚を外へ押し出す能力が備わっています。なぜなら、とても小さな結晶構造があるからです！

人類意識が水の粒子に影響を与えることがわかれば、わたしたちはこのわたしたちの惑星を癒してゆくことができるのです！　環境に対し、また人間同士について正しい意図を設定してゆくことができます。

わたしたちが一人ひとり、またすべての出来事に与えられる効果を想像してみてください。言葉と思考が水の結晶に与える効果と同じです。わたしたちが消費するすべての食物、呼吸する空気、わたしたちが飲む水、出会う人々の中には水の元素があります。わたしたちが食べているものには、それが果物であれ野菜や動物性食品であれ、水が含まれていて、水があるところにはクリスタルがあるのです！

自分のクリスタル、自分の水に、何を染み込ませていますか？

クリスタルがわたしたちの意図、感情、言葉を吸収するとなれば、ここで立ち止まってこう自分に問いかけねばなりません。

「わたしは自分のことをどのように言い、考えてきただろう？」

マザーアースの表面の70％が水分であるように、わたしたちの70％は水でできています。わたしたちの思考と感情がその水分に影響を与えているとなれば、思考や言葉に気をつけねばなりません。わたしたちは自分について、ポジティブな思考よりもネガティブな思考を多く向けていると言っても考え過ぎではないと思います。

わたしたちは、偉大なる霊《グレート・スピリット》と母なる地球《マザーアース》の完璧な壮麗なる創造物として自分がすばらしい存在であるとは考えず、自分の気に入らないところに意識を向けるというひどい習慣があります。わたしたちのエゴと、他人にどう思われるだろうかという不安（これもエゴですが）のせいで、わたしたちは自分を本当に愛し大切にすることもできず、自分が実に完璧な存在であることを思い出せずにいます。

自分のことをネガティブに考え、自分の変えたい部分だけに目を向けているとき、あなたは自分のクリスタル、自分の水に、何を染み込ませていると思いますか？

世界は、美なるもののイメージに動かされています。わたしたちを美しく見せるもの、わたしたちを重要な存在にさせる肩書を所有することで、他人にすばらしいと思われる自分を叶えようとします。わたしたちは、本当の美しさとは何であるかがわからなくなっています。自分のおかしいところや人生に欠けているものに注意を向けるように社会に教え込まれ、そんな社会で育ちながら、なぜわたしたちはいつも病気になるのかと不思議に思っています。自分に対する思い込みや自分についての思考、自分を表現するために選んでいる言葉、これらはすべてわたしたちの中のクリスタルに染み込んでいます。こうしてわたしたちは自分を病気にしているのです！

巨大畜産企業、石油燃料の放出、有毒物質の流出。汚染された水がわたしたちの惑星にどのような影響を与えるかは、一目瞭然です。では、わたしたちの中の不健康な水はどうでしょう？

人間であるわたしたちは、四大元素から切っても切り離せない存在です。マザーアースに当て当てはまることは、わたしたちにも当てはまります。マザーアースの水質汚染がわたしたちの惑星に危害を与えるように、ネガティブな感情や信念、思考でわたしたちのクリスタルを汚染すれば、わたしたちは危害を受けます。わたしたちの両親や先生たち、友人、家族たちに言われたネガティブなことをすべて信じるという選択もできます。そうやってわたしたちの血管の隅々まで汚染させ、これが自分だと決めつけることもできます。他人の思考や言葉で自尊心を毒して最高の自分になる潜在力を蝕《むしば》むこともできれば、わたしたちのクリスタルを浄化し、クリアにしてもっと良いものを染み込ませることもできます。

子どもの頃、わたしたちは大人に「あなたはこうだ」と言われたことを吸収し、それに従って自分を形作っていましたが、大人になったいまは自分で選ぶことができます。

いまこの瞬間、自分で信じたいように自分のことを信じる選択ができるのです。

あなたは誰ですか？　あなたが大好きなものは何ですか？　あなたの情熱は何でしょうか？　あなたはなぜ、自分をこの美しい惑星に送り込んだのですか？　あなたは何に笑い、微笑み、感じ、愛を感じ、感謝をしますか？

これが本当のあなたです！　あなたは他人の意見ではありません！　これを覚えておき、毎日自分で思い返してください。人の言葉や行動に屈しないで、あなたでいてください。本当のあなた自身をあなたの中に、あなたのクリスタルの中に染み込ませ、誇りを持ってください。堂々と本当のあなたを愛してください。本当のあなたを信用し、称え、敬ってください！

自分の水の中、クリスタルの中に過去の傷や言葉を引きずったまま、それらに振り回されて生きている人が大勢います。その過去のパターンや思考に支配される生き方が嫌なら、支配されない生き方をしてください！　やめるのです！　ただ、やめるのです！

クリスタルのすばらしいところは、クリアに浄化し直して、別の意図を設定することができることです。これはクリスタルの最たる神秘の一面です。リセットできるのです。これは、わたしたちがずっと引きずってきた古い傷にとっては真のギフトです。あなたは手放すことができます。自分で抱えてきた重いネガティブな思考を放して、前に進んでゆけるのです。

●やってみましょう――あなたの好きなところリスト、嫌いなところリストを作る

実際にここで本を置いて、やってみてください。
ここから先を読む前に紙とペンを用意します。
まず一つめのリストとして、これまでの話を踏まえて、あなたの嫌いなところをすべて書き出してください。すこし時間をかけて必要なだけ、いくらでも、です。

リストを書き終えたら、著者であるわたしからの質問です。「自分の嫌いなところを挙げるのは、大変でしたか？」そうでもなかったのではないでしょうか？　いくつかは簡単に出てきたことでしょう。たくさん挙げる人も大勢います。

では次に、もう一つリストを書いていただきます。自分の大好きなところ、自分を称賛していること、すばらしいと思うところのリストです。さあ、書きましょう。

さっきよりも難しかったでしょうか？　はじめのリストよりも数は少ないでしょうか？　自分

の大好きなところを思いつくほうが、時間がかかりましたか？　そうだとしても自分を責めないで。ほとんどの人が同じ問題を抱えています。**これは世界共通の問題なのです。**

わたしたちは何につけ、自分に欠けているものに目を向けるように言われてきました。そして気分が楽になるように、物を買わされているのです。

わたしたちは人に愛され、受け入れてもらえる価値のある人間になるためには社会の規定に沿って美しくなるべき、もしくは特別な地位を得るべきで、そのためにはもっと努力しなければならないと刷り込まれています。こんなことはまったくばかげているとも気づかず、大勢の人がこの「おかしな既成の枠組」に収まって生きています。

そこで、まっさらな目であなたの嫌いなところを挙げた一つめのリストを見ていただきたいのです。そこから、他人の目を気にして書いたものや、他人の期待に応えようとして挙げたものは消していただきたいのです。

挙げたものの中で、社会通念が定義する美しさ、あるいは注目に値するとされる理想像を求めて書いたものは消してください。残ったものがこれから変えてゆける点、成長してゆけるポイントを明確に示しています。

自分の嫌なところというのは、誰かから吹き込まれたものや概念である場合が多くあります。

体内の水をポジティブなものに書き換えるレッスン

さて、みなさん。あなたにとっての真実は、あなたにしか決めることができません。他人からどう思われるかは、どうでもよいのです。これはあなたの人生。あなたがここに来ると決めて来たのです。あなたは美しい一人の人間です。ですからあなたの人生を大切にし、価値を持たせてください。

過去を取り戻すことはできず、ここ地球での人生はあっという間に過ぎます。こんなに美しい惑星に滞在しているというのに、あなたのクリスタルにネガティブな思考や感覚を吹き込んで人生を、健康を、喜びを、このチャンスをどうして無駄にするのですか？　わたしたちはネガティブに蝕まれないように、思考と感情の方向性を変えなければいけません。

わたしたちは、自分をネガティブなものと信じ込むためにこの惑星に生まれてきたのではありません。幼少期は体重が何キロか、ウェスト周りにどれだけ脂肪がついているかなど、気にしていませんでした。どんな服を着るか、髪がどうなっているかなど気にしませんでした。こういった思考や心配事は、社会のエゴ支配を受けてわたしたちが身に付けてきたものです。わたしたちみなで愛の意識に立ち戻るためには自分を愛し、自分を大切にしてゆくしかありません。それが唯一の方法です。わたしたちは自分を一人の人間としてありのままの姿を見つめ、自分の価値を正当に認め、自分のすべてを称えてゆかねばなりません。そして自分以外の者にならないことです。どうぞあなたの道にあらがわずに、「こう在ろう」としている自分を穏やかに受け止めてください。

あなたの道を行くための最善の方法は、まずわたしたちの中の水の結晶質によどむ残骸や汚染を浄化し、きれいにしてゆくことです。意図を持てば、それは可能です。**クリスタルを手に持って望みの思考と感情を込めることができるのと同じように、わたしたちは体内の水の中にポジティブな意図を込めることができます。**感謝の気持と愛とポジティブなエネルギーを使い、子どもの頃から体内に溜めてきたネガティブなものを書き換えたり上書きすることができます。

四大元素を統合し、マザーアースに流れる一滴の水のように愛に生きる

地の元素を理解すればするほど、自分の理解も深まってゆきます。わたしたちはマザーアースから分離してはいません。わたしたちはマザーアースなのです。

わたしたちのからだはこの地球と同じ、すばらしい生態系です。わたしたちの体内にはヒト細胞1に対し10の割合で微生物がいて、互いに化学的コミュニケーションを取り合っているのですから、わたしたちは文字通り、生態系そのもの。わたしたちのからだは、ほかのあらゆる元素が住まう器です。複雑なあらゆるシステムが果てしなく協働していて、そのすべてが体内に収まっているのです。

自分というこの感覚、偉大なる自己存在《グレートアイアム》、魂、スピリットは、わたしたちの情熱、火の元素に

満ち満ちています。この情熱がわたしたちを前へと駆り立てています。自然の火は古くなり死に絶えたものを一掃し、新たな生命を生み出します。同じように、わたしたちはこの火の元素によって偉業を行い、発見し、創造します。

自己への信頼はわたしたちの水、クリスタルの中にあり、それが吸収し保持して力を与え、その信念を生かしています。

わたしたちの風は、意思伝達をして人を触発する声という能力であり、物事を動かし、成長の種を植えつけます。

もしわたしたちの地球を理解し世話することができなければ、どうしてわたしたち自身を理解し、世話することができるでしょう？　またその逆も然りです。

わたしたちはけっして互いに切り離されることのない存在であり、人類はこの最も本質的で偉大な知識を取り戻さねばなりません。

先住民、長老たちの声に耳を傾け、癒しの種として生きる

わたしたちがどのように進んで行くべきかを知るためには、過去をあらゆる方面から振り返らねばなりません。**わたしたちの先住民文化は、このような神なる真理を何千年ものあいだ継承してきました。彼らに耳を傾け、その知識の力を借りるならば、わたしたちは自分たちを〝癒しの種〟として存続してゆくことができます。**

先住民の長老たちや、現代を生きながらわたしたちの尊敬を集めている人々に耳を傾けるときは心を開き、この耳で彼らの真理を聴かねばなりません。

わたしたちは無知にエゴで生きてきたために、いま重大な分岐点に立たされています。地球温暖化というこの現実、人類がここに向かわせたという事実は誰にも否定できません。わたしたちがこの地球の健康に与えてきた危害は根深く、間違いなく衝撃的規模に及んでいます。

人類は、マザーアースと、ハートと女性性と愛の意識をあまりにも著しく無視してきた結果、今日のわたしたちの状況は否定しようもなく、またこれに蓋《ふた》をすることも無視することも不可能です。

わたしたちは長老たちの言葉を聞き入れなければなりません。マザーアースとの関係を築いてゆかねばならないのです。この生命を育んでくれる地球に、そしてお互いにもう一度、わたしたちの最高の尊重と保護を向けなければなりません。貪欲に生きる時代に終止符を打つのです。

もし変化を起こしたいのであれば、自己疑心と乏しい自尊心を抱え、他人の目を気にしながら不安を抱きながら社会に適応しようと努力する時代を終わらせる必要があります。世界の変化を求めるならば、わたしたちがその変化を起こさねばならないのです。地球にネガティブな影響を与えている人間の行動の責任を取るべきです。

「宇宙人が直してくれるのだから大丈夫でしょう」

「すべては成るべくして成っているのだから、マザーアースがどうにかしてくれるはず」

人がこう言うのを、わたしは何度耳にしたことでしょう。申し訳ないですが、このような発言を聞くとわたしの火は炎上します。

すこし考えてみましょう。ある賢明な年配の女性が庭にすばらしい野菜畑を作っているとします。ハーブや薬草が植えられていて、彼女はそれで彼女自身や村の人たちを養っています。ところが、少年たちがそこに来てサッカーをし、その庭を破壊したとします。その老女はもう一度その畑を作り直し、故意に畑を破壊した少年たちに作物を与えるべきだと思いますか？　あるいは誰か別の人があらわれて、庭を取り戻してくれるだろうと期待しますか？　もちろん答えはNOです！　わたしたちはそこまで無知ではないでしょう。庭でサッカーをしてはいけないと知りながらサッカーをしたこの少年たちのように、わたしたちは地球に傷をつけています。なのに、やりたい放題にして自分の行動の責任を取らなくてもよいと思っている人が大勢いるのです。

「知れば知るほど、わたしたちには責任が伴う」という昔からの真理があります。わたしたちは、自分たちが飲む水を汚染するという愚かなことをしてはいけません。わたしたちに酸素を供給し、無数の種が住まう場所である森林を皆伐するという愚かなことをしてはいけません。魚がいなくなるまで海で漁をするなどという愚かなことをしてはいけないのです。なのに、わたしたちはやめません。この窮境《きゅうきょう》の責任はわたしたちにあります。わたしたちは後始末をしなければならないのです！

搾取ばかりして返さないのは、許されない行為です。人類として、好きなだけゴミを出してそれを埋めたり海に捨てることなど許されません。そのような生命のサークルに反する行為、自然の理のプロセスに多大な亀裂を生じさせる行為は許されないのです。

わたしたちはほかのすべての種の支配者、究極の存在であるという考え方を、責任を持ってやめなければいけません。

実際は、わたしたちだけがゴミを出す唯一の種であり、必要以上に欲し、生態系を破壊する唯一の種です。わたしたちはやめなければなりません。お金と貪欲さは損害しかもたらさないことを理解せねばならないのです。

あまりにも長いあいだエゴ支配を続けてきたため、その破壊規模は限度をはるかに超えています。方向を転換できるかどうかは、わたしたち人間次第なのです。このような状態にしたのはわたしたちであり、問題をただす責任はわたしたちにあるのです。ほかの惑星から来た宇宙人の責任ではありません！　親が子どもの宿題をやれば、子どもは責任も勉強内容も学べないのと同じように、地球外生命体がわたしたちの問題を正したら、わたしたち自身で窮境を解決する方法を学ぶことはできないのです！

わたしは何でもやりたい放題、何でも消費して好きにゴミを出し破壊しても、誰かが空からあらわれて世界を改善してくれるとは思っていません。わたしたちは責任を取らねばなりません。

これからは、昔から教えられてきた先住民文化の言葉を聞かねばなりません。

「強者の中の最強者」わたしたちがずっと待ち続けていたのは、わたしたち自身

先住民たちは、わたしたちの無知な行動の影響についてずっと警告を発しています。わたした

ちはいま、「強者の中の最強者」として行動せねばなりません。わたしたちが求めている転換を起こすために、毅然たる態度を示すべきです。わたしたちが「ずっと待ち続けていた人」となるのは、いまなのです。

ともに立ち上がり、声を一つにし、これまでのどのような声明をもしのぐ大声で言うのです。「わたしたちは互いを愛している。自分のことを愛している。この地球を、そしてすべての生きものを愛している。わたしたちは生き方を変えたいのです」と。ともに立ち上がり、「わたしはエゴよりも愛を大切にする！」と叫びましょう。兄弟姉妹のみなさん、変化を起こすときがきています。誰もわたしたちの窮境を片づけにやって来たりはしません。わたしたち自身で片づけなければならないのです。

わたしたちは強者の中でも最強の存在。わたしはそう信じています。**長老たちが言ってきたように、わたしたちがずっと待ち続けていたのは、わたしたち自身なのです。**

そのためにわたしたちは強くなり、毅然と力を合わせる時がきています。いまこそ、わたしたちの住む世界を変えるであろう『愛』から生きるのです。

わたしたち一人ひとりが大切であること、みな違った存在であり、だからこそわたしたちは偉大な存在であることを、わたしたちは理解せねばなりません。わたしたちには情熱があり、その情熱を行動に移すために使える声があり、だからこそ自分を愛せるようにならねばいけません。

マザーアースが与えてくれたこの完璧なからだと、その内に備わる水に感謝するのは、いまです。この水に、わたしたちのパワフルな信念と創造力の中核となる本質が保持されているのです。

わたしたち一人ひとりの中にある水の元素と、そのパワーを理解しなければなりません。「一人の人間として自分が信じていること、感じていることなんて、大したことはないだろう」とわたしたちは考えがちです。いいでしょうか、**水の雫もしたたり続ければ、山を侵食するのです。水は、硫酸を含めてほかのどんな液体よりも物質を溶かす力があるのです。あなた自身を信じ、あなたの守りたいものを信じることで、大きな変化を生み出すことができるのです！**

一滴の水も、集まれば建物を基盤ごと崩して流し、貨物船を岸に打ち上げ、壮大な渓谷を成している岩々を腐食させることもできます。山頂の雪解け水の一滴一滴はやがて大河を成しますが、わたしたちも同じパワーを内に秘めているのです。わたしたちはハートと故郷を癒すために一つの情熱、一つの目標、一つの大きな夢をもって力を合わせることができます。

わたしたちと地球を癒すためにクリスタルを使うとき知っておくべき四つの重要なこと

水は、この惑星とそこに住む全生命にとって一番重要な資源です。わたしたちの中にある水は、この地球上の水と同じ。汚染され、澱み、汚れる可能性もあれば、生命を活気づける完全に澄みきった水にもなり得ます。

わたしたちの水の結晶はポジティブとネガティブ、善と悪の影響を受けて変化します。水はわたしたちのエネルギー、感情、思考、言葉をネガティブでもポジティブでも保持するのです。ですから自分の体内の水分に対しても、地球上の水に対しても、極力注意しましょう。

地球の水もわたしたちの体内の水も内に結晶質構造を備えているとわかれば、わたしたちの液体クリスタルを汚染させないようにすることがいかに重要であるかがわかるでしょう。

一方、固形クリスタルは変わることのない、純粋でパワフルな生命エネルギー機器です。わたしたちのからだにも地球にも与えてきたダメージを修復するためには、クリスタルを使用することが鍵になるとわたしは考えています。

わたしたちと地球を癒すために、クリスタルをどのように使えば良いのでしょう？

実は、使い方はとてもシンプルです。

●クリスタルに語りかけるときに重要な四つのこと

1　わたしたちの宇宙のすべてはエネルギーでできているということ。生まれてから今まで抱いてきたすべての思考、感情、信念、言葉もエネルギーです。

2　最も強いエネルギーがかならず勝つということ。

3　愛が、地球上で最強の振動エネルギーであること。

4　クリスタルには、あなたがプログラミングする情報を吸収・保持してそれを増幅し、形にしてゆく力があるということ。

この四つを知っていれば、この地球をより良い世界に変えてゆく解決策はわたしたちの元にあるといえます。マザーアースは、わたしたちが自らを癒し、これまで生じてきた窮境を一掃するための答えとツールを無償でわたしたちに与えてくれていることが、ここでもまた見えてくるでしょう。

クリスタルの性質――その驚くべき奥深さ

クリスタルに関しては科学的にも、また形而上学的・スピリチュアル・哲学的にも学ぶべきことがまだまだたくさんあります。現代文化に生きるわたしたちは誰でも、自然の中や宝石店などで装飾用の美しいクリスタルを見かけたことはあるでしょう。でも、クリスタルはもっと奥深いものです。

クリスタルの形、大きさ、色は様々あり、それぞれのクリスタルが独自の専門分野におけるヒーリング能力を持っています。その一つ一つの能力を知るよりも、いまはクリスタル全般についての目的を知り、活用してゆくことが何よりも重要です。

クリスタルについて知っておくべき最も大切なこととは、クリスタルはエネルギー、周波数、振動を保持し、放つ性質があるということです。

ニコラ・テスラも「宇宙を理解する秘密」について、同じ三つのことを言っています。宇宙のものは、あなたやわたしを含めてすべて、それぞれの周波数レベルで振動するエネルギーの純粋な形態であるということに彼は気づきました。

なぜクリスタルが特別かというと、クリスタルの分子と原子はきわめて厳密な幾何学パターン構造を成しており、地球上に存在するすべての固体原子の中で最高の振動周波数を放っているからです。

わたしが**何よりすばらしいと思うのは、クリスタルを手に持つことで、クリスタルの振動周波数をわたしたちの振動周波数と交流させ、それを使うことができる**という点です。

美しいクリスタルの原子構造内に神聖幾何学パターンが備わっている上に、それがわたしたちと交流し、周波数を変化させ、わたしたちのハートの意図の現実化を助けてくれるなんて、これほどすばらしいことがあるでしょうか？

その上、クリスタル同士はつねに交流し合っているのです！　一つ一つのクリスタルは、わたしたちと同じように独自の特別な周波数を持っています。ただ一つ異なるのは、**クリスタルは永遠に、そして完全に互いと同調し合っている**という点です。

クリスタルはぶれることもなく、その純粋で不変の周波数をつねに保持し、放ち続けています。感情や思考の波を持ち、

異なるパターンを行き来するわたしたちとはそこが異なっています。

だからこそ、**クリスタルは人間に大きな影響力を持っているのです。クリスタルを手に持ったり首の周りに着けるだけで、その純粋な高振動周波数の恩恵を手に入れることができるのです。これは、マザーアースからわたしたちに与えられた最高のギフトの一つです。**

それだけではありません。クリスタルを手に持って、良い意図、アファメーション、祈りの感覚を持つと、クリスタルはそれを最高次の最も純粋なエネルギーで保持し、さらに強化させて放ちます。

わたしたちはクリスタルのようにはいきません。わたしたちには、一定して揺れのない純粋な高次周波数はありません。良い日もあれば悪い日もあり、思考や感覚、感情がネガティブなときもあればポジティブなときもあります。エネルギーの振動状態にはエゴも関わっており、つねに二元性に反応しています。ですからわたしたちがより高い周波数を維持するためには、この美しいギフトの力を借りることがとても重要なのです。

クリスタルの使用は、ニューエイジ現象ではありません。単なる概念でもなければ、スピリチュアルな人たちのあいだでもてはやされている、かっこいい流行りものでもありません。クリスタルは本当にパワフルな振動周波数マシンであり、わたしたちの肉体的・精神的・霊的エネルギーや原子エネルギーにまで影響を与える力があり、実際に影響しているのです。

あなたのクリスタルをプログラミングする方法

①設定方法

よくたずねられるのは、「どうすれば、わたしのクリスタルをプログラミングできますか？」という質問です。

まず、プログラミングを行うための決まった言葉というものはありません。あなたのクリスタルに意図を設定するのは、あなた自身の意図と感情とアファメーションであることを忘れないでください。暗記するものではないのです！　暗記したということは、誰かほかの人が作った言葉を記憶しただけで、あなたの真の感情や純粋な意図とは何の関連もありません。

あなたのクリスタルに意図を設定する際の唯一のルールは、その意図をただ考えるだけではなく、感じていなければならないということ。思考は、感情や感覚ほどのエネルギーやパワーを保持していません。

この世界で最強のエネルギーは愛であり、あなたの愛のエネルギーを最も手早く、最高次まで高めるのは感謝を感じることでしたね。

手にクリスタルを取ってプログラミングをする前にすこしのあいだ、何かあなたが感謝を感じていることを考えてください。その感覚が高まり、心の奥深くまで可能な限り広がってゆくように。その状態になれば、お祈りとアファメーションとお願いをクリスタルに設定する準備は整っています。

●やってみましょう――クリスタルにプログラミングする

両手にクリスタルを持って。エネルギーは足から取り込み、手から放出します。この状態で意図を感じていると、クリスタルはあなたがプログラミングしている内容の周波数を吸収し、含み、それを増幅させて放出しはじめます。

クリスタルのプログラミングで重要なのは、そのクリスタルにどのような意図を込めるかです。たとえばある男性がパートナーに出会いたいとします。このとき、恋人がいないからと両手にクリスタルを持った状態で孤独感や不幸感や不満感を感じてはいけません。新しいパートナーに出会えるという感謝、高揚感、愛を感じなければいけません。

マザーアースの水の癒しをクリスタルに設定する場合も同じです。クリスタルを持った状態で、あらゆる汚染や澱みや海で死んでゆく種のことを考えてはいけません。「放射能汚染の危害を受けていない、守られたハッピーな生物たちがたくさんいる健康な海」という感情に集中せねばなりません。

クリスタルには、あなたがその目で見たいと望んでいるポジティブなものを込め、ネガティブな感覚を持ったりそれを込めたりしないようにしてください。

②クリスタルはネガティブを吸収するのか？

ほかにクリスタルについてよくたずねられるのは、「もし嫌なことがあってネガティブな思考や感情になっているとき、クリスタルはそのネガティブなエネルギーを吸収してしまうのですか？」という質問です。答えはシンプル。「NO」です。

固形クリスタルは「純粋に振動する周波数、エネルギー」でしたね。そして最強のエネルギーがつねに勝ります。すべてのエネルギーは実に単純で、そういう仕組みなのです。

もしマザーアースの物質的クリスタルが最高で最も純粋なエネルギーであるなら、ネガティブなものを吸収するはずがありません。高い周波数・振動数は、かならずネガティブに打ち勝つのです。

ですから、もし嫌なことがあって落ち込んでいたり、イライラしていたり、怒っているとしたら、そんなときこそクリスタルの力が必要なのです！

たとえば日本では、愛と守護を込めたクリスタルが放射線を受けた水に与える効果についての研究がなされました。科学者チームが福島の放射性物質漏れで汚染された水を検査装置につなぎ、愛を込めたクリスタルがその水の分子に与える影響を観察しました。

すると、その水の中にクリスタルを浸してから2分以内に、放射線の値が検出不可になったの

です。検出限界値を下回ったのです！　クリスタルを浸す以外、水には何の手も加えていません。そのクリスタルは愛と感謝と海を守るエネルギーが込められたものでした。**クリスタルは、ネガティブな放射線を吸収しないどころか、消去したのです。**やはり最強のエネルギーがかならず勝つのです。

放射線は単なるエネルギーですが、愛と感謝と癒された健康な海の意図のほうがはるかに強力だったということです。わたしたちのクリスタルがネガティブな感情や思考を吸収することはあり得ません。クリスタルは、つねに最高次のエネルギーを備えているのです。

③浄化のタイミング

そして次にかならずたずねられる質問は、「クリスタルはどれくらいの頻度で浄化すればいいのですか？」というものです。

大勢の人がクリスタルをいつも浄化していますが、その必要はありません。

クリスタルをきれいに浄化すべきときは、二つだけ。

一つは、新しいクリスタルを手に入れたときです。誰かからクリスタルをもらったとき。あるいはクリスタルを買った際、そのクリスタルにすでに何か知らないものが込められているとき。その場合は、クリスタルをきれいに浄化するのが良いでしょう。あなたが設定したい意図を込められるように、浄化することをお勧めします。

そしてもう一つは、クリスタルをヒーリングに使っている場合です。この場合は、次のヒーリング・セッションに使う前に浄化すると良いでしょう。

たとえば、わたしの個人セッションに来たクライアントに特定の身体的症状があった場合、わたしは浄化したクリスタルを持ち、そのクリスタルの全エネルギーを使って「特定の症状を和らげてください」とクリスタルにお願いします。もしその人に乳ガンがあったとしたら、ガンがばらばらに崩壊し消え去るよう、全エネルギーを使って力を貸してくださいとクリスタルにお願いします。

その翌日に別の症状、たとえば偏頭痛のクライアントが来るとします。その場合、わたしなら同じクリスタルをきれいに浄化せずに使ったりはしません。まずそのクリスタルを浄化し、その後に「このクライアントの頭痛を和らげるためにすべてのエネルギーを使ってください」と意図を設定します。

秘訣は、この特定の問題・症状を助けるためにすべてのエネルギー・周波数・振動を使うようにヒーリング・クリスタルにお願いすることです。

クリスタルは、いくらでもあなたが込めたいだけの情報を取り入れ、保持することができます。クリスタルが満杯になることはけっしてありません。水晶振動子が一片あれば世界最大規模のスーパーコンピューターを動かせるのは、そのためです。その情報保存領域、エネルギー、能力は無限です。

もしクリスタルの全エネルギーをある特定の問題に使いたければ、ほかの用途に使う前にそれを浄化する必要があります。しかし、わたしたちが首飾りとして着けたりポケットに入れて持ち歩く個人的なクリスタルについては、そのクリスタルが満杯になることはありません。あなたの一生を通して、クリスタルに保持してほしい意図や祈りをどんどんお願いしても大丈夫です。

④浄化の方法

そしていつもたずねられるのは「どうやってクリスタルを浄化したら良いのですか？」という質問です。

クリスタルの浄化方法については、たくさんの考え方があります。塩水や日光を使うものから火を使うものまでありとあらゆる方法を耳にしましたが、どれも良いとは言えません。なぜなら、あなたのクリスタルが傷ついてしまうでしょうから。もし日光にさらすなら、長期間が経過すればクリスタルはきれいになってゆくのかもしれませんが、そうとも言えません。日光は、クリスタルの種類によってはその色を損じる可能性があります。クリスタルの効力を損じることはありませんが、その外観はダメージを受けるかもしれません。

これまでに聞いた浄化方法の中で、火は最悪です。間違いなくクリスタルに傷がつきますから、けっして行ってはいけません。

塩水がクリスタルを浄化することはまずありません。実際のところ、セレナイトなどクリスタルの種類によっては塩水に溶けてしまいます。クリスタルを海に放すのでもなければ、浄化の目的でクリスタルを塩水につけてはいけません。クリスタルを水につけるということは、それが真水であれ塩水であれその水側の結晶をクリスタルで清めたことにはなりますが、クリスタル自体の浄化にはなっていません。

種類を問わずすべてのクリスタルを浄化する最も効率的で一番良い方法は、月の光を使うことです。月の光は最も効果的に、そして穏やかにあなたのクリスタルをきれいに浄化してくれます。クリスタルを一晩外に置くと、クリスタルはきれいになり、浄化されます。ただし、新月で月の光が放たれていない夜を除きます。

家の中の窓台にクリスタルを置いても、同じ効果が得られます。月の光がたとえ目に見えていなくとも、クリスタルは浄化されます。雨や雪が降っていても、また曇っている夜でも大丈夫。月のエネルギーの効果が変わることはありません。

浄化のためには、意図を設定しなければなりません。

両手にクリスタルを持ち、月によって浄化されますようにとお願いします。首飾りとして身に着けて月の光の中を散歩に出かけても、クリスタルは浄化されません。**浄化すると意図することで初めて浄化されるのです。**

あなたの言葉と感情で意図を設定したクリスタルで地球に起こす癒し

「わたしたちのクリスタルをいま、マザーアースの自然の水に戻すべきです」と、わたしは伝えてきました。

マザーアースが「返して」とわがままを言っているのではありません。理由は、水のすべての粒子内には結晶構造があるからです。水が少量であろうと大量であろうと、またそれが泥たまりの水であれ雨水であれ、果物や植物の水分、あなたの唾液や海水であれ、すべての水に結晶構造があります。そして、クリスタルは互いに交信し合っているのです！

江本勝博士（わたしにとって、彼は現代で最も偉大な人物の一人です）は、わたしたちの言葉や意図がいかに水分中の結晶構造に影響するかを世間に向けて示しました。博士は、「憎しみ」「暴力、レイプ」「殺人」などのような言葉を話すと結晶構造が変わり、茶色がかった黄色の滲《にじ》みになることを提示しました。同じ結晶構造が「愛」「優しさ」「慈しみ」のような言葉によって、明るく輝く雪のような結晶に変わったのです。

わたしたちの使う言葉が水の結晶に与える影響を示す実験は、数多く行われてきました。たとえば、ある植物のためにお祈りをするとその植物はより強くすこやかになり、活性化します。反対に、その植物に対して憎しみの言葉を怒鳴りつけたりするとその植物が変形し、枯れてしまうのはこのためです。

多くの先住民族が庭に植物を植えるときに、その種子をわたしたちの口の中に含んでから蒔くようにと教えているのもこのためです。口の中に入れた種子は、あなたのDNA情報を取り込みます。そうしてあなたに不足しているビタミンは何か、あなたはその植物からどんな栄養を吸収する必要があるかを把握するのです。

種を蒔く前に種子を口の中に含むことで、あなたは祈りと感謝と祝福を捧げることができます。ご存知の通りわたしたちの言葉はパワフルで、わたしたちの感情はそれ以上に強力ですから、言葉と感情を合わせることで種子に影響を与えることになります。

この惑星のすべての水には結晶構造が備わっていること、そのすべての結晶構造はわたしたちの意図を吸収して保持し、強化させて放出することがわかれば、わたしたちはいますぐに惑星を癒してゆくことができます。

クリスタルをマザーアースの水に戻すときは、両手に固形クリスタルを持って意図と祈りを込めます。そして、そのクリスタルを水の中に放ります。すると、わたしたちの祈りはその水全体の結晶粒子に伝わります。

それが伝わるのはその場の水だけではありません。というのは、水には「蒸発する」というすばらしい働きがあるからです！

水の粒子は、どんなに微小であろうと関係なく情報を蓄えます。蒸発した水はあなたの祈りを含んだまま大気中を上昇し、大気中のほかのすべての水分の粒子にあなたの祈りを伝えます。するとその粒子が集まって雲になり、ここでもあなたの意図と祈りのエネルギーがその雲に含まれるすべての水分に伝わります。この雲が重くなってゆくと、雨を降らせはじめます。この小さな雨の一滴一滴はあなたの祈りを保持し、ほかの水分にそれを伝え合いながらふたたび地球に落ちてきてわたしたちの農作物や植物や動物に降り、この青く美しい地球の土地や水に戻り、そうして水は今後も循環を繰り返すのです。

一つのクリスタルに込めたあなたの一つの祈りは、わたしたちの地球とそこに住むすべての生命を癒す力となります。

わたしたちのクリスタルをマザーアースに戻すのは、まさにいまなのです。そのクリスタルにあなたの祈りと意図を注いでください。

この地球上に清浄できれいな水、すこやかでハッピーな動物たち、もっと愛に満ちた高い周波数があることを願ってください。実に大勢の人が私物としてクリスタルを保有していますが、実際、そのクリスタルはすべて使用されているでしょうか？　ほとんどの時間は「きれいだから」という理由で棚に置かれているのでしょう。そのようなクリスタルは、もっと大きな目的のために使うことができる。そう考えてください！

仕事中のクリスタルを除き、すべてのクリスタルはプログラミングできます。そして、すべてのクリスタルはわたしたちの美しいマザーの元に帰るべきです。

仕事中のクリスタルというのは、あなたが自身や他人のヒーリングを行うために家で使っているクリスタル、あるいはあなたが個人的に身につけているクリスタルです。それらのクリスタルは、今後もワークを続けてください。そのクリスタルには役割があるのです。

装飾用のクリスタルには、仕事を与えてください。**クリスタルに祈りを込め、それを自然の水へ帰すのです。わたしたちの湖、小川、河川、池、海など、クリスタルが最高の善をまっとうできる場所に戻してあげてください。**クリスタルを自然の中に配置している人は大勢います。これはクリスタルのエネルギーを木や小さな地面区画に与え、自然の水分で一帯をつなげるという方法で、これもパワフルです。ですが自然の水にクリスタルを戻せば、あなたの祈りはもっとはるか遠くまで到達するのです！

⑤クリスタルはどの種類がいいのか

わたしがこの美しい地球を旅するときは行き先がどこであれ、かならずクリスタルを持ってゆきます。持ってゆくのは大きくて高価あるいは希少なクリスタルではなく、シンプルなクォーツやクリスタルです。

クォーツ、クリスタルは量的にとてもたくさんあり、容易に入手でき、大切な地球から採掘する際も最も負担が軽く、使用するにあたっては一番強力です。

クリスタルの種類は実に様々で、それぞれに特別なギフトが備わっています。たとえばローズ・クォーツはハート・チャクラを開くために使用できます。よくシャーマンが利用するラブラドライトは、知識とガイダンスを得るために使用されます。ブラック・トルマリンは守護・グラウンディング・ヒーリングに用いられます。それぞれのクリスタルに独自の才能がありますが、実のところ、クリア・クォーツ（透明な水晶）はそのすべての仕事を行うことができるのです。それに安価でそのまま使用することができ、地表から採掘できます。

13個目のクリスタル・スカルについて

ほかによくたずねられるのは、「わたしのクリスタル・スカルに会っていただけますか？」という質問です。クリスタル・スカルとは、人間の頭蓋骨の形に彫られたクリスタルのことです。

これを持っている人の多くは、それぞれに名前をつけて普通のクリスタルとは別物のように扱ったりします。

ですが率直に言って、クリスタルがどんな形に彫られていようと、それがハート形であれピラミッド形であれ頭蓋骨の形であれ、同じクリスタルです！　クリスタルの彫り師が頭蓋骨の形に切って磨きをかけたからといって、それが名前を持った生きものになるわけはありません。

地球上には、「この地球由来ではないクリスタル・スカル」が12個あります。そして13個目のスカルを、いま待っているところです。人類が愛の意識に移行すれば、13個目のクリスタル・スカルが地球に贈られると言われています。すべてがそろうと、スカルの情報が人類に供与されるのです。しかし現在、人類はまだエゴ意識で生きており、この情報にアクセスすることも与えられることもできないというのが現状です。

わたしたちの元にある特別な古代クリスタル・スカルのいくつかは、世界中の科学者によって検査・研究されています。とても説明のつかない力と特異点があり、地球由来のものではないことが証明されています。これらのスカルはその源となる情報と、由来の惑星に住む生命体や、そのほか重要なことに関する知識を備えていると考えられています。

地球由来のクリスタルはすべて、種類や形・大きさを問わず、まだ「単なる」地球のクリスタルに過ぎません。クリスタルを頭蓋骨の形に切って磨いたからといって、それが元のクリスタルから別物になることはありません。

祈りは水の結晶質に影響を与え、世界はより良い場所になる

わたしたちの地球の現状、森林破壊、動物種の減少、水質汚染、地球温暖化などをよく見れば、確かに言えることが一つあります。わたしたちは、なんらかの手を打たねばならないということです！　わたしたちが最強であるのには理由があります。いまここで生きているのはわたしたちなのですから、わたしたちが変化を起こさねばならないのです。

いまのような生き方を続けていては、地球は人間を維持してゆけるわけがありません。不可能です。

わたしたちはもっと高次の自己に戻り、そもそもこの地球に来た理由を見出さねばなりません。わたしたちを精神的にも感情的にも閉じ込めてきた枠から、わたしたちは自由にならねばなりません。価値ある個人としての信念を体現してゆかねばならないのです。

あまりにも大勢の人を不具に陥れてきた、恐れの連鎖と精神的疾患の古いパターンから抜け出さねばなりません。他人の目を気にするという不変の罠を克服しなければなりません。自分を愛し、この地球を、他者を愛するために勇敢に立ち上がるべきです。

自分のパワーを取り戻したそのとき、わたしたちは自分へ向けた憎しみの言葉や思考を自分の中の水の結晶質に込めることはなくなるでしょう。不必要なものにエネルギーを費やすことはなくなり、善のために自分のエネルギーを使ってゆくことになるでしょう。自分に欠けているもの

にフォーカスするのではなく、自分にできることに専念してゆくことができるでしょう。変化をもたらすために必要なものは、すべてわたしたちの元にある。これが事実です。

あとは作業に取り組んでゆくだけなのです。わたしたちにはクリスタルがあるのですから、クリスタルに祈りを込めて水に返せばその祈りは水の結晶質に影響を与え、世界はより良い場所になるのです。

あなたの神聖サークル、メディスン・ホイールを作る――水のエレメント、北、白

四大元素の最後に、水の元素の方角を聖地にする設定を行います。

水の元素の方角は北。色は白です。

◎水のエレメント／北／白

水の元素は、すべての生命の源です。

水は、地球と、地球を故郷と呼んでいるすべてのものにとって、最も貴重で価値のある元素です。

現在、地球上の水は危機的状況にあり、わたしたちの水を癒す必要が高まっているのは明らかです。ですからわたしたちの体内、およびグレート・マザーの体内の水の元素に、心からの尊敬と愛と敬意をもってメディスン・ホイールを完成させましょう。

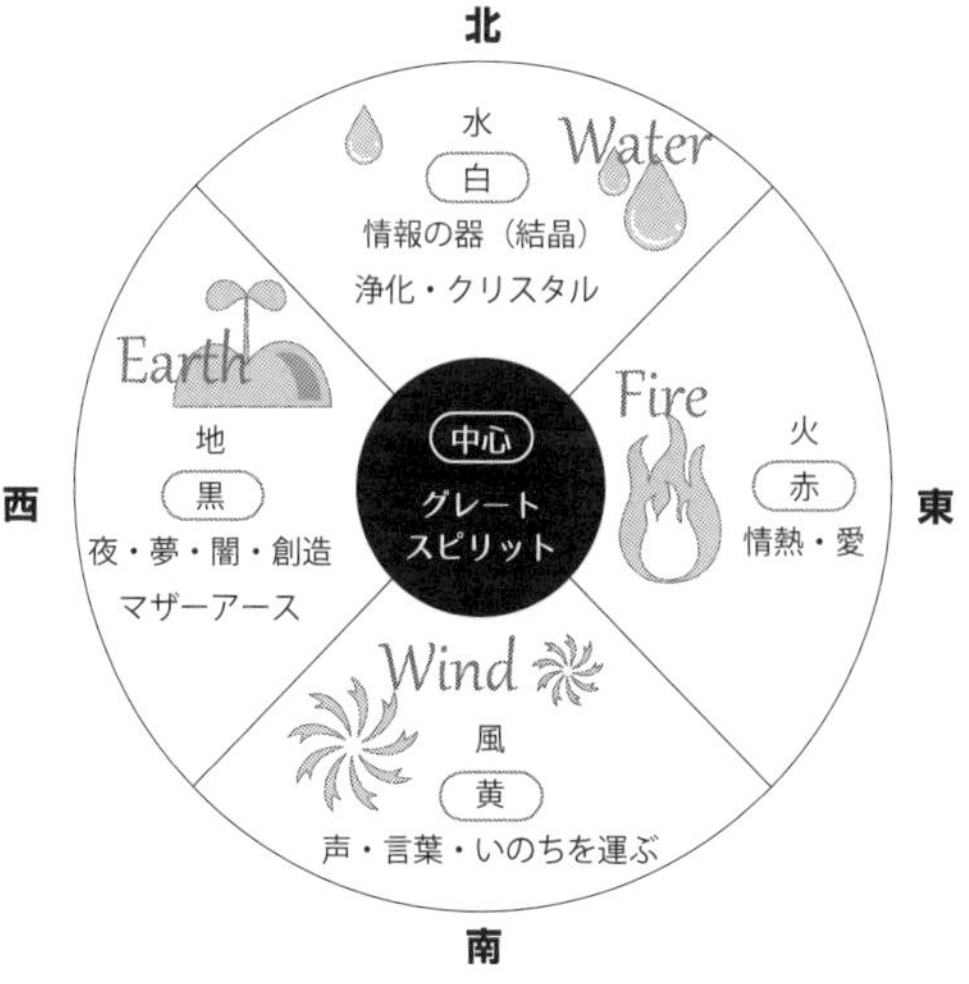

◎準備

まず北の方角を象徴するクリスタルを一つ、選んでください。北は水と氷の守護者、色は白です。

靴を脱いで「地球を呼吸する瞑想（96ページ）」をし、「五感を使った祈り（104ページ）」「感謝の祈り（107ページ）」で感覚が目覚めたら、あなたのサークルに入ります。

◎水のエレメントへの祈り

北の方角に向かい、サークルをつなぐ石を置く場所を前にして立ちます。目を閉じて両手にクリスタルを持ち、これまであなたに与えられてきたすべての飲み水、あなたが食べてきたすべての食物、あなたの衣類からあなたの家の建材に至るまであなたに与えられてきたすべての生きものに対し、感謝を余すところなく感じましょう。水がそれらの生命を支え、生み出してきました。そのすべての生きとし生けるものに感謝しましょう。

南極や北極の壮大な氷をイメージします。わたしたちの惑星を冷やすという計り知れない役割を果たしてくれているこの氷に、愛と祝福と感謝を送りましょう。

わたしたちの海、川、湖、小川に住んでいるすべての生命を思い浮かべましょう。小さなプランクトンから大きな鯨までイメージし、感謝しましょう！

わたしたちのこの青い地球への愛、そしてこの地球で循環している結晶質を備えた水、その無限の粒子への愛を感じてください。

北の長老たち、水の元素の偉大なる知識と英知を備えているサーミ、イヌイット、ネネツ、チュクチの長老たちに感謝を捧げてください。

そして、あなたの中の水に感謝する時間をとりましょう。あなたの水はあなたの思考、感情、祈り、願いを保持するクリスタルです。感謝し、あなたが美しいマザーアースから切り離されてはいないこと、あなたが彼女の一部であることをもう一度思い出しましょう。

自分が人間であることに感謝し、あなた自身を、あなたの才能を、「この惑星をより良い場所に変える偉大なるトランスフォーマー（変容者）になる」というあなたの能力を愛しましょう。

あなたは自分の思考、祈り、言葉、感情を使ってあなた自身を癒すことができます。その知識に目覚めることを自分に許しましょう。あなたのクリスタルはあなたが込めるものをつねに吸収し、包含し、強化して放出します。自分のための祈りと愛するマザーアースの水が癒されるための祈りを言いましょう。

◎完了の儀式

お祈りが済んだら、サークルの中で北に向かってクリスタルを配置してください。

あなたの神聖サークル、メディスン・ホイールを使いましょう

さあ、これで東西南北すべての方角の設定ができ、あなたの聖なるサークルは完成しました。

各方角とその色、象徴する元素がおわかりになったでしょう。四方角とそれぞれの元素を理解しておくのはとても重要です。

前に述べたように、地球は、単に宇宙を当てずっぽうに周回する岩の塊ではありません。神聖な生命体です。わたしたちすべてにとってのグレート・マザーであり、わたしたちの宇宙のハート・チャクラなのです。

この美しいマザーアースは44億5千万年前から存在し、その間にすべての生命の種を育み、住処《すみか》を与え、世話をし、受け入れ続けてきました。単細胞生物からはじまり、魚類、両生類、恐竜、鳥類、ほ乳類、そしてついにはわたしたち人類に至るすべての生命体を育ててくれました。彼女は守り育てるものとして地球で生きとし生けるものすべてを保護し、世話し続けています。

わたしたちが食べる食物、飲む水は、マザーアースが提供しています。あらゆるすべての住処も火も、もちろんわたしたちが呼吸している酸素も、彼女が無償で与え続けてくれています。

わたしたちにはマザーアースが必要です。わたしたちは生きるために彼女を必要としていますが、彼女にとってわたしたちは必要ではありません！　無知なわたしたちはこの事実を忘れ、自分たちをきらびやかに見せようとばかり自分勝手に生きているのです。

わたしたちは地球上で最も偉大な生物ではありません。地球こそが、最も偉大なる生物なのです。彼女は、あらわれては消えゆく数々の種を目撃してきたわけですが、彼女自身は生き続けています。およそ20万年前に人類が誕生しましたが、彼女は人類の成功と失敗を目撃してきました。

ですがわたしたちがどんなことをしようとも、彼女は延々と無私無欲にわたしたちに生命を与え続けてきました。マザーアースは何億年も生き続けてきましたし、これからも生き続けるでしょう。

ですが、人類の運命はわたしたちの手中にあります。このすばらしい惑星でわたしたちがどのような行動をとるか、それ次第でわたしたちがこの先、どれほどのあいだ生き続けられるかが決まります。ここにわたしたちは気づかねばなりません。

母なる自然と調和をとりながら生きてゆくために、わたしたちはいま一度、人間は偉大なる「生命の輪《サークル》」の一部であることを自覚せねばなりません。

このわたしたちの内なる知識をもう一度呼び覚ます一つの方法が、四方角と四大元素を称える時間を持つことです。こうすることでマザーアースと彼女の子どもたちをつなぐのです。

四方角と四大元素を象徴する神聖サークルを作るにあたっては、わたしたちはこの惑星と自分たちの中にある元素を理解し、慈しみと感謝を向けて作らねばなりません。メディスン・ホイールもしくは聖なるサークルが完成したら、それを使って祈りと瞑想を行うことができます。そして聖なるサークルはあなたがつながっていることを、重要な存在であることを、あなたには目的があることを、つねに自分自身に思い出させてくれます！

◎あなたの聖なるサークルを使う前に

新たに作った聖なるサークルで祈りと捧げものを贈るときは、その前にかならずその日の心配

事を手放し、頭をまっさらにして敬虔な気持になることを忘れないようにしてください。

わたしはかならず北の方角に向かって祈りをはじめ、「太陽と同じ方向（図で右回り）」あるいは、時計回りに聖なるメディスン・ホイールを回ります。

もちろんあなたは好きなところからお祈りをはじめることができますが、かならず「太陽と同じ方向」にサークルを回り、それぞれの方角でそこに象徴されるマザーアースの元素を称え、それぞれの祈りの最後に小さな捧げものを贈って、メディスン・ホイールを埋めていってください。

たとえばわたしは、南の石から西の「地」を象徴する石のあいだに花や種、葉などを置きます。西の「地」を象徴する石から「クリスタル」のある北方向に向かっては、木の枝、石、そのほか「地」を象徴するものを置きます。

北のクリスタルから「火」を象徴する東の石に向かっては、水への感謝を示すクリスタルを置きます。

東の石から南に向かっては、溶岩など火、わたしの情熱、目的への感謝と祈りを示すものを置きます。

捧げものに正しい・間違いはないということも覚えておいてください。聖なるサークルを完成させるあなたの捧げもの・贈りものは、あなたのハートから直接向けられたものでなければなりません。捧げものは自然のもので、マザーアースへありがとうの気持としてあなたが捧げたいものであれば、何でも構いません。

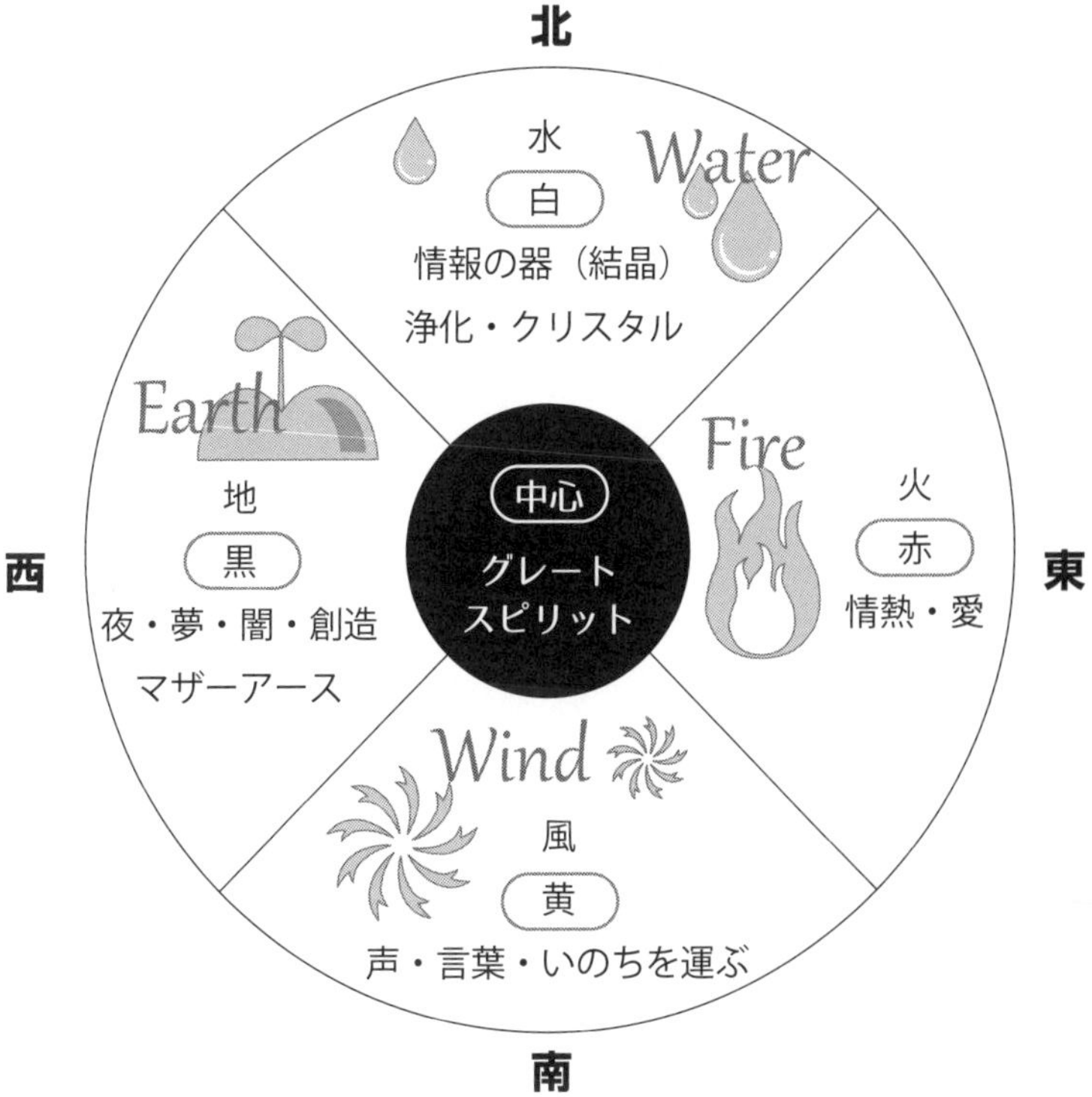
北
水
Water
白
情報の器（結晶）
浄化・クリスタル
Earth
地
西
黒
夜・夢・闇・創造
マザーアース
中心
グレート
スピリット
Fire
火
東
赤
情熱・愛
Wind
風
黄
声・言葉・いのちを運ぶ
南

◎タバコやセージを使う理由

もしあれば、タバコやセージを捧げることも忘れないでください。

タバコの煙は昔から祈りを捧げるために使われています。

第一の理由はタバコそのものが、わたしたちが愛し尊敬する地の元素を象徴するからです。

第二の理由は、タバコには火を点けますから、わたしたちに生命を与えてくれる東と太陽への尊敬に加えて、内からの火を称えることにもなります。タバコに火を点けることで、わたしたちは自分の中に生きている祈りと情熱を思い出すのです。

第三の理由は息を使う、つまりわたしたちの風を使います。種を移動させる風はわたしたちの口の中に煙を取り込み、それが唾液、つまりわたしたちの知識・英知・祈りの保持者である水につながります。その煙が次に天地と、そのあいだにあるすべてに向かって吹きだされ、わたしたちの祈り・感情は風を介してすべてに伝わるのです。

◎あなたの聖なるサークルを使う　北エリアに入る　北・白・水

聖なるサークルを作る作業は完成し、サークルはいつでも使える状態です。

まず、サークルの中で北を象徴するために選んだクリスタルの前に立ってください。

目を閉じて、この美しい地球上にいる自分のからだと魂の存在を感じてください。地面に触れている両足と、その湿り気を感じましょう。その土と湿り気のおかげであらゆるすべての植物やキノコ類が育ち、植物や動物たちが生かされています。

大気中の湿気を吸い込み、季節ごとにわたしたちに恵みを与えてくれる雨嵐に感謝しましょう。わたしたちの美しい惑星の気温を調整してくれている北極・南極の氷河にも感謝しましょう。あなたの大切なからだの70%は水分であることを意識しましょう。このすばらしい青い奇跡の惑星に感謝を感じた後に、あなたの祈りをはじめてください。

それから、白と水の元素に感謝を捧げましょう。わたしたちの惑星で生き、英知の伝統と教えを守ってきてくれた賢明な男性・女性・長老たちを称え、尊敬を感じましょう。

この地球の水に感謝し、水が癒され、清浄になり、生命が水に満ちあふれるように祈ります。あなたの内なる水も癒されますように、そしてわたしたち一人ひとりが愛と優しさとハートの純粋さをもって生きることを思い出しますように、と祈りましょう。

ここで、あなたのクリスタルはあなたのすべての行動において最高周波数の感謝と自己認識を保持していることを思い出しましょう。

伝えたいことを伝え、水の元素とつながるまで必要なだけ時間をとりましょう。

それを終えたら、北の方角に小さな贈りものを捧げます。これにはあらゆる方法があります。乾燥セージやタバコ、花、トウモロコシ、綿、その他何でも、あなたがふさわしいと感じられるものを置きます。また、北の方角に向かってタバコの煙を吹いても構いません。

北の方角への祈りが済んだら、東の方角に向かいます。

◎東エリアに入る　東・赤・火

北の方角への祈りを捧げたらサークル内を移動し、東の方角、石かクリスタルを置いた場所に向かって立ちます。

裸足で土に触れている感覚、日光が肌に当たっている感覚、胸の中の心臓の鼓動を感じ、あなたの生命と目的への感謝が浮き上がってくるがままに受け止めましょう。東に向かい、太陽が昇るたびに新たな1日が与えられ、あなたの力の限りで最高最大のアイアムになる新しいチャンスが与えられることに、太陽に感謝を捧げます。その温かさ、太陽がわたしたちの美しいマザーアースに提供してくれる生命、大小すべての地球の生命への感謝を感じましょう。

東からやってきたグランドマザー・グランドファーザーたち、耳を傾けようとする人たち、今も英知と知識をすべて教えてくれている長老たちを称え、尊敬を感じましょう。

東の先住民文化が守られ、称えられ、大切にされますように、そしてわたしたち一人ひとりの中で燃える火をいつまでも覚えていられるように祈りましょう。

この地球上で燃え上がる目的をもって生きられるよう、あなたの情熱をいつも覚えていられますように。そして死んだもの、明るく燃える火の力を抑えつけるようなものはすべてこの内なる火で燃え尽くせますように。

しばらくの間、東、赤、火の元素の守護者に感謝を捧げましょう。

祈りが済んだら、ひざまずいて贈りものを捧げるか、祈りをタバコで大気中に吹きます。

そして聖なるサークル内を移動し、南の方角を向きます。

◎南エリアに入る　南・黄・風

南の方角に向かったら目を閉じ、あなたの肌を伝わり髪のあいだを吹き抜ける空気の動きを感じます。空気の匂いを嗅ぐと、わずかに土の匂い、あらゆる植物や花、木々、花粉の匂いがします。

南の方角と風の元素につながったと感じられたら、祈りをはじめてください。南の方角、黄色、風の元素の守護者に感謝を伝えます。多様性豊かな植物・草木、果物、野菜、木の実、花、すべてに感謝します。南の偉大な熱帯雨林とそこに住むすべての生命が見守られ、保護されるよう祈ってください。これらの熱帯雨林に住んでいる先住民族は聖なるマザーアースの真の保護者です。できる限り謙虚な心で彼らに尊敬を捧げ、いまこの時代にそうして生きている彼らの安全を祈りましょう。

南に住む長老たち、グランドマザー・グランドファーザーたち、男性・女性、子どもたち、森林、動物たちに感謝し、全人類が目覚め、彼らの未来を守りますようにと祈りましょう。あなたの内に備わっているパワフルな風に感謝し、いかなるときも良いものを生み出すために自分にとっての真実を自分の言葉で伝えられるように、勇気を出せますようにと祈りましょう。

あなたの声のパワーがあなたの目的と情熱に息吹を与え、人の勇気を奮い起こし、互いの善を豊かに育んでゆくために使われますように。

ほかの人たちの可能性を損じるような風の使い方はけっして行わないこと、彼らの内で火が育ち明るく燃えるよう、つねに酸素を与えるために風を使うことを心に銘じましょう。

あなたの声が、人類の過去の傷と不安を癒すための勇気とパワーを見出しますように。

あなた個人の祈りを言う時間もとってください。

終わったらひざまずき、石に小さな贈りものを捧げ、南の方角に向かってタバコの煙を吹きます。

そして向きを変え、西の方角に向かいます。

◎西エリアに入る　西・黒・地

聖なるサークルの内側で西の方角、黒、地の元素の象徴として置いた石、またはクリスタルに向かって立ちます。

目を閉じて、毎日わたしたち一人ひとりにすべての美と資源を与えてくれる土に対する愛と感謝のすべてを感じてください。偉大なる森林、山々、ジャングル、砂漠、草原、そしてわたしたちの惑星に美しさと多様性をもたらしているすべての動物と植物に感謝の念を伝えましょう。

西の長老たち、グランドマザー・グランドファーザーたち、賢人たちに揺るぎなき感謝を伝えます。あなたが生まれる前に生きてきたすべての人々、文化、種族、この偉大な惑星をあなたと分かち合ったすべての人種の兄弟姉妹に感謝しましょう。あなたが生まれた日から今日に至るまで、地球が維持してくれたあなたのからだに感謝を感じてください。

マザーアースの子どもとして、あなたやあなたの兄弟姉妹がみな、自分の本来の価値とより大きな目的を思い出せるよう祈ってください。闇の時に向けて、瞑想と傾聴の沈黙の時に向けて、感謝を捧げてください。

あなたが必要としているお祈りを言う時間もとり、地球があなたに与え続けてくれているすべてのものに感謝と愛の祈りを捧げ、それからひざまずいて西の方角に贈りものを捧げます。

◎サークルの中心に入る　グレート・スピリット

四方角とそれぞれの元素に祈りと感謝を捧げ終わったら、聖なるサークルの中心に真っ直ぐ頭を天に向けて立ちます。両腕を広げ、全生命の源なるグレート・スピリットに祈りを捧げましょう。

この惑星に来てこのすばらしい旅を進むことを選択したあなたの偉大なる自己存在《グレートアイアム》と創造主に、心の奥からの愛と感謝を感じてください。

あなたの人間のつながりである家族や友人たち、このすばらしい惑星で人間として参加できる力に感謝を感じましょう。あなたの人生経験がどれほど苦難なものだったとしても、そのすべての経験に感謝してください。それらの経験があなたの学びと成長を助け、いまのあなたがいるからです。

この旅を通し、一つ一つのレッスンを経てあなたはより良い人間となり、より強くより賢明な人間になることを教わってきました。いかなるときも源とのつながりを感じられるように、そしてあなたはこの地球上の人類意識を形成する力として偉大な一人の人間であることを思い出せるように祈ってください。

あなたがいついかなるときも名誉、尊敬、謙虚さ、愛をハートに携えて歩み続けられますように。

必要なだけ時間をとって、いまこのときあなたが祈りたいこと、祈る必要のあることを祈ってください。

最後にタバコの煙、もしくはあなたの息を使ってあなたの祈りを、あなたの頭上の大気中に吹きます。

◎聖なるマザーへの誓い

締めくくりとしてひざまずき、両手を愛するマザーに置き、敬虔な気持で頭を垂れ、あなたのマザーアースへの祈りをはじめます。

あなたのハートから真っ直ぐ捧げられる祈り、これが唯一の正しい祈りです。

あなたに生命を、からだを、すべてのすばらしい空気を、食物源を、飲み水を与えてくれるマザーアース、この世界のすべての生き物と美の生みの親に話しかけてください。彼女は偉大な女神、聖なる女性性、わたしたちのすべての祖先と今後生まれて来るすべての生命の母親です。人間でいられることは真の名誉であり大いなる特権ですから、人間でいられることを彼女に感謝してください。わたしたちみなに与えてくれる緑茂る草、青い水、すべての生きとし生けるものや薬草や薬、彼女が無私に与え続けてくれる豊かな恵みと美しさにお礼を伝えてください。

海を泳ぐもの、地を這うもの、空を飛ぶもの、四足動物、二足動物、一足動物、長老たち、木々、わたしたちのいのちをつないでくれる果物、野菜、穀物、木の実に感謝を感じてください。あなたの愛するマザーアースに話しかけてください。彼女にはあなたの言葉が聞こえています。マザーアースに感謝と名誉と尊敬を捧げてください。あなただけではなく、全人類がマザーアースを生きた生命体として思い出せるように祈ってください。ひざまずいて両手を地面に置き、頭を垂れてマザーアースに愛を送ってください。あなたがどれほどマザーアースを愛しているかを伝え、マザーアースともう一度しっかりとつながってください。

時間をかけて聖なるマザーアースにあなたなりの言葉で話しかけ、あなたの心の奥から気持をあふれさせ彼女と分かち合ってください。祈りと祝福を捧げましょう。

◎完了の儀式

それが済んだら、タバコの煙か、あなたからの贈りものを聖なるサークルの中心に捧げてください。これで祈りは完了ですので、サークルの外に出ても構いません。

あなたが作った聖なるサークルは、あなたのハートと魂を添えることで完成しました。あなたの言葉と感情がサークルを聖なるものにしたのです。

このサークルは、祈りを捧げたいときや必要なものをお願いしたいときにいつでも訪れることができます。ここは、あなたをグレート・マザーと永遠に結ぶ四大元素を思い出させてくれる場所です。石が配置されたところに立つたびに、あなたの内に備わる元素の恵みを思い出してください。ここはあなたの場所です。この世界で、惑星上に存在するすべてのものへのあなたの尊敬・名誉・愛・感謝を日夜捧げることのできる場所なのです。

この聖なるサークルは、あなたが必要としているもののために祈りを捧げられる場所です。敬虔な、あなたの愛するマザーアースと深くつながることができる場所で、ここからあなたは彼女と強く深い個人的な絆を結んでゆくことができます。

これはあなたの聖地です!

わたしたちは、彼女のことを忘れることが時折あるかもしれません。わたしたちのからだを流れているエネルギーと同じエネルギーでわたしたちは彼女と永遠につながり、風に、水に、土に、火につながっていますが、わたしたちはそれを忘れることがあるかもしれません。

ですが、彼女は忘れたことはありません。彼女はつねにそこにいていつも耳を傾け、教えています。わたしたちのほうがただ戻ってゆき、彼女とともに在ることを思い出す必要があるのです。

Part2

世界の古代神聖クリスタル

リトル・グランドマザーの役割　神聖クリスタルを世界に配置する

大勢の方がご存じのように、リトル・グランドマザーの一つの役割として、わたしはとてもパワフルな神聖クリスタルを世界中の高周波数の場所に配置してきました。

どのような地域かというと、地球大気線や電流やレイラインが交差し高電流を生成している地点です。そういった地球磁場には古代の礼拝所、ピラミッド、ストーン・サークルなどが多く建てられています。

これらの建物やピラミッド、ストーン・サークル、教会などがあるからその場所が神聖だと思っているなら、それは誤解です。わたしたちの祖先は地球大気線の交差点を把握していて、その高波動の場所に礼拝所を建てたのです。

わたしがリトル・グランドマザーになったとき、贈りものとしていくつかの貴重な神聖クリスタルが授けられました。そのうちの七つはマザーアースのエネルギー・フィールドを癒し、強化させるために、地球上で配置すべき場所が正確に定められていました。

そのほかは特定の儀式のために使うもので、そのうちの一つ（一儀式分）はアメリカ・アーカンソー10／10／10で聖なる女性性の目覚めのために使われました（2010年10月10日のイベント）。これについてはわたしの一冊目の著書『迫り来る地球大変容で《レインボー・トライブ／虹の民》に生まれ変わるあなたへ』（ヒカルランド）に記した通りです。

あとのものは、マザーアースとその子どもたちの癒しのために特定の地点・時期に使うことになっていました。（後に記しましたが、このクリスタルは福島の放射能漏れによる傷を癒すために日本に赴きました）

前作では、特別な使命を持ったクリスタル（アメリカ・アーカンソー10／10／10で使用）と、神聖な七つのクリスタルのうちはじめの四つのクリスタルを地球の地中深くに埋めた時の話をお伝えしました。（①ニューメキシコ州・サンタフェ、②カリフォルニア州沿岸レッドウッドの森、③ハワイ、④スウェーデン）

この本では五つめのクリスタルをマザーアースへ捧げた儀式の話からはじめていきましょう。

五つめの神聖クリスタルはエジプトへ

◎エジプト大ピラミッドはエネルギー生成器

五つめの神聖クリスタルは2011年にエジプトに持ってゆき、愛するマザーアースに戻されました。エジプトでの滞在体験は前章でも触れましたが、クレイジーで、感情的にも浮き沈みの激しい体験でした。

エジプトは鮮烈な、歴史豊かな、魅力的な土地です。今日に至っても、この地に点在するピラミッドには驚嘆と困惑と好奇心をかき立てられます。そのすべてを探検し理解して真の学びを得るには、何度もの人生が要されることでしょう。

この土地は、科学者たちを途方に暮れさせました。大勢の歴史学者・宗教者・霊的な人々のあいだでは、この土地を巡って論争が交わされてきました。

ピラミッドが建てられたのは紀元前約2500年前と言われています。ですが、わたしはもっと古いものだと思っています。このような壮大な創作物を調べはじめると、これらがどのように建てられたのだろう、何の目的があったのだろうと不思議になります。

大ピラミッドは5万2609平米を占め、最大200トンの石が230万個使われています。

「大多数の歴史学者が信じているところ」では大ピラミッドを建てるのに20年間かかったとのことですが、そのためにはその時代に生きていたすべての男性、女性、子どもが採石し、石を切り、持ち上げて動かし、その上で2分半に一つの石を「剃刀の刃も入る隙間のないほど完璧にきっちりと」はまるように積み重ねる作業を毎日12時間、365日休み無しで進めたという計算になります！

これでは不条理としか言いようがありません。大ピラミッドが墓所として建てられたという説も不条理です。

エジプト・ギザのピラミッド

これらのピラミッドの内部からミイラは1体も見つかっていないこともわかっています。墓所だったという説は広く受け入れられ、あたかも事実であるかのように歴史の教科書に載せられていますが、これは一つの説に過ぎません。

大ピラミッドについては、あまり知られていない驚くべき事実があります。たとえば大ピラミッドは地球上の陸塊のぴったり中心に建てられており、正確に北に向かって500分の1度の角度に建てられています。さらに驚かされるのは、科学では大陸の正確な位置については600年前までのことしかわかっていないらしいということです。

また、ピラミッドの外側の石は白いライムストーンで建てられており、この石は炭酸カルシウムを含んでいて絶縁体には最適であることもわかっています。ですが、内側のブロックはマグネシウムとクリスタルを内包する白雲石でできていて、電気を通すのです！

ピラミッドの内部には、王様や女王様の部屋から地下室に至るまですべての部屋にシャフト（通気孔）が通っており、その表面は約965キロメートル以上離れた採石場から運ばれた花崗《かこう》岩《がん》で覆われているのですが、この花崗岩はエネルギー伝導体の役割を果たします。

また、このシャフトはわずかに放射性物質を含んでいるので、シャフトの中の空気をイオン化するのです。わたしたちが電線を使って、建物の外部は絶縁体、内部は伝導体という構造を作るのとまさに同じように、ピラミッドも同構造で建てられているのです。電線にはエネルギー源が必要ですから、ピラミッドにもエネルギー源があったに違いありません。

大ピラミッドの地下奥深くに地下貯水槽もしくは地下室があるという事実を知る人は、さらに少ないでしょう。

わたしは何度かエジプトへ旅行に行きましたが、一度この地下室に行く機会を得ました。そのピラミッドの地中深くの部屋で、かつて古代に水の流れていたライムストーン製の洗面所をわたしは確かにこの目で目撃しました。ライムストーンの表面上を水が流れるたびに、電荷が生じます。この古代の部屋でライムストーン上を走る水の流れがエネルギーの電磁場を生じ、そのエネルギーがピラミッドのシャフト内を上って走っていたことがはっきりと見てとれました。ピラミッドの頂点には冠石がありましたが、その石は金で覆われていたそうで、金もまた強力な伝導体です。

ピラミッドが墓所ではないことは確かです。エネルギー生成器だったのです！　実際、エジプトのピラミッドだけにエネルギーを作り出す地下室があったわけではありません。同じような部屋がメキシコやペルー、ストーンヘンジ、アルジェリア、インド、パキスタン、タイ、カンボジア、ボリビアのピラミッドや聖地で発見されています。

水の流れこそ止まってはいますが、かなり微小レベルのエネルギーがいまも生成されています。「スキャン・ピラミッド計画」という国際プロジェクトが熱のスキャニングを行ったところ、大ピラミッドは現在もエネルギーを生成していることが示されました。

ピラミッドについて知れば知るほど強く心が惹かれて、わたしはできる限りすべてを知りたくなりました。

数学者と科学者のグループによる最も興味を引く発見の中に、「エジプト人たちはメートル法を知っていた」という事実があります。メートルを知っていたことが、どうすごいの？と思われるかもしれません。1メートルの長さは地球の正確な円周から割り出されているのですが、わたしたちがそのことを発見したのは、驚くことに1793年なのです！

この発見により、さらに興味深い事実が見えてきます。ピラミッドがいかに精緻に建てられたかです。たとえば、大ピラミッドの四側面の面積を底面積で割ると、黄金比率、ファイ（数学と自然界のフィボナッチ数列）になります。半径を高さ総計で割ると、黄金数平方になります。ピラミッドの高さを底面で割るとパイ3・14（円周率）です。底面の半径はピラミッドの高さと同一です。

ピラミッドの建て方を見れば見るほど、パイやファイ、黄金比率があらわれ、それはピラミッド内部の部屋についても同様なのです。ピラミッド底面の内側に円を描いてその円周の長さをピラミッド底面周囲の外側に描いた円周から引くと、299792458m／sつまり光速と同じ数値になるのです！

さらに驚かされるのは、大ピラミッドの2辺の長さは、赤道上の任意の地点で1秒あたりの空間移動平均距離にあたるのです！　わたしたちの古代先祖は、これらをどうやって知ったのでしょう？　とても理解にはいたりませんが、栄光のピラミッドはいつの日かふたたび、人類がそれを解明するときを辛抱強く待っているのでしょう。

◎世界中のピラミッドを結ぶと浮かび上がる驚くべき事実

わたしたちの惑星にあるピラミッドは謎だらけ。高次知性によって建てられており、これほどの時間を経過してもなお、わたしたちにはその高次知性は理解不可能です。ずっと隠されてきた大いなる謎に、ようやくわたしたちは目覚めつつあるのでしょう。

古代ピラミッドやその世界中の配置について調べてゆくと、とても興味深いことが見えてきます。

イースター島（ラパヌイ）、あるいは聖なるモアイ像（ちなみにモアイ像は1体82トン以上の重さで、その位置まで自ら歩いたと言われています）を起点に、地球上の聖地に印をつけてゆくとします。

そこから東に向かってパラカスの地上絵とナスカの地上絵、オリャンタイタンボとマチュピチュの聖なる谷のコンドルの神殿、サクサイワマンやパラトアリピラミッドなどクスコの地下トンネルと巨大建造物に印をつけ、そこから南大西洋を横切って、シリウスB星の正確な位置を何千年も前から知っているマリ共和国・ドゴン族の地に印をつけます。そこから、原初期の地上絵や壁画、芸術作品に関して最も重要な地の一つ、タッシリ・ナジェールのあるアルジェリアに印をつけます。エジプトは、シワと大ピラミッドに印をつけます。そこからヨルダンのペトラ、イラクのウル、イランのペルセポリス、パキスタンのモヘンジョ＝ダロ、インドのカジュラーホー寺院、ミャンマーのピイ、タイのスコータイ、カンボジアのアンコールワットとプレアビヒアに印をつけると、その先は地球上で最も孤立した地、イースター島に戻ってきます。

地図上、もしくは地球上で印をつけたこれらのピラミッドや古代聖地を見ると、どの地もすべて同一の経線上にあり、わたしたちの惑星にぐるりと円を描いていることがわかるのです！

ピラミッドは何千年ものあいだ、老いも若きも人々を魅了してきました。それは人間技術として優れた功績、壮大なる文化的業績であるばかりかわたしたちを感嘆させ、可能性のすばらしさを思い起こさせるからです。

わたしたちの古代先祖は何者だったのでしょう？　彼らはこれほどの膨大な知識をどのように手に入れたのでしょう？　そしてわたしたち子孫は、どうしてその知識を失ってしまったのでしょう？　わたしはもう何年ものあいだ、このように自問してきました。そして世界中のピラミッドにどんどん魅了され、挙句にはいくつものピラミッドを訪れることになりました。

◎クリスタルを配置する準備・大ピラミッド内での儀式

初めてエジプトに行き、それまで本で読んだりテレビで見たことしかなかったナイル川や巨大なピラミッドを見たときはどれほど興奮したことでしょう。前にお伝えしたように、この上ない高揚感と最悪の絶望感が混ぜこぜのクレイジーな旅でした。

初めてのエジプト旅行では見たり感じていたことすべてについて学び、理解しようとしました。ナイル川を下ってピラミッドや寺院を訪れたときは、それぞれの異なるエネルギーに細心の注意を払っていたのを覚えています。

遺跡、あらゆる音、異文化、異なる匂い、食べ物、音楽。コロラドの小さな農家町で育ったわたしにとって、どれも初めてのものばかりでした。わたしはすべてを吸収し、経験からできる限り多くのことを学ぶ姿勢でいました。

2回目のエジプト旅行に行ったのは、五つめの神聖クリスタルを本来収まるべき場所、新たな故郷に持ってゆくときが来たからでした。この旅行には、初回のエジプト旅行に同行して親しい友人となった数人の人に加え、この神聖な儀式に参加すべくして参加した「新しい」人々が同行し、それは特別な旅行となりました。

わたしたちはサッカラ、ダハシュール、カルナック、アビドスなど数々の神殿や、デンデラ、王家の谷、ハトシェプスト神殿、エドフやコム・オンボの神殿、アスワンのフィラエ神殿と未完成のオベリスクを訪れて瞑想を行いました。

ベドウィン族の人々とは白砂漠・黒砂漠にも行き、アブ・シンベル神殿とクリスタル・マウンテンを訪れました。わたしたちはベドウィン族の人々とご飯を作り、焚火を囲んで歌って踊り、かつてその砂漠で降ったことがないという雨嵐さえともに体験しました。旅のすべてがすばらしい経験でしたが、一番のクライマックスはふたたび大ピラミッドを訪れたことです！　大ピラミッドでワークをし、儀式を行う日がついに到来し、わたしたちは準備万端でした。

わたしたちは大ピラミッドの中で儀式と祈りを行わねばならず、この少人数の素敵なグループに、ギザ台地に入場する特別許可が下りました。入口の外には武装衛兵が立っており、わたしたちは沈黙しながら興奮と崇敬の念をもってピラミッドに入りました。

わたしたちにはとても重要な、特定の任務があります。わたしたちは大ピラミッドの入り口に続く巨大な石の階段を上り、中に入りました。空気はひんやりとしていて、薄暗い中ですこしのあいだ目を慣らすと、上に上ってゆく階段と、下に下りてゆく小さな秘密の通路が見えました。

そこでわたしたちは三つのグループに分かれました。一つのグループは調和のとれた男性性の代表で、わたしの親友ジェンが上階の王の部屋まで率います。もう一つのグループは調和のとれた女性性の代表で、ジョイスが地下室へと率います。残りのパワフルな霊性を備えた二人の女性とわたしは神聖クリスタルを持ってピラミッド中心部にある女王の部屋に行き、オラクル、もしくはほかの二つの部屋のあいだを流れるエネルギーの伝導体となります。

わたしはまず男性たちとピラミッド頂点にある王の部屋に上がり、そこで最高次のエネルギー波長を生み出すためにどの周波数・トーンを使えばいいかを指示し、15分ほどしたらトーニングをはじめるように伝えました。

そこから急いで傾斜の急な階段を下りて女王の部屋に向かい、2人の女性にクリスタルを手渡して、部屋の中央でそれを持っておくように伝えました。2人の女性がクリスタルを持って女王の部屋の中央に着くと、2人の瞑想がはじまりました。

わたしはそこから地下室まで行かねばならず、ふたたびピラミッド入口につながる急な階段を下りてゆき、さらに地下の奥深くに続く隠されたトンネルを下りてゆきました。激しい階段の上り下りに加えてわたし自身が興奮していたためにアドレナリンも放出し、両足が震えはじめています。わたしは階段を下りはじめました。地下の貯水槽に到達するために四つん這いになって、地中深くにつながるとても狭いトンネルを進んでゆきました。

頭を胸の方向に押し曲げ、背中はトンネル上部をこすり、両肩は左右の壁の土にぎゅっと押され、両手両膝はホコリっぽい土にまみれながら、この長く狭い斜面をどこまでも下りてゆきました。方向転換は絶対不可能、この暗いトンネルがどこまで続くかもまったくわからないまま、わたしはひたすら分別を失わないように気をつけながら前進し続けました。

ある時点で、「どこかで、グループのメンバーたちの話し声が聞こえてくるはず」と思ったのを覚えています。ですがまったく何も聞こえてこず、トンネルの先には光の兆しすら見えませんでした。わたしは暗闇を恐れたりそこから逃げ出したりするような人間ではありませんが、あれほど地中深く窮屈なトンネルにいて、しかも古代ピラミッドの地下で後ろに戻ることもUターンもできないというのは正直こたえました。

暗闇の中をできるだけ速く這い続けて数分後、ようやくトンネルの出口のかすかな光が見え、出口に達して身をかがめ、土をくりぬかれた空間に抜け出ると、女性グループはすでに輪になって準備の瞑想を行っていました。

わたしは急いであらゆる音を出してトーニングをはじめ、部屋の中のエネルギーを発動させるために必要な然るべき周波数と波動を探りました。ぴったりのトーンを見つけたとき、これから女王の部屋に戻って儀式をはじめるためにまたあの長距離を這い上がってゆかねばならないことに気づきました。もう時間はありません。わたしはあの狭いトンネルに飛び戻り、急な斜面をできるだけ速く這い上がってゆきました。

ようやく立ち上がれる地点に到達し、さらにこれから上る膨大な階段を目の前にしたとき、わたしの両腕両脚の震えは止まりませんでした。さらにこの階段を上って女王の部屋に行き、自分の位置に着かねばなりません。

あの音が聞こえたのは、そのときでした。突然どこからともなく、あの地球の奥深くが揺さぶられるような音が聞こえてきました。まるでわたしの身の周りに目に見えない線路があって、電車がすさまじい勢いで駆け抜けているかのようでした。全身でこの深く激しい轟音を感じました。あたりをぐるりと一周して、ほかにもこの音が聞こえている人がいないか、探したのを覚えています。しばし啞然としましたが、その正体がわかりました。三つのグループが同時にトーニングをしていたのです!

それまで聞いたこともない、想像を絶する音でした。からだの芯から指先まで全身が揺れ、うなじや両腕の毛が逆立っていました。何かわからないけれどすごいことが起きていて、そのパワーに戸惑い、立ち尽くしていました。しかしすぐに、わたしもすべきことがあることを思い出しました。自分の配置につかなければなりません。

新たに力を得たわたしはまた階段を駆け上がり、女王の部屋に入りました。2人の女性が頭上にクリスタルを掲げ、向かい合っています。2人は持てるすべてのエネルギーをもってトーニングをしていました。わたしは2人の脇に立ち、両手をクリスタルに添えて、指示された和音・周波数でトーニングをはじめました。そのあいだはまったく何も考えず、ただ純粋に捧げるべき音、トーン、エネルギーと周波数に集中していたのを覚えています。そして、クリスタルに重さというものがまったくなかったような感覚は覚えています。

どれほどのあいだトーニングをしていたかはわかりません。まるで時間が静止したかのようでした。そしてそれがはじまったときと同じように、突然、止みました。誰も終わりの合図は出していませんし、時間を決めてもいませんでしたが、一時に全員がトーニングを止めたのです。音を次第に消してゆくといったこともなく、ぴったり同時に全員が止め、終わっていました。

この旅の目的、任務は完了しました。女王の部屋にいたわたしたち3人は両腕をおろしました。クリスタルをしっかりと握っていたために、こぶしは白くなっていました。そして互いを見て泣き出しました。圧倒されんばかりの感情、疲労、高揚感に、わたしたちは我を忘れました。そのときわたしは、この2人の女性を心から愛しく思いました。まるで生まれてからずっと知っていたような、姉妹のような愛おしさです。互いにハグし合い、汗と涙を拭いて、ほかのグループを探しに行きました。

階段のところで、それぞれのグループがわたしたちのところに向かっているのが見えました。そのときにはじめて、ハッとしました。みな、どうして同時にはじめることができたのでしょう？　部屋同士は遠く離れていて、ほかのグループの声はまったく聞こえません。なのに、同時にはじめました。ほかのグループとまったく同じ瞬間にはじめたのです。

わたしたちはピラミッドの出口のところで集まり、ハグを交わしながら、それぞれの経験を伝え合いました。そしてゆっくりと外に出て、巨大な階段を下りてゆきました。

そのとき、武装衛兵が固まって移動し、大きく目を見開いてわたしたちを見つめていることに気づきました。１人だけが位置についたままで、ほかの衛兵たちは戸惑ったような、興味津々の面持ちでわたしたちを見つめながら後ずさりしていきました。

位置についていた衛兵がわたしを見てこうたずねました。「君たちは中で何をやったんだ？」彼に応じようとわたしが2、3歩近寄ると、彼は後ずさります。その反応に混乱しながらも、わたしたちは「ただお祈りをし、トーニングをともなうちょっとした瞑想をしたのだ」と答えました。

位置についていた衛兵は、ピラミッドから大きな音が聞こえてくるのを聞いたこと、そしてその音がはじまると同時に3羽のハヤブサがピラミッドの頂点を旋回しはじめたことを教えてくれました。

わたしたちのしたことが問題になったのかと思ったわたしは、これを聞いてホッとしました。彼はもう一度、大きな歩幅で後ずさりしながらたずねてきました。今回はさらに興味深々で、驚きをあらわにピラミッドの頂点に指を向けてこう言ったのです。

「だから、君たちは、中で、いったい何をしたんだ？」

彼は手振りでわたしを衛兵グループのほうに向かわせました。そのあいだにわたしは巨大に立ちはだかるピラミッドを見上げたのですが、そのときに、自分のこの目で見たのです。ピラミッドが輝いていたことを。まぎれもなく輝いていたのです！

ピラミッドの周りを白い光が包んでいて、心臓の鼓動のように、その光は鼓動するごとに大きくなっていました。わたしたちはみなピラミッドにクギ付けになり、大口を開いて、もっとよく見えるように後ずさりしはじめました。全員が自分の目を疑いました。

バスに戻ってルクソール・ホテルに帰る時間になっても、全員顔をバスの窓に押しつけ、遠ざかるピラミッドを見つめながら、すべての意味をなんとか理解しようとしていました。

ホテルに到着すると、ピラミッドに面した窓のある食堂にみなで集まりました。まったく、本当に驚きの出来事としか言えません。話すことすらできない人もいれば、興奮のあまり延々と話し続ける人もいました。ただ言えることは、全員にとって、それは人生を一変させるような経験だったこと。わたしたちは座ってギザの大ピラミッドが輝く様子を眺めました。驚いたことに、翌日には二つめと三つめのピラミッドも輝きはじめました！

◎クリスタルをマザーアースに返す儀式

その翌日からはワクワクしながら数日間を過ごしました。大ピラミッドのワークが済み、二つめの、最後のクリスタルの儀式の準備をせねばなりませんでした。

わたしたちはこの神聖クリスタルをナイル川沿いのすべてのピラミッドと神殿に持ってゆき、各地の特別な祈りと情報を、マザーアースへ返還されるときを迎えたクリスタルに込めていました。

アレクサンドリアに到着する頃には、わたしたちは全員、最後の儀式に参加する準備も万端に整っていました。このナイル川が海へと流れてゆく美しいビーチで、わたしたちはおごそかに大ピラミッドたちと天上に輝く星座を象徴するフォーメーションをとって立ちました。それはオリオン座、エジプト人にとってはオシリスの星座です。

そして、わたしたちがそれまで訪れてきた数々の神殿やピラミッドの古代エネルギーと叡智を再び起動させ、古代先祖の神聖なエネルギー・グリッドを再結集させるための儀式にとりかかりました。

東西南北と、祖先たちが伝承してくださった叡智に感謝を捧げ、わたしたちの個人的な祈りとして「人類が古代の真理と未知なる叡智を理解するために愛の意識へ移行できますように」と祈りを捧げ、クリスタルが故郷へ帰るための準備を整えました。

儀式が完了し、すべての祈りが唱えられると、癒された男性性のシンボルである王の部屋のグループを率いた親友のジェンと、地下室の癒された女性性の代表であるわたしのワイフ・ジョイスに、クリスタルの運び手となるよう依頼しました。

この神聖クリスタルは、「ナイルが地中海へと流れゆき、休まる場所」という明確に指定された場所に配置されることになっていました。

アレクサンドリアの静かなビーチで、最後の締めくくりの祈りをもってわたしは神聖クリスタルに最後のお別れを告げ、クリスタルをジェンとジョイスに手渡しました。調和のとれた男性性と女性性を代表する二人は強力な泳ぎ手で、ターコイズ色の水の中はるか遠くまで泳いでゆきました。そしてクリスタルは美しい水の新しい故郷にゆっくりと下りてゆきました。

六つめの神聖クリスタルはオランダへ

◎人生の一大危機と呼応する神聖クリスタル

２０１２年の12月後半、わたしはバラバラになったパズルのような人生を生きていました。そして、ピースをかき集めて一つに合わせてゆかねばならない時期が来ました。

ある晴れた日、わたしはニューメキシコ州サンタフェでソファに寝そべり、ジョイスからの電話を待っていました。彼女はオランダにいる両親に会いに行っていて、アメリカに帰る飛行機が何時に着くかを知らせてくる予定でした。電話が鳴ったので出てみると、驚いたことにそれはジョイスからではなく、わたしたちが借りていた家の大家さんでした。

「申し訳ないけれど、その家を売ることにしたの。２週間のうちに引っ越してください」

どうしよう！　グルグルと考えているとまた電話が鳴りました。今回はジョイスでしたが、何か様子がおかしいのです。ショックと悲しみと不安が入り混じった様子で、彼女はどうにか言葉を発しました。「わたし、帰れないわ」彼女は泣きながら、強制送還されるのだと言いました。つまり、パスポートは没収されて操縦士に渡され、警備員によって飛行機に連れ戻され、オランダに帰されるのです。

わたしたちの結婚は、アメリカでは無効だからという理由でした。そして彼女から電話が取り上げられ、電話が切れました。こうして、ほんの５分のあいだに、普通だったはずのわたしの人生はひっくり返ってしまいました。

それから2週間は、あらゆる感情で揺れ続けました。完全なパニック、不安からくる体調不良、未知への恐れ。わたしに残された唯一の選択肢は、オランダに引越すことでした。ワイフとともに生活したければ送れるものは荷造りし、ほかのものはすべて売らねばなりません。

鍵を返すまで、2週間ありました。クレジットカードを停止し、住宅保険と健康保険も止め、電話、電気、上下水道を止め、車や家具や、そのほかUPS便（アメリカの貨物運送会社）で送れないものはすべて売却する。

この上なく退屈でつまらない作業でした。ですが、わたしと息子が新しい国に転居するための法的書類の手続きに比べれば、それも楽なものでした。その2週間のうちに、海の向こうにいるジョイスは仕事を探し、住む場所を見つけ、車を買わねばなりませんでした。しかも、息子のジョーダンのためにインターナショナルスクールのある町でなければなりません。

息子とともにオランダに着いた頃には、わたしの神経はボロボロでした。家や慣れ親しんだ環境のすべてを離れることへの不安が押し寄せ、ノイローゼになっていました。

ジョイスの両親は本当に優しく、一生懸命に英語を話そうと努めてくれ、わたしたちがリラックスできるよう配慮してくれました。美味しい食事を作り、家族のように接してくれました。二人はとても純粋な愛と気遣いを示してくれ、まるで未知なる土地に来た幼い子どもに大好きな肌に馴染んだ毛布が与えられたかのような心地良さでした。

わたしたちを車であちこちに連れて行っては、冷蔵庫の買い出しからトレーラーのレンタルまで手伝ってくれました。オランダの最南端のマーストリヒトという都市に住むことになったのでですが、そこへベッドを運ぶためです。

ママは掃除やペンキ塗りを、パパは棚の据え付けや洗濯機の設置を手伝ってくれ、お喋りしながら一緒にチーズサンドイッチを食べ、このようにどこの家族もしているような単純で普通のこと、馴染みあることをして過ごす時間が、わたしにとっては本当に救いでした。

すべての知り合いとお別れし、何もかもを後にしたわたしが立ち直れたのはジョイスのご両親のおかげだということを、本人たちは今でも知らないと思います。二人は、混沌のただ中にいたわたしに家族や家庭の感覚を取り戻してくれました。わたしの毛布になってくれたのです。

オランダに着いてからはじめの2～3週間はとても大変でした。何もかも初めてのことばかりで、すべてがあまりにも慌ただしかったのです。それまでの生活を打ち切り、何もないゼロからすべてをスタートさせることに気が重くなっていました。慌ただしさに助けられてなんとかやり過ごせる日もあれば、とても辛い日もありました。

ジョイスのご両親の家で過ごす最後の夜のこと、わたしは裏庭に出て夜のお祈りをはじめました。思いがけずわたしはすっかり感情的になり、すべてがあふれ出てきました。わたしはまったくの異国にいて、これまでの旅とは違って、「家に帰る」ことはもうないのだという現実が立ちはだかっていました。わたしにとっての故郷はなくなり、自分の人生と思っていた物事や当たり前だった生活は消え、知り合いは一人もいませんでした。

わたしは大都市にいて、周りはたくさんの人々、通り、車、バイク、そして騒音が行き交っています。わたしは言葉も理解できず、息子は大きな学校に行こうとしています。息子については「きっと適応できるだろう」とただ信じるしかなく、そして娘は……娘は……。考えただけでも耐え難く、あまりにもリアルに辛く、生々しくて、肉体的にも精神的にも受け入れられませんでした。

前の離婚のあいだ、子どもたちは裁判により別居させられていたものの、娘は父親と幸せに暮らしていました。わたしに与えられていた娘との時間は、夏と休暇のあいだだけでした。これでいいわけがありません。どうしてわたしの人生はこんな旅路になっているのでしょう。なぜオランダにいなくてはいけないの？　このすべての目的は、何なのでしょう。

わたしの祈りはあまりの嘆きと悲しみに文章にもならず、支離滅裂な、すすり泣きの言葉の連なりでしかありませんでした。すると突然……、どこからともなく、わたしのマインドの中の目に、その年のはじめにオランダに贈られた神聖クリスタルが映りました。

くっきりとすべての輪郭や細部まで、まるで太陽に照らし出されたようにクリスタルを通過している光の線のすべてが見えました。

◎聖地のないオランダ　神聖クリスタルを埋める場所が見つからない不思議

マインドの中に見えたこの美しいクリスタルを見ているうちに、わたしはこのオランダで儀式を行いクリスタルを地中に埋めたときのことを思い出しました。

奇妙ですが、このクリスタルはわたしと特別なつながりがあること、ほかのクリスタルにはない、何があっても壊れることのない絆があるのだと、その瞬間にわかったのです。

そのクリスタルは、まさにわたしと同じようにこれまでずっとアメリカにいたのに、ある日、それもまったくの突然に海を渡り、この国が新しい故郷となり、そこでこの上なく重要な仕事を成し遂げることになったのでした。

義理の両親宅の真っ暗な裏庭で、わたしはまったく無言で立ち尽くしていました。クリスタルのイメージに完全に圧倒されながら、そのクリスタルがオランダに行くことになると初めて知ったときのことを思い出していました。

六つめの神聖クリスタルはオランダに行くのだと知らされたときは、まだアメリカ・サンタフェに住んでいました。そのとき、何とも表現し難いのですが、とても馴染みある感覚が生じました。からだが重くなり、頭のてっぺんから足元まで、お湯を注がれているような感覚です。この感覚がやってくるのは、何かがこれから起きようとしているときです。グレート・マザーの声が聞こえてくるか、もしくは何かを見せられるのです。

このときは、クリスタルが行くべき場所を知らされました。これは推測ではありません。提案でも、提議でも推奨でもありません。揺るぎなく、絶対にそうだと確信します。クリスタルは、オランダに贈られるのです。

そう受け取ると、あっという間に感覚は消え、裏庭に座っていたわたしは丘の向こうで西に落ちゆく夕日を眺めながら考えました。

「オランダ？　でも……、なぜオランダなんだろう？」実は、このことは誰にも打ち明けたくなくて、ジョイスにさえこの話はしませんでした。とにかく腑に落ちなかったのです。

クリスタルはいつも、先住民族や聖地に贈られていました。しかも、かならず人のいない荒野に返していました。なのに、なぜこんな人口の密集した国に贈られるのでしょう？　何週間も考え、納得のいく説明や解決策を探り続けましたが、答えはありませんでした。

第一に、クリスタルは強力なレイライン内に配置せねばなりません。第二に、人や道などに干渉されない自然の中に配置せねばなりません。そして第三に、それぞれのクリスタルは何か特定の神聖さを象徴します。

わたしの知る限り、オランダ起源の先住民族はおらず、聖地もありません。知っているのは宗教的な礼拝堂、寺院、聖なる泉くらいです。

そうしているうちに、巨石墳墓やいわゆる「支石墓」など、巨石構築物のある地のことを知りました。オランダの北方に花崗岩でできた53もの巨石遺跡が散在する地域があり、最大のものは20トンにも及び、それは墓室として約５５００年前に置かれたものだといいます。

ですが、その後に数々の祈りを捧げたところ、オランダに行くクリスタルが置かれるのはこの地ではなく、またこの地が目的でもないことがわかりました。こうして調べれば調べるほど、わたしは途方に暮れたのでした。

オランダが六つめの神聖クリスタルを受け取る理由がわかったのは、数ヶ月後になってのことです。先住民族にも特定の聖地にも関係はありませんでした。

答えは、「水」だったのです！　オランダにクリスタルが贈られる目的は、水を祝福するためでした。オランダ人と水といえば、ほかのどの国にもない特別な関係性があります。オランダの領土の3分の1は海面より低く、何世紀ものあいだ人々は干拓を行なってきました。あとの3分の1は海抜ゼロです。大半の都市は運河周りに築かれているばかりか、オランダにはヨーロッパ全域のどこよりも密集した水路網があります。アムステルダムだけでも100キロメートル以上にわたる運河、90の島々、1500本の橋があり〝北のベニス〟と称されています。オランダと水は切り離せない関係なのです。至るところに水があります。

水といえば知っての通り、わたしたちの惑星の不可欠要素です。わたしたちの生命にとって最も大切なもの、生命の源となる要素であり、わたしたちがクリスタルと呼ぶ小さな奇跡を収める器として深く崇敬されています。

そして先に学んだように、水は神聖な生命エネルギーであるばかりかわたしたちの意図を吸収し、運び、反応する力があることがわかっています。さらに、わたしたちの思考や感情のエネルギーはわたしたちの体内や頭の中に留まらず、二人以上の人が望み・愛・祈り・感謝のエネルギーを分かち合うときには電磁場を介して伝わり、

オランダ・アムステルダム

広がってゆくこともわかっています。これらのエネルギーは増幅し、波動と共鳴の集合フィールドを成し、わたしたちの周囲の水に影響を与えます。

わたしたちの意識的思考や祈り、感情、感謝が水に影響することは理解していたので、神聖クリスタルがオランダに里帰りする理由もわかり、疑念はすっかり消えてしまいました。

◎1500人以上の人と一緒に神聖クリスタルに祈りを捧げる

神聖クリスタルがオランダに行く理由は理解できたとはいえ、正確にどの地域に行くのかはまださっぱりわかりませんでした。人間の手の及んでいないいかなる活動からも離れた場所、水があり、主要レイラインが通っている場所を探し出さねばなりません。

次に、クリスタルを配置する前に、わたしたち集合体としての祈りとエネルギーを込めなければなりません。

わたしが土地を調べながら「正確な場所を示してください」と祈りを捧げているあいだに、「ハート・フォー・アース」の親しい友人はロッテルダムで行う特別な儀式のために、オランダ国内や海外からスピリチュアルな人々を集めるという大掛かりな仕事に着手してくれました。クリスタルにわたしたちの祈りとエネルギーを込めるためです。

この集まりは、それまで経験したことのないものでした。1500人以上の参加希望者が、ロッテルダムにある聖ローレンス教会という巨大な教会に列を成しました。教会もすばらしく、第二次世界大戦中の1940年のドイツ軍の空爆による破壊を逃れた唯一の中世時代の建物でした。

神聖クリスタルに愛と祝福を贈りにきた大勢の人たちを見てとてもワクワクしたと同時に、奇妙な不安を感じたのを覚えています。わたしはこれまで世界中で数々の舞台に立ち、大勢の人々に話をしてきましたが、この時ばかりはまるで見たことのない光景だったからです。

神聖クリスタルを保護する革製のポーチを手に、わたしは舞台に立ち人々を見渡しました。ありとあらゆる人種、肌の色、民族的背景からやってきた人々が、わたしたちの美しいマザーアースのために役割を果たそうと集っていました。この世界をもっと良い場所にするために真摯に善を行おう、良くなろうと、揺るぎなき思いで集まってきた人々を見て、わたしは純粋に人類が誇らしくなりました。

わたしの前には、子どもたちが床に所狭しと座り、期待いっぱいの笑顔を浮かべていました。椅子はすべて埋まり、壁際のスペースにはぎっしりと人が立ち並んでいます。車椅子で参加している障害者の人々や、病院のベッドに寝た状態で参加している人までいました。老いも若きもみな、マザーアースに祈りを捧げるために来ていたのです。

この時のことをわたしはけっして忘れません。思い出すと、今でも涙が出ます。人類は歴史を通してそれは多くの苦難を経て、政治・宗教・道徳的理由のために戦わなければならないときが何度もありました。

そしてこの日、わたしたちは史上最も大切な行動を起こしました。人類が一つになるために、偉大なるマザーアースを守り愛するために、断固とした姿勢を見せたのです。

わたしたちは一つになり、それぞれのやり方で祈りました。わたしたちの惑星と全人類の癒しのために、一人ひとりが祈りと祝福を捧げました。マザーアースの子どもとして、愛と感謝をもって一つになったのです。

もはやわたしたちはアメリカ人でもオランダ人でもなく、白人でも黒人でも黄色人種でも赤色人種でもなく、男性でも女性でもなく、裕福でも貧困でもありませんでした。ファミリーだったのです。

一つのマザーの元に生まれた兄弟姉妹として、一つの目的のために立ち上がったのです。わたしたちはまさに「虹の民」でした。虹の民（トライブ・オブ・メニーカラーズ）とは地球にかつてない最大の変化をもたらすために集まり、団結すると予言に出てきた民で、エゴ意識から愛の意識へ転換させる初めの人々です。

儀式の終わりに先立ち、わたしは立ち上がってクリスタルを頭上に掲げ、みなが近くからクリスタルを見られるように大勢の人たちがなす列のあいだを練り歩きました。そうしている間にわたしの腕が震えはじめ、クリスタルを持ち続けるのが辛くなってきました。あまりにも長いあいだ両腕を頭上に掲げていたために両腕を動かせなくなっていることに気づき、腕の位置を変えよう、両腕を下げようとしました。

クリスタルを落としてしまう、ちょうどそう思った瞬間、2本の腕が後ろからさっとあらわれてわたしの両腕をしっかりと支え上げてくれました。振り返ると、そこにとても馴染みのある顔が見えました。エジプト旅行で一緒だった仲良しの友達ジェンと、わたしにとって心のブラザーである男性が優しい笑みを浮かべて立っていたのです。彼は、人々の中を歩くあいだずっとわたしの腕を支え続け、最後にはステージに上がるまで手伝ってくれました。

ステージでは、みなで最後の祈りを捧げました。教会にいた人々の祈りとともに、ライブ中継を見て世界中から参加してくれた何千人もの人々からの祈りもそのクリスタルに込められました。

締めくくりの祈りが終わると、乳白色だった神聖クリスタルはわたしの両手の中で明るい白色に変わりました。実際に光を放っていて、触れると火のように熱を帯びていました。あまりに熱いので革のポーチを使ってクリスタルを持ち、そのままポーチの中に戻しました。

わたしは、クリスタルにいろいろなすばらしいことが起きる様子を目撃してきました。手に持てないほど熱くなったり、まぶしいほどの光を放ち輝いたり、あるときは、あらゆる色彩の光を放射しながら回転し、地上から浮き上がったこともあります。

それまでの8年のあいだに何度もクリスタルの奇跡を体験してきたわたしは、とても恵まれています。クリスタルに対する畏怖と驚嘆の念は永遠なのです。

◎神聖クリスタルを捧げる場は思いもよらぬ場になった

ロッテルダムでの集会が終わり、数千人からの祈りがクリスタルに捧げられると、次はこのクリスタルを新しい故郷に配置せねばなりません。レイライン・エネルギーと水の記憶を介してこの祈りを伝搬させるためです。

そのための特別な場所を探すのが、このプロジェクトで最大の難関でした。そしてその答えはまさか思いもつかない形でやってきたのです。

先立ってジョイスとわたしが海外での講演を終え、帰途に着くため空港を歩いていたときに、ある電話がかかってきました。この一本の電話がすべてを変え、無限に続くかと思われたクリスタルの里帰りの場所探しを終わらせてくれました。

オランダ王室の一員であるある人からわたしたちに助力したいと申し出があり、人間の活動地域から隔離された自然の地で、しかも非常に強力なレイラインがちょうど東から西に走っている地域を知っているとのことでした。地域探しはこれで終わり、わたしは地球内に神聖クリスタルを配置するために手を貸してくれる少人数のグループ集めにとりかかりました。

そしてついに、当日が来ました。晴れ晴れとしたその日、わたしたちは安全に隔離された道の端で集合しました。

わたしはレイラインの通っている正確な場所を感じるために裸足になり、グループの先頭に立って歩きました。レイラインを踏んだときは、独特の感覚があります。高振動ですから、足の裏を震わせるようなピリピリする感覚です。たとえるなら一番近いのは、電子研磨機を一時間使い続けた直後の手の感覚です。

裸足で歩きはじめて1キロメートルも行かない場所で突然、わたしはレイラインに足を踏み込みました。このときのレイラインは、世界でも最大級のレイラインの一つだと前もってわかっていたので、踏むときには心の準備をしておかねばと思っていました。ですがこのレイラインが放つエネルギー量といったら……！　わたしには、そこまでの心構えはまったくできていませんでした。驚きのあまり思わず息を呑み、意識を集中させて儀式をはじめるために自分の調整からはじめなければならないほどでした。

わたしたちは小さな輪になると、東西南北とグレート・スピリット、聖なるマザーアースに祈りを捧げはじめました。そこには子どもたち、母親、父親、癒された男性性と女性性、そして高齢の女性・男性それぞれの代表者がいました。

わたしの大切な友人は、オランダの各地方の土と、ダライ・ラマの祝福が込められた贈りものを持って来てくれました。花びら、セージ、ドジョウツナギ、そしてわたしが世界中の聖地から汲んできた水が贈りものとして用意されていました。これらが、神聖クリスタルとともに地中に埋めるために捧げられました。

祈りが唱えられ、愛するクリスタルは湿った地中にある新しい故郷に置かれました。祈りはレイラインのエネルギー・グリッドを通ってオランダ中に、そして世界中の水の結晶質へと伝えられるのです。

最後に締めくくりの祈りを唱え、神聖クリスタルを埋めた場所に一握りの土を置いたところまでは覚えています。そして突然、わたしは思考から引き戻され、気づけばジョイスの両親の家の裏庭に立っていました。わたしは、胸の裂かれる思いでお祈りをしているうちに突然、オランダにクリスタルを捧げたときのことを体験したのです。

それがどういう理由があってのことなのかわからず、ただ立ち尽くしていましたが、やがて腑に落ちました。オランダに神聖クリスタルが来ることになったとき、わたしはその理由がまったくわかりませんでした。でも間違いがあったわけではありません。ただ未知だったのです。

アメリカで「どうしてオランダなの?」と考えていたときは、全体像が見えていませんでした。そしていま、わたしはまた同じ状況にいます。不安に駆られ、自分はどうしてオランダにいるの? と考えあぐねています。

しかしそのとき、ようやくわたしはもう一度息をつき、不安や疑問をいくらか手放すことができました。自分にはまだわからなくても、すべてには目的と理由があるのだと思ったのです。まさにわたしはクリスタルと同じように、慣れ親しんだものにお別れを告げて、新しい場所、新しい家、オランダで新しい生活をはじめるために飛行機で太平洋を横断してきたのです。

何年も経ったいまとなっては、ジョイスが強制送還されたのは悲劇的事件でもなければ、わたしたちに課せられたむごい苦難でもなかったことがわかります。あれはグレート・スピリットとマザーアースによる巧みな計らいだったのです。彼らは、わたしが愛するワイフとともにいるためなら地球の果てまででも追いかけてゆくことを知っていて、オランダにわたしを呼びたかったのです。

当時は、オランダに移住することでわたしにとって最高に大切な友人たちと巡りあうこと、恐れや抑圧・不安・恥を原因とする長年患っていた深刻な病気からわたしが解放されることなど知る由もありませんでした。

わたしの人生は大転換を何度も迎えていて、いまでも信じ難いほどです。かつてモルモン教徒の村で主婦をしていたわたしは、自分は完全におかしい、わたしには価値がないと心の底から思っていました。わたしという人間やわたしの信念があまりにもかけ離れていたからです。その頃知っていたすべての人々の中で、自分は除《の》け者だと感じていました。

それがいまでは、想像できる限りの最高に恵まれた人生を送っているのです。人の優しさと受容、そしてわたしが住んでいるこの小さな村やここにいるすばらしい人たちは、わたしの人生を変えてくれました。わたしは自分の家族に誇りを持ち、自分の故郷と呼べるこの地に誇りを持って生きています。批判されたり恥ずかしい思いをすることなく、自分に対する憎しみや苦しみを抱えることもなく、自分を愛し、自分の信念を信頼しながら人生の目的を生きています。わたしは幸せです。健康です。そして何より大切なことに、わたしには愛があるのです。

七つめの神聖クリスタルはペルー・チチカカ湖へ

◎あこがれの地へ楽しき旅のはじまり

七つの神聖クリスタルがわたしに委ねられてから、8年が経っていました。

わたしはクリスタルの故郷を見つけるために世界中を旅し、あらゆる冒険や神聖儀式、壮大な旅路を経てきました。残るは最後の一つになっていました。ですから、七つめの最後のクリスタルがどこに行くかが明らかになったときは興奮しました。これで世界を一周するエネルギー・グリッドが完成するのです。

そして、その行先はペルー、チチカカ湖です！

チチカカ湖は南米最大の湖で海抜は３８１０メートル、世界でも最高地点にある湖です。この湖にまつわる謎や古代の物語はたくさんあり、わたしにとっては地球上で最も魅力的な場所の一つです。

ペルーとチチカカ湖については、小学五年生の頃に学んだ記憶があります。わたしは小さな木の机に座り、先生は黒板の前に吊り下げた地図上でその場所を教えてくれました。わたしの想像はラマ、パン・フルート、色とりどりのドレス、丘の斜面に広がる石の遺跡のイメージでいっぱいになりました。片田舎に住むモルモン教徒の少女にとって、この地は世界の真反対にある場所、ともすればおとぎ話のような存在でした。

それから長年の月日が経ち、数々の人生経験を経たわたしは荷造りをし、最後の神聖クリスタルを脇にたずさえ、ペルーはリマ行きの飛行機に乗る準備をしていました。

「本当にペルーに行くなんて……」これはわたしにとってあまりにも非現実的で、理解不能でしかありませんでした。この地に行くことをあまりにも長らく夢見ていたので、飛行機の窓からアンデス山脈の頂上に積もった雪を垣間見るまではまったく実感がありませんでした。ところがその頂上を見た途端、ようやくわたしは「本当にペルーに来たのだ！」と実感が湧きました。目の前に実際にアンデスが見えていたのですから！　ジョイスとわたしは顔を見合わせ、大はしゃぎで笑ってしまいました。

ペルー・チチカカ湖

まもなくリマに着陸し、荷物を受け取って出口に向かいました。自動ドアが開くと、なんと驚いたことに人だかりができていて、キャーと叫ぶ人、手を振る人、ドアが閉まる前に写真を撮ろうとする人たちまでいます。わたしはすこし戸惑いながら周りを見渡しました。その部屋にはわたしとジョイス、ジョーダン、友人のトム、それからペルー人の少年だけで、あとは空っぽです。

ふたたびドアが開くと、また同じように人々が沸き、声援が飛び、またドアが閉じる前にカメラのフラッシュが光りました。ペルーの人たちはわたしのことを知っているのでしょうか？　もう一度ドアが開くと、わたしは精いっぱい、セレブさながらに手を振ったり笑顔を振りまきながら出て行きました。そこでやっとわかったのですが、わたしたちの後ろにいた少年は実はペルーのポップスターで、みな彼に会いに来ていたのです！

わたしたちは大笑いし、バスに乗り込みました。びっくりするほどボロボロの多彩色バスで、横の扉はバタンと開いたままです。バスは弾みながら、ほかの車のあいだを縫うように走りました。わたしたちはみな、目を大きく見開き満面の笑みを浮かべていました。ついに、本当に、わたしたちはペルーに着いたのです！

わたしたちは2~3日のオフを満喫しましたが、先にリマに来ていくつかの聖地でクリスタルの儀式を行っている人たちもいました。全員が到着し、みなでそろってリマのマーケットでペルーのパンツにポンチョ、チュロ・ハットを買いそろえ、ペルーらしい服装まで満喫しました。

後はクスコに飛ぶだけでした。クスコでは先住民アンデス人のシャーマンでありガイドであるマルクに会うことになっていました。

さて、リマ空港[*1]に行ったことのある人はご存じでしょうが、飛行機の出発時間やスケジュールは、確定した予定というよりも「見込み」のようなものです。当日、わたしたちはリマ発クスコ行きの飛行機にグループ全員が確実に乗れるよう、数時間の余裕をもって早朝の空港に到着しました。すると大きなスピーカーからいきなりアナウンスが流れ、わたしたちのうち数名の名前を呼んで「直ちに搭乗してください」と言うではありませんか！ まったく理由もわからないままにわたしたちのうち数人が任意に選ばれ、離陸しようとしている飛行機に搭乗してくださいと言われたのです。わたしたちは啞然として互いの顔を見合わせ、大急ぎで動きました。

わたしはその2ヶ月前に脚を骨折し、6本のネジとピンと金属板を埋めていたので、走ることなどできませんでした。それを知っていたジョイス、ジョーダンとほかの二人はわたしの前を走って行きました。わたしの親友マンマ・マリウザと、グループでもう一人走ることのできないキャサリンは、わたしと一緒に遅れて後を追いました。前方を走るジョイスの揺れる黒い巻き髪をなんとか目で追いながら人ごみの中を駆け抜け、行き先を把握するのに精いっぱいでした。

ぎこちなく左脚を引きずりながらも、わたしたち三人は長い通路や曲がりくねった廊下を全速力で進みました。ぜいぜいと息を切らし、汗だくになりながら「わたしは置いていって、あなたたちだけで行きなさい」と覚悟を決めたり、「こんなに走ったのは1970年代以来だわ」などとおかしなことを考えているうちに三人はようやく搭乗ゲートにたどり着き、飛行機になだれ込みました。

そしてみなでクスコに到着すると、息切れはまだまだこの先も続くことを思い知らされました。

クスコは標高3399メートルですから、高山病にならないようにみなでココアの葉を噛み、いつもよりたっぷりと水を飲み続けました。

クスコ空港[*2]からはわたしたちのマスター、マルクとともにバスに乗り、インカ文化の中心地、待望の聖なる谷へ向かいました。標高の高い砂漠のような山々を抜けると見えるのは、下方に広がる肥沃な花と穀物の緑の草原。そしてそれにゆるやかにつながる渓谷。ほかではけっして見られない光景です。（＊1、＊2　空港名は通称）

◎チンチェロ、オリャンタイタンボ、モライ、マチュピチュ――インカの聖地を儀式でつないでいく

わたしたちは途中で何ヶ所ものパワースポットに立ち寄って神聖クリスタルを数々の聖地につないでゆきました。

まずは、地球の祭壇と呼ばれるチンチェロです。この高エネルギーの特別な地で聖なるマザー・パチャママにつながった後は、古代インカ都市オリャンタイタンボに向かいました。ここは古代テクノロジーと古代建造物の謎に包まれた場所です。巨大な太陽神殿や無数のテラス、皇女の浴場があります。

次にわたしたちはモライに向かいました。すばらしいインカ・サークル、螺旋状のテラスはその完璧な建造と位置からして超自然現象のようです。

ここでわたしたちは東西南北とグレート・スピリット、マザーアースに祈りを捧げました。そ

れぞれの出身国に従って、一人ひとりが各方角の象徴となりました。その儀式はとても強力で、わたしたちはこの地に来た重要性に気づかされました。これら聖地の謎と神聖さと重要性を知るためではありません、わたしたちのエネルギーをこの地につないで、わたしたちの贈りものである最後のクリスタルをマザーアースに捧げるために来たのです。

モライの環状テラスからは電車に乗って、マチュピチュのアグアスカリエンテスの村へ移動です。ここはペルーのアンデスにひそむすばらしい孤立都市で、長年この目で見たいと願い続けてきた地です！

到着して狭い石の道に足を踏み入れた瞬間にそこがとても特別な地である感覚、時間から切り離されて何もかもが独特という感覚が込み上げてきました。わたしたちを取り囲むジャングルの茂みは大気を湿らせ、木の燃えるような香りがあたりに広がっています。

山を激しく落ちて行く水の白いしぶき、さらに高い山々の頂上を臨むように巨大な岩の断崖が突き出していて、取り囲むように連なる山々のふもとには小さな村が見えました。

「マチュピチュ！」偉大なインカの帝王パチャクテクの巨大な銅像の前面に、太文字でそう書かれています。地図で見ているのでも、五年生の歴史の教科書で読んでいるのでもありません。この都市の真ん中にわたしは立っているのです！

涙が込み上げてきたり、まったく信じられなくて興奮のあまりクスクスと笑ったりしているうちに信じ難いものを目にしました。思わず自分のからだをつねったほどです。やっぱりこれは夢なのでしょうか？——一頭の巨大な、しかもまったく毛の無い犬がわたしの前に歩み寄ってきたのです。そしてそのあと、その犬は地元の人々に導かれて道を横切っていきました。一緒に立っていた仲間を見ると、彼らもわたしと同じ表情でした。やがてマルクが大きな笑みを浮かべながらわたしたちのところにやって来て「ペルーの毛の無い犬を見たね」と言いました。あんな犬が存在するとは思いもしませんでした。後に知ったのですが、あれは古代のインカ時代前から続く血統の犬で、魔法のパワーを備えていると考えられています。わたしは村に着いて5分も経たないうちから想像を超える経験をしていました。

その夜、わたしたちは曲がりくねった小道を探検し、地元の食事を堪能し、古代遺跡への旅に備えました。

翌朝、準備万端のわたしたちは空中の古代都市マチュピチュの古代遺跡につながる曲がりくねった小道をワクワクしながらバスで登ってゆきました。このときのために、わたしはずっとリハビリを行ってきました。山の頂上にある石の都市まで真っ直ぐ続く石の階段を何百段と登るために、脚を鍛えてきたのです。脚を骨折していようがいまいが、山を登る。何ものもわたしを止めることはできません！

どの方向を見ても、開いた口がふさがらないほどの美しさでした。はるか彼方の紺色の空に広がる稲光。周りを囲む山々の頂上に広がる緑の丘陵。自らのエネルギーに輝く古代遺跡。とても息を呑まずにはいられません。

少人数のわたしたちグループはまずマチュピチュの都市上部の高地まで歩いて登り、草のテラスに座って遺跡を見渡しました。ここで初めの儀式を行い、祈りと感謝を捧げました。

わたしたちは瞬く間に、この特別な土地のエネルギーに圧倒されました。儀式の最後には稲妻が大きく光り、紺色の雲が分かれ、天上から温かい光が流れ出て、山の斜面に座っていたわたしたち小さなグループに注ぎ下りてきました。

間もなくしてキラキラ輝く虹が蝶々や鳥たちとともにあらわれ、わたしたちの回りをぐるぐると回転しました。こんなことが起きて、わたしたちは喜びと感謝でいっぱいになりました。

その後2日間は都市部を周り、ありとあらゆる神秘に出会いました。山上まで新鮮な水を運ぶ先住民の水路、壁や階段をなす完璧に切られ配置された石（インカ帝国時代以前の人々とインカ人によって建造されたと考えられています）。熟練の建築技術や、これほど高地の岩だらけの山頂で穀物を栽培するために作られた無数のテラスにかけられた労力を思い、畏敬の念に包まれました。

誰でも古代都市マチュピチュの写真を雑誌や絵葉書で見かけたことはあるでしょう。山頂に建てられた石の壁には目が行きますが、地面の土は見落としがちです。そう、土です。都市に敷かれた土、穀物を栽培するための何百段もの農業テラスに敷かれた土はすべて、ふもとの肥沃な渓谷から山頂まで運ばれたものなのです！　ここまで見事な場所を見ると本当に唖然とさせられます。ただただ、すばらしいとしか言えない体験でした。

この神聖な山の頂上に立ち、これほどにすばらしい遺跡に囲まれて初めて、人々がいかにグレート・マザー・パチャママと密接に共存していたか、先住民がどれほど先進的な人々であったかがわかるというものです。

マチュピチュ

オリャンタイタンボ

オリャンタイタンボの石壁

わたしたちは高地の道を進み、古代遺跡よりさらに上ったところにある大きく開いた洞窟の中に集まりました。そしてマチュピチュの反対側の渓谷を臨むこの場所で神聖クリスタルとこのパワフルな土地をつなぎ、愛と尊敬を捧げる最後の締めくくりの儀式を行いました。

◎ペルー古代文化発祥の地に伝わるすばらしき恵み

わたしたちはそこから下り、旅を続けました。わたしはこの地、この瞬間を生涯けっして忘れまいとすこしのあいだ立ち止まり、最後にあらためてあたりを見回したときのことを覚えています。

山の頂上にたたずむ古代都市。渓谷の底を流れる偉大なアマゾン川の源流。緑に彩られた山々の頂《いただき》。暗い空。そして世界中から集まってくれた35人からなるわたしたちの愛すべきグループ。わたしの友人たち、家族。みな、わたしと同じようにマザーアースを愛するからこそ、ここにいました。この瞬間はわたしの記憶に永遠に刻まれることでしょう。

わたしたちはこの美しい聖なる谷でもう一晩を過ごし、ティポンに戻りました。

ティポンは、水の神殿と蛇の洞窟で知られています。ここはすばらしい場所で、インカが水を高所に引き上げるために何百万年も使用していたという複雑な灌漑《かんがい》施設を見ることができます。

そしてわたしたちはケンコーへと向かいました。ここはピューマの聖地で、わたしたちが訪れた中でもお気に入りの場所の一つです。初めてこの聖地に着いたときは、巨石があって、そのところどころに座る場所が掘り出されている、ただそれだけの場所のように見えました。

また、この硬質の石には階段も彫られ、それに沿って蛇の絵や聖なるピューマのシンボルが彫刻されていました。しかしこの場所の中で一番不思議なところは、わたしたちの立っていた場所からは見えない場所にありました。

わたしたちは巨石が並んでいる場所から、狭くくねくねと曲がった階段を降りることになりました。基底部へ向かうためです。降りると、地中につながる小さな入り口に辿り着きました。その奥には部屋がありました。入口を入ってあらわれた、硬い石をくり抜いて作られた部屋は、おそらく3メートル×6メートルほどで、頭上には傾斜のある巨大な天井、そして壁一面に、一つの石から彫られた巨大な祭壇が備わっていました。人々はここでパチャママに贈りものと祈りを捧げていたのだと、マルクが教えてくれました。

わたしたちがここに来る前にも大勢の人々がここを訪れて、綿々と、同じように感謝を捧げていました。そんな聖なる場所で祈りを捧げられるというのは本当に素敵な経験でした。

わたしたちの小さなグループがここで行った儀式は、最も心のこもったパワフルな儀式の一つとなりました。わたしたちが捧げた歌やトーニングや祈りはその部屋にとどまらず、わたしたち一人ひとりの奥深くまで共鳴しているようでした。日々、グレート・マザーがわたしたちに与えてくれるすべての恵みに対して感謝を表現したときは、まるでグレート・マザーそのものに抱かれているかのように感じました。

後ろ髪を引かれる思いでこの聖地を離れたわたしたちは、あのすばらしいクスコに戻りました。クスコという都市に行くと、まるで昔の時代に連れ戻されたような気分になります。古代の石畳や石壁は剃刀が入る隙間もないほど細密に組まれています。古代寺院や広場にはカラフルなドレスと素敵な帽子をまとった地元の女性がたくさんいて、背中には商品の束を抱えています。

このすばらしい地域はペルー古代文化発祥の地として知られており、ティワナク人やインカ人など大勢のアンデス文化の故郷と言われています。そして今夜は、わたしたちの故郷でもあります。

わたしたちはこの先もいくつもの聖地を訪れる予定でしたから、この夜はたっぷり睡眠を取りたくて、ベッドに入れる幸せに浸りながらあっという間に眠りに落ちました。


翌朝わたしたちは時刻通りにバスに乗り、ピサクというインカの小村に向かいました。ここはすばらしい山を背後に控えた村です（その由縁から、考古学的宝庫と考えられています）。

バスを降りると、軸付きのトウモロコシや小品を売る美しい地元の女性たちが壮大な遺跡までの道を教えてくれました。

わたしたちはマルクに呼ばれて小さな輪になり、この歴史的地区のことを教わりました。

そして彼は、山の向こう側を指差しました。崖のふちには小さな洞窟がいくつかあり、その中に墓室が見えます。何世紀ものあいだに多くの墓室が略奪にあってきましたが、中には無傷のものもありました。このような場所を見ることができること、古代先祖の遺体がいまも納められているこの地域に居られることは光栄で、謙虚な気持になりました。

わたしたちはマルクの先導について、太古に築かれたこの神聖な地で生活していた人々を称える祈りを捧げました。

また、わたしたちの周りに広がる丘陵の斜面に築かれた、それはたくさんのテラスについても教わりました。一段一段を作るために何世代もの人々が尽力したこと、穀物を育てるために下方の谷から土を運び上げてきて一つ一つのテラスに土を埋めていったこと。通常、穀物は標高3353メートルを超える地域では育ちませんが、ここでは魔法のように育つのです。

そこからわたしたちはそれぞれに分かれ、方々に広がる古代遺跡を散策しました。遺跡の最上部まで登って歌と祈りを捧げた人々もいれば、テラスに降りて歌い祈った人々もいました。

わたしは二人の人と一緒にテラスに向かう小道を降りて行ったのですが、突然、ペルーの村の学校の小さな子どもたちのグループが恥ずかしそうにわたしたちの周りに集まってきました。なぜか、どの子どももわたしたちに、特にわたしと友人のポールに興味津々でした。彼らはクスクスと笑いながら、わたしたちの誰かに近づくよう互いを牽制《けんせい》し合っています。ついにわたしがリードをとり、微笑みながら彼らに歩み寄り「こんにちは」と言いました。するとあっという間に、わたしとポールは女の子や男の子たちに取り囲まれました。みんな、わたしたちの髪に触れたかったらしいのです！

やがて彼らの遠慮はなくなり、みなカメラを取り出して一人ずつわたしたちと写真を撮りたがりました。彼らを引率していた先生までわたしたちと写真を撮りたがりました。この子どもたちとの触れ合いはとても愉快で楽しいものでした。あとでわかったのですが、彼らははるか遠方の村から来ていて、黄色い髪の毛や、友人のポールほど背の高い男性を見たことがなかったそうです。

◎偉大なるマザーアースを信頼するイニシエーション

グループのみなと再集合し、どんなことがあったか報告しあったあとは次の行き先、サクサイワマンへ移動しました。

サクサイワマンの神聖な巨大構造物に入る前に、マルクはわたしたちを連れ、巨大な立石のあいだを縫ってとても狭い小道を進みました。縦一列に並んで進んで行くと、全方向を巨大な石壁に囲まれた行き止まりのようなところにたどり着きました。そしてマルクはこの神聖なスポットについて、こう説明してくれました。「**ここはイニシエーションの場所。恐れや自己不信、偉大なるマザーアースへ依存する力を試す場所**」だと。

彼の背後には巨石があり、そこにとても天井の低い真っ暗で狭い道が伸びていました。どうやらここが聖なるマザーへの入口のようでした。

マルクはわたしたちに「一人ずつイニシエーションに挑戦しなさい」と言いました。わたしたちはこの旅の道中で初めて心の一番奥底にある恐れに本当に向き合い、マザーに身を委ねることを迫られたのでした。イニシエーションとしてこの漆黒の闇の中に入ってゆき、外にかならず出られることを信頼し、曲がりくねる洞窟を進み行くのです。

「**グレート・マザーを信頼する**」と口で言うのと、実際に自らを手放し、自分より偉大な何かに身を委ねなければならない状況に身を置くのとは、まったく違います。

グループの何人かはとてもできないと言って、闇の中に足を踏み入れませんでした。ほかの人々はブルブル震え、目に涙をためながらもこの挑戦から引き下がりませんでした。

ここに入ると決めた者は狭い洞窟の入口の右側に片手をつき、もう片手は低い天井に当たらないよう頭上に置くように言われました。一人ひとりが心の中で祈りながら、真っ暗闇の迷路で「わたしを導いてください」とマザーにお願いをしました。

わたしの大親友が二人、大きく深呼吸して黙りこくったまま洞窟に入って行きました。わたしはグループの最後まで残り、未知と闇に飲み込まれそうな不安に立ち向かおうとしている人たちの恐怖が鎮まるように力を貸しました。やがてわたしの番が来ましたが、そこには南アフリカから来たシスターがいて、彼女は震えが止まらないものの、この挑戦を受けようと覚悟を決めていたので、彼女をサポートすることにしました。

狭い入口の脇に片手を置き、もう片手は頭の上に置きました。彼女は両手でわたしの肩につかまり、二人で真っ暗闇に続く入口にからだを押し込みました。洞窟の壁はあちらこちらへと曲がりくねっていて、わたしたちは漆黒の闇の中を壁をつたいながら進みました。天井がどんどん低くなってゆきましたが、ところどころで広くなっているところがありました。地面が石だらけで不安定なため、足を踏ん張ります。先に進むにつれてわたしの背中につかまる手の力もきつくなってゆき、彼女がパニックを起こしつつあるのが伝わりました。

ほかの友人たちが、必死で進む道を探しているのが聞こえました。出口を見つけようと、石がゆるくなっているところを掘っている音まで聞こえてきます。

途中、わたしにも恐れが湧き上がってきました。それは暗いからではなく、ほかの人たちの恐怖があらわに聞こえたからです。

グループの何人かは暗闇の中で後ろに向き直り、なんとか気を鎮めようと頑張っているのがわかりました。わたしにつかまっている友人の手は必死のあまり、わたしの背中に食い込む勢いでした。そして恐怖のあまり涙をこらえるのも限界がきていました。

彼らの責任者はわたしです。このときにわたしは思いました。「もうたくさん。道を見つけて、わたしのグループをこの洞窟から出してあげなければ」

わたしは壁から下に手をつたわせ地面に手をつき、そこからまた上に向かって壁をつたって低い天井を確認しました。そして手を前に突き出し、石の地面の足場を探りました。

そのとき、わたしの肩に温かな優しい手が触れ、マルクの声が聞こえました。

「そのまま進みなさい。もうじき外に出られますよ」

彼は暗闇の中、なんとか外に出ようと力の限りを尽くしているわたしたちを見守っていたのです。彼は、そこから出口までわたしたちを導いてくれました。

ようやく、かすかなそよ風が肌にあたるようになり、もうじき出口のところまで来ていることがわかりました。洞窟に沿って方向を転換しながらすこし進むと、出口が見えました。

出口では、闇の洞窟を行くという挑戦に挑まなかった人たちの笑顔や、すでに出口までたどり着いた人たちが出迎えてくれました。

出口にたどり着くと、南アフリカの友人は地面に崩れ落ち、すすり泣きました。彼女にとってはたいへんなチャレンジだったことが、そのときになってわかりました。

多くの人にとってはこれが一世一代のチャレンジでしたが、大丈夫だった人もいました。

わたしは座ってシスターをなぐさめながらグループの人たちが感想を伝えあっているのを聞き、このイニシエーションがわたしたち全員にとても大切な学びを与えてくれたのだと実感しました。みな、それぞれにこのイニシエーションから異なる意味を受け取っていました。そしてこのチャレンジを受けるか受けずに待つかの選択自体が、いまその人が人生のどのような段階にいるかを象徴していました。

けっして人に優劣はありませんが、その人がどのような壁を抱えているか、もしくはいかに壁を乗り越えてきたかが大いにわかります。

そこに座り、この経験について思いを馳せていたわたしは、この経験から実に多くの学びがあることに気づきました。

生きる中で何か困難なことが生じたときに人の言うことにただ従ったり、他人の信念に従ったとしたら、この闇の洞窟に入って間もない頃のわたしたちのようにまったく先を見失ってしまうのではないでしょうか。そしてそれはいったい何度あることでしょう？

また最後までやり通すためには誰かを頼り、助けを求める必要があるときだってあります。一人でやり通す強さがなくてもよいのです。**何より一番大切な学びの一つは、自分たちで全力を尽くしきったときにはかならず何かが力を貸してくれて、最後まで助けてくれるのだということです。**

わたしはこのイニシエーションに感謝しました。そして、わたしとともにいてくれた人たち、こんなチャレンジを受けてくれた人たちをとてもありがたく思いました。

◎巨石の壁・太陽神殿・サクサイワマン

イニシエーションの余韻にひたりながら、マルクはここからさらに新しい体験を提案してくれました。わたしたちはこれから迎えようとしている体験に興奮しながら、巨石とイニシエーションの洞窟とは反対側の場所に集まりました。

マルクはわたしたちを率いて広大な草原の丘を越え、氷河に削られた滑らかな石の道を越え、広々とした丘陵を上ってゆきました。そこでマルクは「目を閉じて、足の裏で聖なるマザーの感触を確かめるように」と言いました。もう一度マザーを信頼し、その状態で前に進むようにと言ったのです。

わたしたちは目を閉じたまま一歩ずつゆっくりと前に進むと、彼に「そこで止まって」と言われました。目を開くと、大きな崖のふちに立っていました。そして雄大な太陽神殿と巨石の壁が、眼下に一望できました。その壮大なこと！　このエクササイズをはじめた場所からはまったく見えていなかった景色でした。

サクサイワマンは、信じがたくも人類が成し遂げた最大の神秘の一つです。この古代の地は、インカ人が移住する前の紀元前９００～１２００年頃にキルケ人文化によって築かれました。深い畏敬の念が湧きあがる場所です。地球上でこれほど驚嘆と崇敬の念を感じ、好奇心をかき立てられる場所はありません。それほどこの地を建造した人々には深い知識と洞察力が備わっていたのです。

その建築で最も驚かされるのは、巨石の壁です。地面を横切るようにジグザグに建てられた巨石の壁は何百トンもあるのに（最大で約３００トン）、それがあまりにも完全無欠な完璧さをもってカットされ配置されているため継ぎ目さえ見えません。現在に至るまで、これらの石がどのように切られたか、あるいは移動させたかを裏付けるものは見つかっていません。この地を建造した人たちのずいぶん後にやってきたインカ人すら車や適切な木材は持っておらず、労働力となる家畜はいませんでした。**伝説によればこれは地球の魔法で、石そのものの願いによって移送されたとのことです。**

巨大な壁が並び立つ場所の上方、この複合建造物の高いところには3基の塔と太陽の家、雷と虹と月と星の神殿の土台部があり、いずれも完璧な幾何学形でした。ここにもいくつかの洞窟と地下構造がありました。

この場所の何もかもにわたしたちは言葉も出ないほど感服し、その美しさと神聖なエネルギーを味わえたことに心の底から名誉を感じました。わたしたちは巨壁の前の大きな広場の中心に集まり、太古の昔にこの場所を建造した人々に祈りと感謝を捧げる前にまず、わたしたちとクリスタルのエネルギーをこの遺跡につなぎました。その日は様々な体験をし、味わい、受け取り、深く考えることばかりで夜には疲れ切っていたので、クスコの町に戻って息抜きがてら楽しむことにしました。

その夜は10月31日。クスコでハロウィンです！　広場には地元のミュージシャンたちが集まり、パレードがあったり、軽食のお店が並んでいて人々であふれかえっていました。そしてカラフルな衣装に身を包んだ小さな子どもたちがたくさんいました。

わたしはジョイスとともに急いでホテルの部屋に戻り、家から持ってきたお菓子の袋を持って出て行きました。わたしはどこに行くときも、子どもたちに渡すお菓子を持って行きます。これはエジプトではじめた習慣で、それ以来ずっと続けています。ポケット一杯にお菓子を詰め、両手に抱えられる限りのお菓子を持つと町に繰り出しました！

あんなにハッピーな人々に会ったのは初めてで、みなが食べ物を分け合い笑っていました。子どもたちは駆け回り、遊び回っていました。ジョイスとわたしがお菓子を持っていることはすぐに子どもたちに知れ渡り、わたしたちはあっという間に大の人気者になりました。押し合ったりつかみ合うこともなく、みなハッピーな笑い顔で、ある子はわたしたちに衣装を懸命に見せてくれ、またある子は恥ずかしそうにわたしたちから棒付きキャンディを受け取ると走り去って大笑いしていました。

これまで過ごしたハロウィンの中でも、その夜は最も思い出深いハロウィンの一つとなりました。日中は古代の神聖な世界に浸り、続いて最高に楽しい夜を過ごしたのです。わたしたちのマザーアースを助けるという壮大な旅のために訪れたすばらしい国で、最高の友人や家族と過ごした魔法のような素敵な時間でした。

◎クリスタルと聖地をつなぐ儀式を「神々への門」で行う

その夜わたしたちは待ちに待った温かいシャワーを浴び、いくつかの活性炭の錠剤（旅行中の食あたりに使われる錠剤）を飲んで睡眠をとり、ウィラコチャ神殿に向かう7時間のバスの旅に出発する支度を整えました。遠い外国にいて食あたりになるのはけっして楽しい体験ではありませんが、どれほど気をつけていようが関係ないらしく、わたしはかならず最悪のタイミングで食にあたるのです。今回もいざ次の大冒険を目指してバスで向かっているときに、やはりあたってしまいました。

クスコを離れ、風景は乾燥した高地砂漠へと変わりました。完全に人の手が入っていないがらんと開いた道路沿いに小さな石製の家が点在していました。何軒かの家の扉の外には背の高い棒が立っていて、その上部に明るい色のプラスチック袋がくくりつけられていました。これは、チチャ（紫色のトウモロコシから作られるインカの飲み物）をそこで買えることを旅行者に知らせるサインです。ところどころで農夫がぽつんと一人で雄牛を使って畑を耕していたり、明るい色の服を着た女性が商品をつめた袋を持って道沿いを歩いているのを見かけました。

旅程の大半は広大な土地をただ突き進むばかり、ラクチのウィラコチャ神殿に着くまでひたすら砂漠が続くかと思われましたが、神殿に着くと風景がガラッと変わったことに気づきました。

あたりに広がる丘陵は木々や植物に覆われ、鳥の鳴き声の絶えない巨大建造物の周囲には草木の茂る湿地が広がっていました。なるほど、この神殿が「神聖な泉」と「浴場の地」と呼ばれるわけがわかりました。これがインカ帝国で最大の単層屋根建築、ウィラコチャ神殿です。

このすばらしい地からさらにわたしたちはプノ市へと続く、くねくねと曲がる道と呼べるかどうかもわからないデコボコの地面を飛び跳ねながら進みました。プノに近づくに従い、いよいよチチカカ湖に近づいている実感が湧き、そこで儀式を行うために遠路はるばる来たのだと感無量でした。

チチカカ湖の前にもう一ヶ所だけ立ち寄った場所がありました。みなから敬われているヘイユマルカ（神々への門）と呼ばれる場所でした。ここはクスコの南約388キロメートル、チチカカ湖の近くにあり、南米で最も神秘的な聖地の一つとされています。そしてわたしたちが次につながり、クリスタルをつないだ魔法の聖地でもあります。

門そのものは縦横ともに7メートルほどで、頑丈な石崖に垂直にくり抜かれています。左右の柱は壁を30センチほど彫り抜いて作られています。平らに切り込まれた壁の中央の地面には、どこにも通じない入口の扉があります。扉口は30センチほどの奥行で、中央に小さい丸い空洞があります。この巨大な扉の後ろや中には何もなく、ただ硬い石があるだけです。

これを見て、ペトラやトルコのアナトリアの崖に彫り込まれた扉口を思い出しました。いずれもほぼ同じ形状・大きさです。地元の人によると、**この門は〝ある決まったときに、ある賢人たちが来たときにのみ開く門〟で、神々とつながる地へ通じていると信じられています。**

ほかに、この門は「男性性や女性性を癒すものだ」とか、「スター・ゲート、ポータル」とか、あるいは「秘密の知識とパワーのエネルギー源だ」と言う人もいます。

インカの伝説では、大勢のシャーマンが見守る中で初代の神官であり王だったアラムムルが扉口の石壁の凹んだ部分にゴールド・ディスクを配置すると、ゲートウェイ（入口）のようなものが開き、王はその中に入ると姿を消して二度と戻らなかったといいます。

この門が本当は何なのかはわかりませんが、これが古代のものであり、この門を作った人々やそのほかの巨大な石の建造物を作ったのはマザーアースに深く結びついていた知性の絶対的マスターであることはわかります。

わたしたちはゲートウェイの前にグループの人々を集め、わたしたちとクリスタルをこの地のエネルギーと結ぶための祈りを唱えました。一人ずつ交代で扉口にひざまずき、祈りを捧げ、この聖地を作った人々と彼らの貴重な叡智に感謝を捧げてつながりました。

古代先祖がやったようにそのゲートウェイの小さな窪みにハートと頭を置くのは、心の奥から感動する体験でした。これまで行ってきた儀式の最後となる最も重要な儀式の前にここを訪ね、つながってきたそれぞれの聖地とエネルギーを思い出しながら敬虔な気持で沈黙の中でひざまずくという体験が、わたしには必要だったのです。

◎最後の神聖クリスタルをマザーアースに返す儀式

わたしたちは旅の最後までやって来ました。残るは一回の儀式でした。8年間、ずっと夢に願っていた最後の儀式。七つの神聖クリスタルの最後の一つを地球に配置するときが、ついに来たのです。そのためにわたしたちはみなここに来たのです。

プノで翌朝目覚めたときは、とても複雑な気持でした。もちろん、とてもワクワクしていましたが、すこし悲しくゆううつでもありました。それまで長いあいだ、このクリスタルを持ち歩き、8年間その世話をし、愛してきました。そんな最後のクリスタルを故郷に返すときが来たのです。まるで子どもが育って大学生になり、家を出てゆくときが来たような、その子どもにさよならを言うような気分でした。こんな気持になるとは思いもせず、涙があふれてきました。

わたしはホテルの外に出て、革の袋に包まれた大切なクリスタルを両腕に抱き、そっと静かな時を過ごしました。そして愛や感謝、それにすこしの悲しさと誇らしさが混ざり合って湧いてくるのを受け止めました。これらのクリスタルはわたしの大切な赤ちゃんのようなもの。でもお別れの時が来たのです。

しばらくそうして時間を過ごした後、深呼吸をし、咳払いをしながら揺れる感情を拭い去りました。そしてチチカカ湖に向かうためにグループを集合させました。いよいよクリスタルを里に返す時が来たのです。

その日の午後、わたしたちはプノ近くの美しい湖畔に到着しました。太陽はゆっくりと傾きかけ、湖岸には穏やかな波が打ち寄せていました。

わたしたちは、穏やかなで人の往来のない、儀式にぴったりの場所を見つけました。

この湖は最近、新たに水中道路や寺院やピラミッドなど水中都市が発見されて世間の大注目を受けていたため、ちょうど良い場所を見つけるのにはすこし苦労しました。

この湖底の聖地は失われたティワナクの都市だと信じている人もいて、かなりの注目を集めていました。人に見つかったり邪魔されることのない場所にクリスタルを配置したかったのですが、ここでもまたマルクのおかげでぴったりの場所が見つかりました。

湖沿いに周りからは見えない小さなスポットがあり、そこでわたしたちは儀式の準備にとりかかりました。わたしはマルクが連れて行ってくれたすべての場所、それぞれのエネルギー、テクノロジー、聖地、わたしたちが参加してきた儀式を思い返しました。わたしやグループのみながこの貴重な地域やエネルギーに触れられたこと、このすばらしい土地や人々のことを真に理解できるすばらしさ。訪れた場所それぞれがわたしたちに何かを教えてくれ、この儀式のためにわたしたちの何かを目覚めさせてくれました。

それはすばらしい旅で、一つ一つの経験がわたしたち自身について何かを教えてくれました。その頃にはすっかりお馴染みとなっていたみなの顔を見渡しました。彼らはわたしがこの仕事を責任をもってまっとうするのを手伝うために世界各地から選り抜かれたわたしの大切な友達、腹心の友であり、家族でした。こんなに素敵な人たちと一緒にいられる、こんなにも愛されている、そしてわたしもこんなにも惜しみなく彼らを愛している。わたしのハートは感激であふれかえりました。

モルモン教徒の五年生の女の子としてペルーについて勉強していた頃は、まさか将来自分がこうなるとは想像もつきませんでした。わたしはしばらくのあいだ、それぞれのメンバーのエネルギーと顔、胸はやる思い、この任務に対する誇りを今一度思い返すために一人ひとりを眺めました。

間もなくマルクとわたしはグループからすこし離れ、儀式のためにセージと聖なるコンドルとイーグルの羽根で互いを浄化し合いました。二人で祈りと儀式を行い、互いに向かって大切な言葉を交わすと、神聖サークルにいるグループの元に戻りました。

儀式はパワフルでした。マルクとわたしは北と南の象徴、イーグルとコンドル、マインドとハートを代表し、愛しいマザーアースを癒し称える統合を体現しました。全員でハートを尽くして聖なる祈りを捧げ、魂に宿る限りの真摯な心と献身を捧げました。

一人ひとりがその場でひざまずき、聖なるマザーアースの兄弟姉妹として、そして謙虚なマザーの子どもとして、地球の東西南北から来た証人として、自分の祈りを捧げました。マザーの癒しのために彼女の水が浄化され敬われますようにと祈りました。エネルギーのレイラインがパワフルで強力になるように、地中のクリスタルがわたしたちの祈りを運んでくれるように祈りました。人類の意識がハートに移行し、一つとなって、ふたたび生命の輪に備わる自然の法と秩序に沿って生きてゆくように祈りました。すべての先住民の人々の幸せと豊かな生活のために彼らが尊敬され称えられるように、大衆が彼らの伝統や在り方に耳を傾け、理解されるように祈りました。

七つの大陸のあらゆる聖地から預かってきた土、世界中の神聖な水、北米のパロ・サントや南米のアグアデフロリダ、ホワイト・セージ、タバコを捧げました。祈りに祈りを尽くしました。

この大切な儀式を終え、ほかのあらゆる儀式も終えました。

クリスタルの守護者であり番人であるわたしの最後の任務は、特別な捧げものの中に祈りを封じ込めることでした。わたしは儀式用のナイフを手にとり、ゆっくりと目的を定めて手のひら上をすべらせると、温かく赤い血があふれてクリスタルにしたたり落ちました。わたしの使命が遂行され、あとに残るはマザーに神聖クリスタルを返すのみとなりました。

　調和のとれた女性性を代表するジョイスと、調和のとれた男性性を代表する親友のジェンズがわたしの左右に立ち、三人で水辺まで歩み寄りました。二人がそれぞれに合図としてうなずくと、わたしたちの後ろで祈っていたほかの人々が湖に入ってゆきました。向かうのは、水深が急に深くなっている傾斜のあたりです。

　わたしは両手にしっかりとクリスタルを持ち、三人で冷たい水の中に入り、どんどん深いところへ進みました。水面がどんどん上がってゆきます。わたしは、鼻と口が水にすっかり浸かる前に古代の祈りの最後の部分を素早く唱えました。そして心からの最後のさよならを伝え、両手を開くとクリスタルはするりと離れ、彼女の新たな住まいへとゆっくり落ちてゆきました。


　追記として一つのストーリーをご紹介しましょう。ペルーへ旅立つ2ヶ月前、この旅に参加する予定だった大切な友人カレンが、がん闘病に敗れました。彼女がわたしに遺した言葉は、「儀式のあいだは、わたしも一緒にいるからね。わたしも行くから！」というものでした。

　聖なる儀式の当日、わたしたちのグループがチチカカ湖の湖岸へ下りてゆくとき、何百匹ものトンボがわたしたちを取り巻きました。こんなに大量のトンボを見たのは初めてで、トンボはグループのあいだを縫って飛んだり、グループ全体の周りを飛び回っていました。そしてなんと、数匹が飛んできてわたしの両腕や頭や神聖クリスタルを包んでいた革の袋にまで止まったのです。

それはとても忘れられない光景でした。何より、トンボはカレンのアニマル・トーテムだったのです。約束通り、カレンはわたしたちと一緒にいてくれたのです！

放射能被害を癒すためヒーリング・クリスタルを日本の聖地へ返す儀式

◎与那国島の海底ピラミッドにヒーリング・クリスタルを捧げる

講演のためにイギリスのウェールズにいたときのことです。ステージに出ていこうとしていたそのとき、友人がカーテンの裏から出てきて、わたしの耳元でささやきました。それは「日本を津波が襲い、原子力発電所が破壊された」という知らせでした。

そのときは、この惨事がわたしたちの美しい惑星にここまでひどい影響を与えることになろうとは誰にも想像できませんでした。ですが日が経ち、テレビでこの大惨事の様子を目の当たりにして、ようやくわたしたちはこれを現実として受け止めました。

わたしに与えられた聖なるヒーリング・クリスタルの行き先は、すぐにピンときました。日本に行かねばなりません！

わたしは世界中の友人たちにお願いをはじめました。「**日本の兄弟姉妹のために、放射能（訳註：放射能と、放射能を持つ放射性物質、放射線の両方を指す）を消滅させる癒しの祈りと意図をクリスタルに込めて送ってほしい**」と伝えたのです。

やがて我が家に、あふれかえるほどのクリスタルの入った箱が届きました。日本の友人たちもあまりにもたくさんのクリスタルが直送されてきて部屋が満杯になってしまい、その数の多さに驚いていました。

２０１４年の春、わたしたちは容量いっぱいまでクリスタルを詰め込んだスーツケースをいくつも持って、空港にいました。東京に着くと素敵な日本人のグループと合流し、早々にみなで次の沖縄行きの飛行機に乗りました。

沖縄で、わたしたちは初めの儀式にとりかかりました。その後も海と滝と飲み水の供給源である高地の小川を癒すために、たくさんの儀式を行う予定でした。

わたしたちは琉球民族が古代より儀式を行っていた地を訪ね、たくさんのヒーリング・クリスタルと祈りを水に捧げました。沖縄でのワークが終了すると、次は日本最西端の居住地区・与那国島と海底ピラミッドに行くのです！

止まぬ興奮を胸に、わたしたち少人数のグループは明るい黄色の飛行機に乗り込みました。東シナ海を飛ぶプロペラの音を聴きながら、わたしたちはハッピーに、お昼のお弁当を食べました。ついに島の近くまで来てよく見ると、島の長さは滑走路とほぼ同じサイズでした。わたしたちはみなでワクワクし、島を見つめながらシートベルトを締めて着陸に備えました。

小さな飛行機からこんなにもへんぴな島に降り立ったときは一瞬、世紀の探検に出たロビンソン・クルーソーにでもなったような気分でした。

そこで地元の素敵な男性と落ち合い、わたしたちは小さなホテル（おそらく島で唯一のホテルなのでしょう）に連れて行ってもらいました。この旅が進むにつれわかったのですが、この男性は、島にいるあいだはわたしたちに食事を運んでくれ、運転手ともなり、楽しい音楽の時間も提供してくれ、ボートツアーのガイドまですべて一人で兼任してくれる存在だったのでした。

ほんの少数でここに住んでいる人たちはとても親切で、何万年ものあいだご先祖様が生きてきたのと同じように食べ、歌い、ハッピーな生活を送っていました。

わたしたちは古代墓地を訪れ、確認されている中で最古とされる記述を見ました。島を探検し、ここにしか生息しない特別な植物や木々も見ました。島の最高標高地域に住む稀少な野生馬の群れを近くで見るという、すばらしい機会にも恵まれました。

どれも豊かですばらしい体験でしたが、わたしたちは海底ピラミッドを見る機会を興奮とともに心待ちにしていました。そしてついにそのときがやってきて、わたしたちはピラミッドの発見者である男性とともに小さなボートで海に出ました。

沖縄県与那国島の海底遺跡

みな、ポケットにたくさんのクリスタルを入れた状態で、水上で儀式をはじめました。東西南北と四元素に祈り、グレート・スピリットとマザーアースに祈り、その次にクリスタル（わたしたちが持ってきたものと世界中から送られてきたもの両方）を水に捧げる前に、わたしたちの水が癒されますようにと祈りました。

パワフルな儀式でした。土地や水が放射能で汚されないよう、安全でいてほしいと必死に願う日本の人々がボートにたくさん乗っていたというのもありますが、わたしたちの数メートル下には海底ピラミッドがあり、わたしたちはその真上にいたからでもあります。

わたしの手中にあるこのヒーリング・クリスタルは、前述のほかの七つの神聖クリスタルと永遠につながっています。これがいま、この隠された古代ピラミッドにつながっているのですから、それは特別なことでした。

わたしたちの祈りが終わると、「グラスボートの底を見て」と言われました。ガラスの向こうには古代建造物、切り出された壁、石のブロック、彫り出された階段、さらには日時計や、遠くにはイースター島のモアイ像のようなものさえ見えたのです！

それはただただすばらしく、**ピラミッドから感じられるエネルギー量はそれは強力で、わたしの腕の毛はずっと逆立ったままでした。水中に投じたクリスタルも、ありとあらゆる色彩を放ち輝いていました。**

◎もうひとつのヒーリング・クリスタルを八ヶ岳周辺のある水源へ戻す

ハートと頭にこの特別な経験を抱いて、わたしたちは後ろ髪を引かれる思いで与那国島を発ち東京に向かいました。

東京では日本の人々にクリスタルを使うことの大切さを伝えるため、何度か講演を行いました。放射能を除去し、人々のエネルギーを癒すために世界中から送られたクリスタルを来る日も来る日も日本の人々に手渡しました。数々のイベントが続き、最終日はこのイベントに集まったすべての人々がつながるために聖なるヒーリング・クリスタルを持って行きました。最後の儀式を行う前に、彼らの祈りと恵みを捧げるためです。

講演とイベントがすべて終わるとわたしたちは山梨に向かい、そこから長野に向かいました。どちらの町でもクリスタルを地元の人々に渡し、その使い方を教えました。神聖な井戸や小川、河川、湖では地元の女性の長老に同席してもらい、祈りとクリスタルを捧げて儀式を行いました。

そして八ヶ岳に行きました。山の斜面はピンク色の美しい桜の花で覆われていました。わたしたちは古代の寺院や神聖な森林や祀《まつ》られた巨木を訪れ、各地で土地と人々と水のための祈りを捧げました。

1日休息して山の天然温泉につかり、全員準備を整えて、重要な日の到来を待ちました。そして当日、わたしたちは山のかなり標高の高い地点から出発しました。目指すは山頂にある川の水源でした。河川や小川、運河、湖へ枝分かれして海へと流れ出る水路の初めの水の源を求めていたのです。

標高のさらに高いところへ登ってゆくにつれ、気温は下がってゆきました。やがて川岸に、氷や積もった雪を目にするようになりました。クリスタルは水中深くに配置せねばならず、氷を見ても嬉しくはありません。

これ以上登れない、というところまで達したわたしたちは、川沿いにみなで集まれる場所を探しました。そこでわたしは凍るような水の中に、崖から落ちてきたらしい巨石を見つけました。そこは、神聖クリスタルの新しい故郷として最高のスポットでした。

水流が絶え間なく巨石の表面にあたるせいで川底にくぼみができていて、石の下のあたりにクリスタルを置いても外れることはなさそうでした。

わたしはこの美しいヒーリング・クリスタルを両手に持ち、儀式に取りかかりました。近隣の村からも、何人かの長老に同行してもらっていました。彼らも祈りと歌と祝福をクリスタルに捧げるために山の頂上まで登ってきたのです。実に美しい集まりでした。川岸に沿って立ち、一人ひとりが水の浄化と放射能除去のため、恵みのために心からの祈りを捧げていました。まぎれもなく感情あふれるひとときでした。

ここにいる素敵な人々は、かつて起きたことのない放射能災害に見舞われた地域で実際に生活しているのです。彼らの家族や大切な人々に放射能被害が直撃していました。彼らの祈りは胸が痛くなるほどリアルで思いがこもっていて、わたしの目には涙があふれました。

長老たちとわたしが最後の祈りを終えると、わたしは両手にクリスタルを持って水辺に歩み寄りました。ジョイスは片時もわたしのそばを離れず、わたしの持つクリスタルを支えながら一緒に、氷のような水に向かって真っ直ぐ歩いて行きました。突き刺すような水の冷たさに息を飲みそうでしたが、わたしたちは力の限りその行為に集中しました。水深が胸の辺りにくるところまで進み、巨石に十分に近づくと、わたしは、最後にもう一度息を吸い込んで水中に潜りました。

巨石の下にあった小さな石をいくつか動かすと、聖なるヒーリング・クリスタルをしっかりとはめ込むことができました。そして、息を吸うために水上に顔を出しました。このときようやく、わたしのからだは水温に慣れようと懸命に耐えていたことがわかりました。息を吸おうとしたのに、吸えないのです。口を開いて呼吸しようとしても、どこにも空気が入らないのです。ジョイスがわたしの手を取り、岩の合間を縫って最短距離で戻れるように進んで、川岸からわたしを引き上げました。

わたしが体調を整え回復しようとしているあいだ、ジョイスとほかの数人は、世界中から送られた残りのクリスタルをこの川岸に並んだすばらしい日本人たちに配りました。

すると驚いたことに、涙で頬を濡らし、心の限り祈りを捧げていたこの日本人グループの人たちも氷のように冷たい水の中にそのまま入り、クリスタルを水に捧げはじめました。この素敵な人々が凍りつく水の中に立ち、謙虚に、真の献身をもって全霊をかたむけ祈る姿を、わたしはけっして忘れません。

●やってみましょう――放射能をクリスタルで除去する

今日に至っても、福島原発の放射性物質は太平洋に流出し続けています。前例のない、この放射性物質全面放出による海の汚染は、いまもなお広がり続けているのです！

世界中の食物や飲み水の汚染は続いていますが、わたしたちには、自らを守るためにできることがいくつかあります。

まずクリスタルを用意して、放射能を除去する祈りを込めてください（吸収するのではなく、除去するように祈ってください）。

これらのクリスタルをネックレスとして身につけたり、冷蔵庫の中や飲み水の容器にも、クリスタルを入れたりしてください。

Part3

聖なるクリスタルが正しく配置されたいま、わたしたちにできること

聖なるクリスタルは配置されました。いま、仕事にとりかかるときがきています

チチカカ湖の儀式の地を離れて二時間も経たないうちに、誰かがたずねました。

「それで、これからわたしたちは何をしたらいいの？」

わたしは、こんな質問をされたことにすこし驚きました。クリスタルは新たに配置されたばかりです。でも、そうなのです！　クリスタルがそれぞれの位置に収まったいま、わたしたちの仕事は、やっとこれからはじまるのです！

人類としての問題を解決しようにも、これまでクリスタルは地球のエネルギー・フィールド上に置かれていませんでした。**クリスタルを配置したのは、限りなく重要な転換期を迎えているいま、マザーアースのエネルギーを強化させ、それによって人類のエネルギーを強化させるためです。**

マザーアースを流れるエネルギー値が高ければ高いほど、人類を流れるエネルギー値も高くなります。太古からの真理として「万物はエネルギーであり、最強のエネルギーがかならず勝つ」と伝えられています。わたしたちは、この真理に立ち返るときを迎えているのです。

過去数千年の人類意識や歴史を振り返れば、どのようなエネルギーが世界を支配してきたかは明白です。戦争、欲、権力、肉欲、うぬぼれ、報復、まったくきりがありません。すべてを一言に集約するなら、高慢な「エゴ」のためと言えます。エゴは実に長い間、人類の集団意識を支配

してきました。その結果、わたしたちはこのすばらしい惑星にいながらエネルギーも波動も低く、バランスの崩れた環境で持続不可能な生き方をしています。

わたしたちは愛と平和と癒しと尊敬と名誉の祈りを込めたクリスタルを地球のレイライン上に配置してきましたが、これがわたしたちの美しいマザーアースのエネルギー周波数を高めて強化するばかりではなく、わたしたちのマインドやからだをも高めてくれます。

聖なるクリスタルが正しく配置されたいま、惑星のエネルギーがどんどん強くなれば、わたしたちの思考・感情・行動一つ一つにその効果がはっきりあらわれはじめます。つまり地球のエネルギーがスーパーチャージされれば、あなた方もスーパーチャージされるということ。わたしたちが愛の意識を養うことに思考と感情を集中させれば、わたしたちは愛の意識を育ててゆけるのです!

この地球上の酸素はただ偶然に存在しているのではなく、光合成のプロセスがあってそこから酸素が生まれています。人間の意識も、ただ生じたから存在しているのではありません。一人ひとりの人間の行動、信念、思考、感情によって形成されています。

人間の意識は、わたしたちが作り出しているのです。大多数の人がエゴに価値を置いて振る舞ったり考えたりすれば、わたしたちはエゴ意識で生きることになります。わたしたちが愛に基づいた思考に意識を向けてゆけば、みなのための愛の意識を育んでゆくことになるのです。

最強のエネルギーはかならず勝つという教えを思い出してください。すでに神聖クリスタルはそれぞれの位置に配置され起動していますから、クリスタルはわたしたちのエネルギーを支え、強化してくれます。そうすれば、わたしたちは世界をより良い場所に変えるために、大きな目的と情熱にもっとうまく取り組むことができます。

ツールは配置につき、準備は整いました。わたしたちの惑星上のエネルギーは大きくなり、強くなりつつあります。わたしたちが憎しみよりも愛を意識的に選ぶなら、この地球上の意識を変えてゆくことになるのです。

神聖クリスタルたちは傷つけられたものを癒し強くするためにエネルギー・グリッドシステム内の新しい位置に置かれましたが、すべきことはこれで終わりではないのです。これはほんのはじまりに過ぎません！

わたしたちはこれまで以上に、マザーアースのエネルギーとつながらなければなりません。日々の祈りを、瞑想を、愛の捧げものとハートのギフトを贈りはじめなければなりません。

東西南北、エレメント、そしてこの惑星での自分の目的、それぞれのつながりを取り戻してゆかねばなりません。

その手はじめとしてできること、それがパート1でご紹介した自分のメディスン・ホイールを作ることです。現在では、先住民の長老たちがジャングルや山や大砂漠や森から自ら出てきて、マザーや聖地ともう一度つながってゆくことの大切さを教えてくれています。

人類はあまりにも長いあいだエゴ意識に支配され、わたしたちの生活を維持してくれているこの惑星を傷つけ、放置してきました。わたしたちは生き延び、栄え、生命の輪の一部となって生きるために、もう一度、愛の意識から生きることを身につけなければなりません。そのためには聖なるものに立ち返らねばなりません。

地球の民として霊的に団結するか、もしくは資源破壊・地球破壊を続けてカオスと絶望の時代を迎えるか——。**先住民族の人々が伝えるビジョンは、わたしたち全員が一つのハートのもと団結し、祈り、瞑想し、聖地に戻り、マザーアースとその子どもたちが必要としている癒しをもたらすというものです。**

この重大な変化を起こすかどうかは、わたしたちにかかっています。この世界全体の運命は、わたしたちがどんな行動を選択するかにかかっているのです！　みなさんは、強者の中の最強の人々、この世界に欠かせない存在です。その恩恵と重荷の両方を理解しておくことが重要です。

地球上に古代からある聖地はレイライン上に配置されている
——わたしたちの聖地の位置を把握する

いま、わたしたちはこの惑星上の至るところにある聖地を把握し、ふたたび敬意を表してゆかねばなりません。

古代遺跡はいずれも、特別な理由があってそこに建てられています。そこにはパワフルなレイラインがあるのです。このレイラインについて、詳しく見ていきましょう。

わたしたちの多くは、ギザのピラミッドやストーンヘンジやプマプンクなど壮大な建造物のことを考えることはありますが、それらが配置されている位置がどのように重要かまで知る必要があります。

何十年にもわたり、わたしたちはピラミッドや古代遺跡の魅力にとりつかれ、感嘆してきましたが、その大部分についてはまだはっきりわかっていません。すべてが謎に包まれています。しかし、わたしたちの古代先祖や彼らが遺した巨大建造物と聖地を見れば、彼らのほうが優れた知識を持っていたことは疑いようもありません。

わたしたちの古代先祖は何者だったのでしょう？　あれほど精密な巨大建造物の建て方をどのように知ったのでしょう？　なぜこれほど多くの重要な古代遺跡が地図上で一線上に並んでいるのでしょう？

たとえばイースター島の聖地からペルーを通ってエジプトまで定規をあてると、直線上に並んでいることがわかります。そしていずれも、地球の中心から緯度10分の1度上に整列しています。ほかの聖地ではメキシコのテオティワカン、エジプト・ギザの大ピラミッド、中国の陝西省《せんせいしょう》のピラミッドも一線上に整列しています。

これは現代のテクノロジーをもってしても、大昔に古代先祖が成し遂げたことを真似することはできません。ギザ一つを見てもオリオンの三つ星と完璧な整列を成し、黄金数、光速、フィボナッチ数列が使用され、地球上のすべての聖地の第1節点にあるのです！

何より驚くのは、わたしたちの古代聖地は、人類の成し遂げてきた中で最も高度な偉業であるばかりか、いずれも精緻に整列して建てられていることです。古代遺跡は、ふぞろいに切られた石のブロックを驚くほど精密に組み合わせるという建造技術が用いられており、中には何百トンものブロックも組まれています。

これらの建造物は春分・秋分点に一列上に並んでおり、どの文化も象形文字、ミイラ、驚くほどの占星学技術、耐震建造技術を持っていますが、いずれも建てられたのは、人間がまだ石器や銅ののみや縄しか使っていなかった時代です。

これらの聖地の謎を見てゆくと、答えどころか、さらなる疑問が出てきます。しかし同時に、畏怖の念でいっぱいになります。

「かつてわたしたちの惑星には、もっと先進的な文明があった」。そう言うのはたやすいことです。もし現代の全人類が消滅したとして、現代の建築物は何世紀かのあいだは遺っても、1000年は持たないでしょう。この惑星で1000年ものあいだ形を遺すことのできた建物は、わたしたちの古代先祖が建てた、わたしたちが驚嘆してやまない古代遺跡のみでしょう。

現在に至るまで、これらのピラミッドや巨大建造物がどのようにして建てられたかはまだわかっていません。いくつかの理論はありますが、誰の意見も一致しません。

ただわかっているのは、ピラミッドや古代の巨大建造物や遺跡が地球のエネルギー・グリッドであるレイライン上に建てられていることです。

地球には地殻プレート内をまっすぐに走る断層線がたくさんあり、それが電流を生じています。この電流をレイラインもしくは地電流といいます。ピラミッドや聖地や神殿などの古代遺跡は、すべて地球を走るレイラインが交差するパワフルな点上に建てられていることもわかっています。

これらがわたしたちの本当の聖地です。

これらの地は何千年ものあいだ、祈り、瞑想し、理解し、精神と魂に光を灯すために用いられてきました。わたしたちはいついつまでも古代先祖が建てたものに畏敬を感じ、かつて彼らが使っていた知識に驚嘆し続けるのだろうと思います。

すべての遺跡の下にシンプルな真実があります。そこにエネルギーがあるから、遺跡が建てられているのです。

聖地は大切で偉大なものですが、なにもピラミッドに行って祈りを捧げるとか、寺院や教会に行ってその建物に祈りなさいということではありません。神聖なのは建造物そのものではないからです。

どんな聖地であろうと、崇拝しても、逆に軽視してもいけません。あなたの足元こそ、聖なるマザーアースです。

自分の聖地を使っていく

先住民族の長老たちがわたしたちに要請している通り、わたしたちは聖地に立ち戻らねばなりません。旅行者としてではなく、聖地を聖地たらしめるために。ふたたび祈りを捧げ、からだとマインドとハートにつながり直すために、です。

そしてもし聖地まで行けない場合や聖地がどこにあるかわからない場合は、丘や山の頂上に行けば強力な地球のエネルギーに触れることができます。

それより大事なのは、あなた自身が聖地を作ることです！

マザーアースのすべてが神聖です。あなた自身の「聖なるメディスン・ホイール」を作れば、東西南北とエレメントを称え、マザーアースとの関係を取り戻してゆく場所ができます。

あなたがどこに住んでいようと、どのような環境にいようとも、わたしたちはみな、グレート・マザーとつながるための聖なる場所を作る力を持っています。きれいなものである必要はありません。その形に決まりはなく、一定の伝統に従う必要もありません。

大切なのは、わたしたちが作るということ！　あなた自身の聖なるサークルを作ってつながってください。

自分でクリスタルを使い、水への癒しと浄化を捧げよう

マザーとつながる別の方法として、もちろんクリスタルを使うこともできます。神聖サークルの中に置いたり、クリスタルとともに祈ったり、マザーのエネルギーを身近に保つために首回りに身に着けて、わたしたちの傷や病気の癒しを促すことができます。

クリスタル同士は伝達し合いますから、一つのクリスタルに祈りや意図を込めて、祈りを遠く方々まで広めるために水に捧げても構いません。

わたしは前にも伝えたように、この美しい惑星上でどこに行くときもかならずクリスタルを持

ってゆきます。世界中の水に捧げるためです。これまですべての大陸で数えきれないほどの国々に赴き、クリスタルを使って癒しのセレモニーを行って海、川、湖にクリスタルを捧げてきました。

この偉大な仕事は、わたしだけに限られたものではありません。わたしたち全員にとっての生命の源であり、一番本質的なエレメントの癒しと浄化が進むよう、みなが祝福されたクリスタルをわたしたちの水に捧げるべきです。

過去9年間に出会い、学びを与えてくれたすべての先住民族やグループが同じことを嘆願しています。水の健康と保護のために人類が祈るように、と。健康な水がなくなると、人も健康でいられないからです。

わたしたちは彼らの言葉を聞き、わたしたちの美しい惑星の水のために祈りを捧げはじめなければなりません。

水は、生きとし生けるすべてのものに備わっています。すべての植物、動物、人間の中に最も重要で必要不可欠なエレメント、水が存在します。そしてこの惑星の水のすべての粒子の中に、クリスタル、結晶質構造があります。わたしたちの意図と祈りを取り込み、強化させ、外に向かって発することができる、あの魔法のようにすべてを、人生を変えてしまうパワフルなクリスタルが備わっているのです。

虹の民、強者の中の最強者として目覚めよう

いま人類はどのような状況にいるか、地球の現状とその理由をわたしたちはみな知っています。わたしたちにはそれを解決する責任があり、その方法も知っているのです。

宇宙の法則は「知れば知るほど責任を担うことになる」です。わたしたちが行動すべきときが来ています。わたしたちを、わたしたちが生きているこの世界を癒す責任を個々に担うかどうかは、わたしたち次第。じゃがいもを植えるかどうかはわたしたちの選択次第なのです。

頭を高く掲げ、胸を張り、自分を信じ、わたしたちの人生の目的を信じるときが来ています。わたしたちはこれまで生きてこられた人々とは異なり、強者の中の最強者なのです。古い生き方や社会パターンに異議を唱えて挑み、人類に新時代をもたらし、力強く前進するのです。

わたしたちは、人生の最大の目的という試合で、ベンチに引っ込むために地球に生まれてきたのではありません。変化を生み出すために、余すところなく最大限の力を発揮するために生まれてきたのです。

わたしたちが携えてきた情熱と目的、それは世界を変えるということ！　わたしたちを愚かな消費者に仕立てようとするテレビコマーシャルに怠惰にだまされている時間はありません。わたしたちはもっと賢明なのです。

どんな食べ物がわたしたちを病気にしてしまうか、わたしたちが病気になることでどの会社が

利益を得るか、わたしたちは知っています。自分たちの食べるものは自分たちで育てるか、オーガニックの食べ物を買えば健康でいられることを知っています。エネルギーを無駄に消費すると地球を傷つけることはわかっています。わたしたちはあるがままの姿で美しく、社会が規定する美の概念にエネルギーを消費する必要はないことも知っています。歴史の教科書に真実として書かれていること以上のことをわたしたちは知っています。宗教は信じるべきもので、人々に優劣をつけるといったルールに従うように説きますが、わたしたちはそれほど愚かではありません。

わたしたちは、この時代に大いなる自由な考えの持ち主として生まれています。わたしたちは、このいまの時代に挑戦するために地球に生まれてきました。それはエゴの盲目的狂気を正すためです。

わたしたちは、心ではそれを知っています。わたしたちの魂の中で、炎として燃え続けているのを感じています。わたしたちは冒険者であり、発見者です。人に「盲目になって信じろ」と言われるものを受け入れはしません。わたしたちは真実を追い求め、わたしたちみなにとってもっと良いものがあるはずだと信じています。

わたしたちは狂気を静め、長老たちの叡智に耳を傾けることを身につけてゆく者、憎悪・怒り・攻撃・人より優位に立とうとする感情の消費を止める者です。わたしたちは、憎しみがさらに憎しみを生み出すことを知っています。

わたしたちは、予言された虹の民です。兄弟姉妹たちと手に手をとって団結し、地球に愛の意識をもう一度取り戻すのは、わたしたちなのです。わたしたちは過去のやり方の奴隷にはならない、本当の真実の探求者です。そうして真の知識の時代をもたらすのです。

「愛に満ちれば満ちるほど知性は向上する」といわれています。もしハートに移行してグレート・マザーにもう一度つながれば、何よりも増してすばらしい発見をするだろうと長老たちが言っているのは、このことです。

古代の真実と世界の謎、そして自分の正体を学ぶ

わたしたちは、自分の正体とこの世界の謎を大いに学んでゆくことになるでしょう。わたしたちは、これまで刷り込まれてきた誤った歴史を信じたり、信じるように言ってくる人に対する羊のような盲信・盲従を自分で打ち破らねばなりません。

いったい何世代の人々が聖書やコーランやそのほかの聖典で「人類が地球上にいるのは6000年から9000年」だと学んできたのでしょう？　わたしたちはこれを信じるほど愚かではありません！　人類は、もっとはるか昔から地球に存在したという事実をわたしたちは知っており、疑いようはありません。わたしたちの歴史の教科書に載っている情報の多くが偽りであるにもかかわらず、それが事実として教わってきています。

現ホモ・サピエンスは6万年〜8万年前にアフリカで発祥しました。アフリカ大陸から人類が移動したことは、5万年前頃にオーストラリアと中央アジアで、4万年前にはヨーロッパで文書が残されていることで証明されています。北米にも5万年前に人が住んでいた確固とした証拠が

残っています。北米大陸の初めての居住者はクロービス人とされていますが、それよりはるかに昔です。ドイツでは骨で作られた笛や動物像や人形などの史的遺物が発見されており、これらは3万5000年前のものです。

また、オーストリアでは2万5000年前のものとされる石のヴィーナス像が発見されています。ほかにもロシア、フランス、トルコ、南米やほかの国々で、宗教の聖典が伝えるよりもはるか昔から人類が地球にいたことを示すものがたくさん見つかっています。

ティウアナクの都市さえ1万7000年前のものとされています。ボリビアのプマプンクの古代神殿は、およそ1万4000年前にダイオライト（閃緑岩）を用いて建てられたものです。ダイオライトは、ダイアモンドを除きほかのどの石よりも硬いからです。古代遺跡はレーザーのような精密さで切られた最高800トンもの巨大な石を組み上げて建てられたのです！

さらに発見された人間の化石は280万年前のもので、ノーフォークで発見された現代の人間の足跡（猿人ではなく人間の足跡）は80万年前にもさかのぼります。

ボリビアのプマプンクやティワナクで発見されたシュメール人の象形文字、オーストラリアのブリスベンで発見された古代エジプト象形文字などを見れば、わたしたちの古代先祖は大海の航海にも熟練していたことがわかります。

科学者は、アメリカ大陸で見つかったエジプト人ミイラの胃の中からコカインやニコチンまで発見しています。またドゴン人は起源以来、太陽系内のはるか彼方の惑星や、春分点・秋分点について知識があったこともわかっています。

クリストファー・コロンブスは、アメリカを発見してもいなければ、地球が球体であることも発見してはいません。なぜならギリシャ人はおよそ2000年前、まだスペインが存在すらしていない頃から地球が丸いことを知っていたのですから！

このような事実はいくらでもありますが、いまだに子どもたちはナンセンスな知識と時代遅れな理論をまるで真実であるかのごとく教え込まれています。

子どもたちが最高波動の魂を持った天才として力を発揮できるようツールを渡そう

わたしたちの惑星の歴史は、わたしたちが教わってきたよりももっと豊かで多様性に富んでいます。政治や政府や宗教はわたしたちは小さな存在であると思い込ませ、だましていますが、わたしたちははるかに有能です。

わたしたちは、人類の偉大さを知り実現させるために古く時代遅れな型を壊し、抜け出して自由にならなければなりません。これからは自分の頭を使うのです。既存の枠組みに囚われて生き、人が「考えずにただ信じなさい」と言ってくることを信じる必要はありません。ここを理解せねばなりません。

親として、大人として、わたしたちは子どもたちを新しい概念で育てる責任もあります。学校教育で与えられる教科書やテストは「平均的な」生徒のために作られたものですが、そもそも平均的な生徒など存在しません。一人ひとりの子どもが異なった技能と学習曲線を持っています。それなのに、「標準的な」生徒のために作られた画一化された標準化教育プログラムに従って、全員に同じ成績を達成させようとしています。

わたしたちはこれまで延々と、子どもたちを「平均的な」サイズの箱に押し込めようとして抑圧をかけてきましたが、これ以上そんなことを続けてはいけません。**大人は子ども自身の興味や価値を育み、子ども一人ひとりの才能が花咲くように助力しなければならないのです。**

わたしたちの教育システムは、微分や化学などの授業でわたしたちの子どもに相当のプレッシャーを与えていますが、大人になってからそんな情報を要する機会は実際にはほとんどありません。どうすれば健康で幸せな大人になれるか、お互いのつながりを保ちながら気づきも高く、自由な思考のできる大人になれるかを、どうして教えないのでしょう？

わたしたちは、もう一度マザーとのつながりを取り戻し、わたしたちを取り囲む人生と真の関係を築いてゆくだけでは十分ではありません。壊れたものを癒す方法を知るだけでは、不十分なのです。わたしたちの子どもたちにも、その方法を教えてゆかねばならないのです！

子どもたちはこの惑星に優雅と名誉をもたらし、わたしたちが追い求める変化をもたらしてくれる最高の波動を持った魂たち、天才なのです。ですから子どもたちが力を最大限に発揮できるよう、わたしたちから彼らにツールを渡さねばなりません。

行動を起こすときはいまです。わたしたちがここにいるのは、強者の中の最強の者だから。

子どもたちにもっと調和のとれた、もっと愛にあふれ団結した世界を受け継いでもらうために、わたしたちが道をならさなければなりません。

子どもたちには、一人ひとりがほかに二人といない異なった存在であり、それがすばらしいところなのだということを教えるべきであり、受け入れてもらうためにただ順応することを教えるべきではありません。

子どもたちに新たな世界を、もっと大いなる生き方を残したければ、わたしたちがその世界を作らねばなりません。学校教育がわたしたちの子どもたちの偉大な個性を見出そうとしないのなら、わたしたちがそれを担わなければいけないのです。

わたしたちが行動を起こす時がきています。もう人の後についてはいられません。自分が求めている生き方を自分が率先して生き、子どもたちに遺したいものをわたしたちが先駆者となって作ってゆく必要があります。

世界を変えるためにわたしたちができること

わたしたちの愛、尊敬、名誉、癒しの祈りの最高波動をいっぱいに込めた神聖クリスタルはそれぞれの場所に収められ、地球のエネルギー・グリッドとわたしたちの力を強化してくれています。

わたしたちはクリスタルのパワーを理解し、それがどのように機能するかを知っており、水や土壌や食物やからだを癒すための活用法も理解しています。わたしたちは、古代ご先祖や先住民文化がすでに知っていたことについても理解しつつあります。

わたしたちは生命の輪の一部を担っているエレメントであり、みながマザーの子どもたちです。人間であるわたしたちは、聖なるマザーアースと永遠に深く結びついています。

わたしたちは、この惑星が病んでいる原因を知っています。人類がマザーアースの維持できる限界をはるかに越える活動を押し進めてきたことを、それが誤りであることを知っています。

世界を変えたいと思うときに問題となるのは、力になりたいという気持の欠如ではなく、ただ何をすればいいかがわからないという点だとわたしは思います。

では、わたしたちはどうすればよいのでしょうか？

これまでにもお伝えしましたが、**現時点でわたしたちが誰でも参加できる最重要行動の一つは、水を癒すことです。**祈り・瞑想・みなで一つになった意図をもってクリスタルを使い、そして長老たちが嘆願したように聖地に立ち戻ってゆけば、わたしたちは待ちに待った癒しを起こしてゆくことができます。

もう一つ、誰でもできることは、自分の聖地を作ること。あなた自身のメディスン・ホイールを作れば、いつでも東西南北、グレート・スピリット、愛するマザーアースとつながることができます。静かに座って愛の意識につながるためにも完璧な場所となります。

ご存知のように人間の意識は偶然にあるのではなく、わたしたちが作り出しています。わたしたち全員の一つ一つの思考、言葉、感情が意識を成しているのです。わたしたちが思うこと、言うこと、エネルギーを注ぐもの、これらが実現します。つまり、この惑星をエゴ意識から大望の愛の意識に転換させるのはわたしたちの責任なのです。

人間の意識がどのように作られているかがわかれば、わたしたちは積極的に自分の人生を変えてゆくことができます。

もしわたしたち全員が毎日5分でもどこか静かな場所に座り、愛・優しさ・慈しみ・感謝の感情と思考を感じることに専念すれば、わたしたちは実際に世界を変えることができます。

この世界をより良い場所にするためにできる「些細な」ことは、いくらでもあります。世界がいかにひどいところか、一つ一つをあげてそこに意識を向け、誰かが直してくれますようにと祈っている場合ではありません。

自分の人生を変えるためには、自分にできることを積極的に行動せねばなりません。

長老たちは、「何よりもまず初めに、わたしたちは愛として存在することを学ばねばならない」と教えてくれています。愛として存在するとき、わたしたちは正しい意識をこの惑星に送り込んでいます。愛の意識がエゴ意識を上回ったとき、この惑星のすべては変わります。

いまわたしたちが理解せねばならないのは、わたしたち一人ひとりの生き方が関与しており、わたしたちは行動・思考・感情・言葉を介して壮大な変化を起こすパワーを持っていることです。だからこそわたしたちの生活の中で、わたしたちの自然界の健康のためにできることはたくさんあります。次の章で、わたしたちみなのためにもっと健康で幸せで、維持可能な世界を作る解決策として、わたしの「優先すべき五つのこと」をお教えしましょう。

優先すべき五つのこと

1　自然を愛し敬意を表する

ＷＷＦ（世界自然保護基金）の「生きている地球指針」によると、人間が地球に対し維持不可能な要求を迫ってきた結果、過去40年で世界中の野生動物の生息数は半減したと警告しています。同じ要求を続けると、人間の生存維持のためには地球１・５倍が必要となります。自然の生息環境の欠如、貴重な生態系の破壊、公害、森林破壊、地球温暖化、密漁、乱獲、その他多くの人間活動により、すでにそのような現状を迎えています。この先、植物や動物たちの壊滅を止めたいならば、わたしたちは何よりまず自然界を愛し、保護してゆかねばなりません。

わたしたちは自分たちだけではなく兄弟姉妹たちのため、空を飛ぶ生命、泳ぐ生命、四脚動物、地を這う生命、一本足の生命（木々）すべての健康と安全を実現するために、決意し積極的に行動する役割を担わなければなりません。

わたしたちはみな、今にも崩れそうなバランスで存在しており、このバランスは急速に大きく崩れつつあります。

規模は大きくても小さくても構いません、みなで野菜や花の畑の作り方を身につけることができます。肝心なのは、愛すべきマザーアースからこの魔法のように豊かにあふれる生命エネルギーに、もう一度つながれるようになることです。

簡単に言えば、わたしたちが生き物をもっと深く愛し、その価値をわかれば、保護し尊敬する力はもっと強くなります。最小サイズの虫から世界一大きな木々までもう一度、自然を心から愛せるようにならなければいけません。

また、わたしたちすべてを維持してくれるこの惑星のパワフルなエネルギーを癒し増幅させるためには東西南北とエレメントを象徴する自分の神聖サークルを作り、古代聖地をふたたび訪れることで、自分のマザーとの神聖なつながりを築いてゆくことができます。これについては本書のパート1で学びました。ぜひ実践に移してください！

2　オーガニックの食物を摂り、工場畜産された食品は避ける

政府の分析調査によると、生鮮食品の98%に、農業用殺虫剤が含まれていることがわかっています。この数値は、過去10年間で2倍です。（編註：原著に政府国名の記載なし）

生の果実・野菜の46%に残存農薬が見つかっており、これは2003年の25%から増加しています。加工食品にいたっては小麦粉の97%、パンの73・6%から残存農薬が検出されています。

オーガニックの食品を買う余裕のない人は大勢いるでしょう。わかっています。悲しいことにオーガニック食品はかなり高価ですが、もし可能なのであれば、これが最も優先すべきことです。

動物性食品と動物由来食品については、その動物が幸せに生きていた場合、工場畜産ではない場合に限って買い求めるよう、できる限り努めるべきです。

アメリカのような国では、肉は当然はるかに高価で、スーパーでいつもそのようなものが入手

できるわけではありません。ですが、わたしたちにできることとしては最重要事項の一つです（もちろん、ベジタリアンになるのが最善策です）。

わたしは、工場畜産の肉を食べるか食べないかを選ぶとき、かならず肉なしにします。工場畜産のお肉を避けるとても重要な理由をここでいくつかあげます。「ワングリーンプラネット」（https://www.onegreenplanet.org/）は、工場畜産が環境破壊を起こしている理由を多数に渡って報告しています。

《大気汚染》

地球上のメタンガスの40％は工場畜産から排出されています。メタンガスが地球温暖化を引き起こす潜在力は、二酸化炭素の20倍です。

《森林破壊》

アメリカだけでも穀物畑を作るために26億6000万エーカーの森林が伐採されており、その畑の大半は家畜飼料用のためだけのものです。これはアメリカに限って起きていることではありません。現在、牛の牧場はアマゾン森林破壊の最大原因であり、ブラジルの森林破壊地域の80％近くが牧草地となっています。

《公害》

工業式農業は、世界の淡水補給量の70％を使用しています。さらに農業工場の汚染された流出液は全生態系を破壊しており、有毒の可能性もあり、致死的とまではいきませんが、人間にも動物にも有害です。

《動物虐待》

畜産工場は動物たちをこの上なく残酷で恐ろしい、人道に外れた方法で扱っており、これまで見たことも聞いたこともないほど惨いことを行なっています。わたしにとっては、工場畜産の肉製品は一切購入しない理由は、これだけでもう十分です。

3　海産物を食べるのはやめる

ニューヨークタイムズ紙は2015年、次のように発表しました。「太平洋岸全域で海洋生物が異常な速さで病気になり、死に絶え、消滅している。福島からの放射性物質流出が原因ではないかと推測する人々もいる」

同紙の見出しは「海の生き物、大量絶滅の危機」。さらに「わたしたちは海洋野生動物大絶滅の危機に立たされている可能性がある」と記されていました。

それ以前の2006年にはBBC（イギリス公共放送）が「海で魚が生きていられるのは、あと50年だけ」と報告しています。

海は、世界で最大の食物供給源です。12億5000万人が、日々の主要タンパク源として魚を摂っています。ですが、漁師たちが漁に出ても収穫なく戻るケースはどんどん頻繁に起きています。中には過去60年で大型魚の資源は90％減少したと言う科学者もおり、50年も経たないうちに全種の魚は壊滅するだろうと警告しています。その最大の要因が乱獲です。

延縄《はえなわ》漁船は年間14億の釣針を張っており、その針一つ一つに仕掛け餌として魚の切り身を取りつけています。トロール船は、フットボール場四つ分の大きさの穴の開いた網を投げます。これはジャンボジェット機13機分の大きさです。これらの網は、最大で500トンの魚を捕まえることができます。この収穫された魚の中には大量の混獲魚が含まれています。混獲魚とは付随的に捕らえられた海洋生物で、大量に収穫されることも珍しくありません。

海老のトロール漁などは、それで捕まり死んだ海洋生物の80〜90％を海に廃棄します。海老を1キログラム捕獲するたびに、9キログラムに及ぶほかの海洋生物が捨てられていることになります。

海水産養殖や魚の養殖は、魚を生かす救命策と見なされています。ですが、養殖された魚の多くは肉食であったり、生き残るためにほかの魚を食べています。養殖魚1キログラムを生産するために、5キログラムの野生の捕獲魚が消費されているのです。

では、わたしたちにできることは何でしょう？

簡潔に言うならスーパーで魚を買うのをやめること、特に海老、貝類、マグロを買わないことです。海から生物がいなくなれば、地上からも生物はいなくなります。この両者につながりがあると考える人はあまりいませんが、これが真実です。

海は地球最大の生態系、地球最大の生命維持システムなのです。

わたしたちが生き残り、繁栄するためには、わたしたち全員にとって健康な海が必要なのです。

海は、人が呼吸する酸素の半分を生成します。

いかなる瞬間においても、海が世界中の水の97％を占めています。

海は、人が食物として摂取する動物性タンパク質の6分の1を供給しています。海はがん闘病や痛み止め、細菌性疾患の新薬を生み出すための最も有望な供給源です。生きている海は大気の二酸化炭素を吸収し、気候変化による影響を和らげてくれます。世界の海の多様性と生産能力は、人類にとって死活的な利益であるべきです。わたしたちの安全、経済、生存そのもの、どれもすべて健全な海があってこそなのです！

4 プラスチックのボトルや袋を使わない

「リサイクル、ミクロレベルに粉砕、海へ投棄されたプラスチックはほぼすべて、いまもなお地球上に存在している」

生物多様性センター（The Center for Biological Diversity）は、このように発表しています。アメリカ国立衛生研究所の国立医学図書館の研究では、少なくとも5兆250億万個のプラスチック粒子、重量にして26万8940トン相当がいま海上に浮いているといいます。この推測値は海面に浮くプラスチックのみで、海中に沈んだものは含まれていません。2016年、ウェブサイト・エコウォッチの記事で以下のような驚くべき事実が伝えられました。

ロサンゼルス地域のみでも日々、10メートルトンものスーパーの袋、ストロー、ペットボトルなどによるプラスチックの破片が太平洋に流されている。

過去10年間で、わたしたちは20世紀中に生産したすべてのプラスチックを上回る量のプラスチックを生産している。わたしたちが使うプラスチックのうち50％は一度使っただけで廃棄されている。毎年捨てているプラスチック量は地球の4周分に相当する。現在、わたしたちが生産したプラスチックの回収率はたったの5％である。

海中のプラスチックはきわめて微細なサイズまで分解するため、1リットルのペットボトル1本が世界中のビーチ全域に行き渡っている可能性がある。世界中で年間およそ5000億本のペットボトルが使われている。スーパーの袋は1分ごとに100万個使われている。プラスチックの分解には500年～1000年がかかる。

カリフォルニア沿岸沖の北太平洋旋廻内に太平洋ゴミベルトがあり、ここが世界最大の海洋ゴミ集積地となっている。ここに大量に浮遊するプラスチックが覆う大きさはテキサス州面積の2倍で、プラスチックの部片数は海洋生命体全数の6倍にあたる。海面を浮遊するゴミの約90％はプラスチックで、1平方マイルあたり46000個のプラスチックが浮いている。毎年、プラスチックが原因で100万羽以上の海鳥と10万頭の海洋哺乳類の命が奪われている。

海鳥全種のうち44％、甲殻類の22％、ウミガメの全種の体内からプラスチックが見つかるか、もしくはからだに付着しているところが見つかったと確認されている。このように、プラスチックを体内外に取り込んでいる生命種の数は今も増え続けている。

実質的にこれまで生産されたプラスチックは一つ残らず、なんらかの形状で現存している（焼却された少量分は除く）。プラスチックの化学成分は体内に吸収される。6歳以上のアメリカ人の93%が、検査でＢＰＡ（プラスチックの化学成分）陽性と出ている。

さあ、わたしたちに何ができるでしょう？　使うのをやめることです！　プラスチックの袋やペットボトルを使わなければならない理由など、一切ないのです。わたしたちの惑星の首を絞め殺そうとしているものそれ自体、わたしたち人間にとって必要なものではありません。

飲み水を持ち歩きたいなら何度も使えるボトルを入手し、スーパーには自分の布製のかばんを持って行けばいいのです。実に単純なことです。問題を生み出す側になるのは止めると選択すること、覚悟を決めることです。

5　ポジティブになる

朝目覚めた瞬間から眠りに落ちる寸前まで、わたしたちはいったい何度ネガティブになり、何度ポジティブになるでしょう？

どんな状況であっても、ネガティブな展望をポジティブな見通しに変えてゆくことができます。わたしたちはみな、その反対に考え、感じるように教わってきています。よく、「人生さえもっと良くなれば、わたしたちは幸せになるだろう」などと考えます。これは嘘です！

いまこの瞬間、すこし時間をかけて良いものを見れば、大体の人はこのいま、すばらしい人生を生きていることが見えてくるはずです。

わたしたちの感情や健康にまで実影響を与えているのは「ものの見方」です。それが現実を引き寄せているのは言うまでもありません。物を持てば幸せになるだろうとわたしたちは考えますが、本当のところはというと、自分の中の空虚を埋めようとしているだけで、そもそもその空虚だってそこにある必要はありません。

もっと所有し、もっと欲しがり、わたしたちを幸せな気分にしてくれる新しいものを次々と探し続けても、本当の幸せはけっしてやってきません。

ポジティブなもの、わたしたちにある良いものを見続けるように努めましょう。

わたしたちの文化は、まるで不動たる真実であるかのように「たくさん所有すればわたしたちの存在価値は上がる」と教え続けています。実際、これがわたしたちを駄目にしているのです。

たとえば、一つ何かを買いにお店に行ったところが、欲しいかどうかもわからないものを五つも六つも買って帰ったことが何度あるでしょう？（もちろん、プラスチックの袋入りで）

本当に必要だったでしょうか、それとも消費者への罠に引っ掛かったのではありませんか？

みなで伝え合い、互いに助け合って、わたしたちが生まれてきた「幸せになるためにもっと欲しい」の世界から抜け出しましょう。

これらの五つを見直し、もっと大きな変化を起こし、惑星にとって良い影響を生み出すためにあなたの人生でできるだけの努力をしてください。一つでも五つでも、心を決めるのです。決意したことをリストに書き出し、守り通してください。

おわりに　マザーを愛する　自分を愛する　お互いに愛し合う

真っ暗闇の中に明るく燦然《さんぜん》と輝く光を見つける

　これまで戦争で荒廃した国々を訪れて感じたのは尽きることのない不幸、自虐性、不信、怒り、悲しみ、そして今後続くであろう貧困です。

　通りを歩くと重苦しく憂鬱な人々であふれていて、子どもや女性や動物は身震いするようなひどい扱いを受けているのを見てきました。捨てられた子どもや虐待を受けた孤児とも会い、ともに時間を過ごしてきましたが、エイズにかかっている孤児も多く、みなが最も良い生き方を待ち望んでいました。

　強制収容所と集団埋葬地にも行きました。聖地では、墓荒らしによって白く色褪せた人骨がゴミのように砂地に投げ捨てられていて、そこを歩いたこともあります。

　放射能汚染の影響が、人間だけではなく花や動物たちを破壊している状況も目にしました。

　長老たちは、彼らの聖地を守るために力を貸して欲しいと嘆願しています。たとえば伐採や、麻薬の運び屋、パイプライン、ゲリラ戦争などからです。

　長老たちが話すときの圧倒的な悲嘆に暮れる目をわたしは見てきました。

避難民たちと時間を過ごし、その経緯を聞きました。彼らの語りは、想像を絶する苦しみと断腸の思いそのものです。エゴが恐ろしさを発揮したときの人類として最悪の行為をわたしは目撃し、自分でも体験してきました。

みな誰しもこの世界のおかしなところ、否定的な体験を思い浮かべることができるはずです。このようなひどい状況が目の前に迫ると、わたしたちはいとも簡単にネガティブに陥るものです。**ですが、どうすればその状況をもっと良くできるか、もしくは変えられるかに意識を合わせれば、わたしたちのエネルギーはポジティブになります。その状況がいかに手の施しようがなくとも、闇ではなく光を注ぎ込む選択はできます。**

わたしはまた、ドイツの強制収容所を訪れたことを思い出します。とても困難な体験でした。わたしたちを飲み込むような悲しみと恐怖は、手で触れられそうなくらいありありと残存していました。

もうここにはいられない、これ以上ここにいたらその場に崩れ落ちて子どものように泣き出しそうだ、そう思ったとき、**わたしは集団墓地の印となっている墓石にクリスタルを置いて祈りはじめることにしました。**

2~3分もしないうちに穏やかに話す人々の声が聞こえ、足音が聞こえました。それはわたしの隣まで歩いてくる音でした。すこし目を開いたわたしは驚きました。ありとあらゆる肌の色、人種、年齢の人々がわたしの隣でひざまずき、それぞれに祈りを捧げていたのです。わたしのハートも涙も、止めどなくあふれ出しました。

この世界には悪いこともありますが、すばらしい良いものも存在しているのです。**ネガティブとポジティブ、どちらに目を向け、感じ、エネルギーを費やし続けるかはわたしたちが決めているのです。**

アフリカで訪れた孤児院はわたしたちの想像をはるかに超える、ひどい生活を送る子どもたちであふれかえっていました。なのに彼らは大きな笑みを浮かべ、両腕を広げてハグやキスを求めてきます。

そこにいる女性たちはボランティアで、世界中から寄せられた寄付金を使って子ども一人ひとりを教育し、ご飯を食べさせ、服を着せていました。

その建物は、安全に生活できる場所のない子どもたちにそのような場を与えることを固く決意した、一人のすばらしい女性が提供したものです。彼女は自分のお金を使い、生粋の屈強な精神と決意の元にこの施設を建て、現在に至るまで母親のように子ども一人ひとりを見守り続けています。

これまで、どれほどひどい状況になっていようと、わたしは真っ暗闇の中に明るく燦然と輝く光を見つけることができました。これこそ、わたしたちがしなければならないことです。

闇に意識を向けるのではなく、その闇の中でわたしたちの光はどれほど明るく輝けるかに、意識を合わせましょう。

確かにわたしはこれまでこの世界の最悪なところを見てきましたが、この世界の最高の善も体験してきています。そして、最高はかならず最悪に打ち勝つのです。

この上なく貧しい家族からは旧友でも迎えるかのように最高のご馳走でもてなされ、家に招き入れられました。何一つ所有物のない難民の人たちから、残り最後のお菓子を差し出されたこともあります。そのお菓子は、シリアからはるばる運ばれてきたものでした。

放射能による被害者を癒す力となるよう、世界中から日本にクリスタルを送った人々も見てきました。

人類の優しさによる大いなる行為を目撃し、このすばらしい惑星の絶対の美を身をもって味わってきました。

世界中の先住民族はたった一つのことを伝えている

わたしはこれまでに40ヶ国を訪れ、ありとあらゆる社会的地位、宗教、経歴をもつ人々に会ってきました。アルプスやロッキー、アンデスなどいくつかの最高峰に立ちました。クジラやイルカとともに泳ぎ、世界中で数え切れないほどのピラミッド、神殿、城、宮殿にも行きました。ジャングルを歩き、砂漠で夜を過ごしました。世界中でマザーアースの壮大な美しさを目の当たりにしてきました。そしてただただ絶えることなく、彼女の存在に畏敬と敬意の念を感じます。

世界中の先住民族の人々やアボリジニの族長、マモ、長老、シャーマンたちから学びを得てきましたが、みなの声は一つ。それは「わたしたちはもう一度マザーアースを愛し、互いを愛せるようにならなければいけない」ということです。

どこに行こうとも、誰に会おうとも、違えようのない類似点があります。わたしたちはみな本質として、自分や家族のために良いものを求めていることです。

わたしたちは本当に大切なものに注意を向け、それ以外のものは手放してゆかねばなりません。自分の人生にとって大切なものに価値を見出し、重んじ、自らの学びと成長のためにこの地球に来ると決意した火花《かがやき》、スピリットである偉大なる自己存在《グレートアイアム》として、見直してゆく必要があります。自分の価値を思い出し、もう一度自分たちを信じてゆかねばなりません。

わたしたちのからだ、情熱、目的に感謝し、その情熱の種を広めるために声を使わねばなりません。わたしたちの美しい惑星が生き、元気でいられるのは、すべてのエレメントが生命を生み維持させようと協働しているからです。

海から酸素ができるわけを思い出してください。それが雨のしずくに変わって熱帯雨林を育む生命の輪の話を思い出してください。

それぞれすべてのエレメントが地球にいる全生命体にとって重要な、存在に不可欠であることを示す例はまだまだたくさんあります。

溶融炉心部がなければ、地球の磁場はできなかったことがわかっています。熱水噴出口や火山は豊かな複合鉱物をもたらしますが、そこには生物が生きるために必要な硫黄や鉄分も含まれています。

風は季節の変化を促し、嵐雲は水をもたらします。冬の嵐は雪をもたらし、雪はいずれ水となります。わたしたちの惑星が必要とするのはこの水なのです。

風が世界中に種や花粉や栄養を運んでくれるおかげで、生命は維持されています。水がなければ、この青く美しい惑星にいるどの生命体も生きてはいけないことがわかっています。

地球そのものがすべての要素の器であり、マザーアースがいなくては、そして彼女が惜しみなく与えてくれる贈りものがなければわたしたちはここにいなかったでしょうし、生きることすらできなかったのです。

ですが、わたしたちの中にあるエレメントも同じくらい重要であることに気づいたことはあるでしょうか？　あなたはマザーアースの子です。あなたはこの惑星の一部であり、人間である限り、あなたも複合的につながり合うエレメントでできています。

あなたのからだ、つまり地のエレメントは、マザーアースから与えられる中でも一番すばらしい贈りものであり、ほかのすべてのエレメントを収めている器です。

あなたの火のエレメントは、あなたの情熱。あなたという存在の核心であり、人生の羅針盤であり、あなたに目的を与える炎です。

あなたの風のエレメントは、あなたの声。種と栄養を広域に蒔き広げる人。その栄養はあなたという存在の種を、あなたが表明するものを、この惑星での目的を育みます。

あなたの水のエレメントは生命を育む源であり、あなたという人を運ぶ器。あなたの言葉、行動、信念、感情を収めるクリスタルの器です。

わたしたちはこの惑星とまったく同じで、どれ一つが欠けても健康で創造的な人間として生き続けることはできません。

いま、わたしたちは、わたしたちの本当の故郷に戻り、マザーアースというこの壮麗な惑星を理解する時が来ています。

大切なわたしの兄弟姉妹のみなさん、感謝し、幸せでいてください。このわたしたちの世界に感謝し、もう一度自然を大好きになってください。

お花を植えて世話をする、ただそれだけでも構いません。マザーを愛し、彼女の生き物たちを愛せるようになってください。食べるものや動物たちや果物、野菜など、マザーがあなたに提供してくれるものに敬意を払ってください。「自分ならこのように扱われたい」と思うやり方ですべての生命体に接し、もう一度愛せるようになってください。万物を愛する心があれば、万物を尊び守らずにはいられないはずです。より良い生き方、より喜びに満ちた生き方がかならずあります！

ネガティブな面ではなく、ポジティブな面を見つめ、感じるためには努力を要します。わたしも例外ではありません。「世界の問題はあまりにも大き過ぎる、自分なんてちっぽけなのに、わたしがどう生きるかなんて関係あるだろうか？」と考えてしまうのもわかります。みな、そのように考えたことがあるでしょう。

この世に大きな影響を与えるためには、わたしたちにできること五つを貫こうとする姿勢が大切なのです。「わたし一人でこんなことをして、何が変わるのだろう？」と考えてしまうかもしれません。もし全員がそのように考えていては、何も変わることはないでしょう。

しかし、これを覚えておいてください。わたしたちは強者の中の最強者、最強の中の最強者です。わたしたちならできます。みなでやりましょう！

この人生を閉じる前に「変化をもたらすために最善を尽くした、何かのためにはっきりと行動で示した」と誇りを持てるように、やりましょう。

わたしの曾祖母、ジェンセンおばあちゃんはよくこう言っていました。

「あなたがはっきりと意志を表明しなければ、何があってもつまずいてしまうよ！」

みなで一緒に、このチャレンジに挑みましょう。

先にあげた〝優先すべき五つのこと〟の中であなたにできるもの、いくつかを選んで覚悟を決めてそれを貫いてください。たとえ一つだけでも、もしくは五つすべてでも構いません。

「じゃがいもを植えなさい！」とアフリカ人酋長は言いました。あなた自身の人生の責任を担い、あなたが、この惑星に及ぼしている影響の責任を担うのです。

わたしたちにはみな果たすべき役割があり、一人ひとりがこの惑星、人間の意識、わたしたちの後に続く結果に影響を与えています。わたしたちは自由に思考せねばなりません。この地球の貴重さを意識して生きなければなりません。自分の目的と情熱を突き止め、自分の真実を話せる人間となる必要があります。

わたしたちは、わたしたちがずっと待っていた存在。わたしたちは、最強中の最強。大きな使命を目の前にしています。

仕事にとりかかるべきはいまなのです！

あなたのグレート・マザーを忘れないで。彼女から分離してはいません。あなたは彼女なのですから！

自分で思っているよりもあなたはもっと偉大な存在です。能力は高く、強いのです。クリエイティブで、あなたのような人はほかにいません。あなたはこの人生を情熱と目的をもって生きるために、自らの意志でここにやって来ています。理由があって地球にいるのです！　本来の自分を思い出し、自分にできることを思い出す時が来ています。

なぜなら、わたしたちはグレートアイアムだから。虹の民なのですから！

マザーを愛し、あなた自身を愛し、人と愛し合ってください。

わたしたちがそうすれば、世界が変わるのです。

あなたを愛しています。

Little Grandmother（リトル・グランドマザー）

訳者あとがき

これまで私達人間は、長い歴史を通して「真の繋がり」を求めてきました。分離という幻想を現実に投影しながら、空虚感を切実に埋めようとしてきました。本書は、地球に備わる四大元素こそが私達をつくっていることに気づかせてくれます。繋がりとは何なのかを真に求めてきた人には、その繋がりはずっとここにあったことが自ずと明らかに見えてくることでしょう。これほどのシンプルで力強い真実を、キーシャは全身を使って本書で伝えてくれています。

種を蒔く人が種を口に含んで自分のＤＮＡを種に伝えるように、私達は本書を通してキーシャのＤＮＡの転写を受けとります。この本を読み進むうちに、初めはマインドからの理解だったものがやがて身体に、そして最後に意識に浮上し、明かされます。道端に咲く花を見て、私達の身体はこの花とまったく同じ「地球の元素」からできていることが「理解」とはまったく違うところで見え始めます。この惑星とまったく同じ素材で私達はできている。母なる地球から私達は生まれてきたのだと。

本書の中でキーシャは地球に起きているあらゆる公害や環境破壊について伝えていますが、私達の肉体は地球上のそうした現象をすべて同時に体験しているように私には思われます。沈黙を言葉にしてゆくこと、心の中の小さな灯を育ててゆくこと、それは実はとてもシンプルなことかもしれません。本書を読んだ私達の中では、すでに大きな変化が起きています。

このエネルギーの転写を受けて種がやがて育ち、花開いてゆくようにとこの本を書いてくれたキーシャに感謝します。最初から最後まで一貫して流れる彼女の情熱のエネルギーは何ものにも止められない急流のように力強く、翻訳は生命を持っているかのように進んでゆきました。

最後になりましたが、この『地、水、火、風　わたしたちと母なる地球とのつながり　Earth, Water, Fire, Wind　Our Connection to Mother Earth』（原題）という素晴らしい本の出版を決め翻訳させてくださったヒカルランドの石井健資社長、精妙なセンスでわかりやすい日本語に整えてくださった編集の岡部智子さんに心より御礼を申し上げます。

喜多理恵子

参考文献

Kottasova, Ivana. “WWF: World has lost more than half its wildlife in 40 years.” CNN. September 30, 2014. Accessed February 02, 2017.
http://edition.cnn.com/2014/09/30/business/wild-life-decline-wwf/index.html.

Sean Poulter for the Daily Mail. “Up to 98% of our fresh food carries pesticides: Proportion of produce with residues doubles in a decade.” Daily Mail Online. August 29, 2013. Accessed April 28, 2017.
http://www.dailymail.co.uk/news/article-2405078/Up-98-fresh-food-carriespesticides-Proportion-produce-residues-doubles-decade.html.

Kate Good. “5 Ways Factory Farming is Killing the Environment.” http://www.onegreenplanet.org/animalsandnature/factory-farming-is-killing-the-environment. April 1, 2014. Accessed February 02, 2017.
http://www.onegreenplanet.org.

Zimmer, Carl. "Ocean Life Faces Mass Extinction, Broad Study Says." The New York Times. January 16, 2015. Accessed February 02, 2017.
https ://www.nytimes.com/2015/01/16/science/earth/study-raises-alarm-for-health-of-ocean-life.html.

Black, Richard. "Science/Nature I' Only 50 years left' for sea fish." BBC News. November 02, 2006. Accessed April 28, 2017.
http://news.bbc.co.uk/2/hi/science/nature/6108414.stm.

Marcus Eriksen. "Plastic Pollution in the World's Oceans: More than 5 Trillion Plastic Pieces Weighing over 250,000 Tons Afloat at Sea." PMC US National Library of Medicine National Institutes of Health. December 10, 2014. Accessed February 02, 2017.
https://www.ncbi.nlm.nih.gov/pmc/articles/PMC4262196/.

Nicole D'Alessandro. "22 Facts About Plastic Pollution (And 10 Things We Can Do About It)." EcoWatch. April 07, 2014. Accessed April 28, 2017.
http://www.ecowatch.com/22-facts-about-plastic-pollution-and-10-things-we-can-do-about-it-1881885971 .html.

リトル・グランドマザー（キーシャ・クローサー）

Little Grandmother (Kiesha Crowther)

世界的に有名なスピリチュアル・ティーチャーであり、シャーマン、叡智の伝承者、虹の民を集める人。著書『迫り来る地球大変容で《レインボー・トライブ／虹の民》に生まれ変わるあなたへ』（ヒカルランド）は、世界13ヶ国語に翻訳、出版。

リトル・グランドマザーの使命は、人類の内面深くに備わる偉大な可能性や、個々の人とマザーアースとのつながりを想起・燃え立たせるお手伝いをすること。人類の神性の記憶を修復・生成したいとの願いから、世界中の先住民、長老、リーダー、グランドマザー、グランドファーザーたちに会い、彼らから学び、そのメッセージを伝えている。

講演はホームページや YouTube で無料公開され、世界中から数百万人が視聴。

講演、ワークショップは Facebook の Little Grandmother Kiesha のページと、www.littlegrandmother.net 参照。

（リトル・グランドマザーはいかなる先住民族・民族団体・個人も代表しません）

喜多理恵子　きた りえこ

大阪府生まれ。通訳・翻訳家。

幼少時から精神世界や異次元、スピリット界、宇宙、目に見えないけれど存在するものに惹かれる。様々な体験、人・多様文化・芸術・宗教観・哲学・思想との出会い、またこれらの分野の文献・メッセージの翻訳や講義通訳を通して造詣を深める。おもな訳書は『早く死ねたらいいね！』『ホームには誰もいない』（ともにナチュラルスピリット）など。非二元講師やミディアム、サイキックのほかに心理学的セッションやボディワークなど身体面からの科学的アプローチの講義・セッションや企業通訳まで務めている。占星術師としても活動。

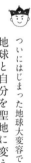

ついにはじまった地球大変容で
地球と自分を聖地に変えるあなたへ
世界12賢人ウィズダム・キーパーが語るマザーアース超深層メッセージ2

第一刷　2019年8月31日

著者　リトル・グランドマザー（キーシャ・クローサー）

訳者　喜多理恵子

発行人　石井健資

発行所　株式会社ヒカルランド
〒162-0821 東京都新宿区津久戸町3-11 TH1ビル6F
電話 03-6265-0852　ファックス 03-6265-0853
http://www.hikaruland.co.jp　info@hikaruland.co.jp

振替　00180-8-496587

本文・カバー・製本　中央精版印刷株式会社

DTP　株式会社キャップス

編集担当　岡部智子

ISBN978-4-86471-763-2